仓储管理

编著：王文信（台湾）

厦门大学出版社

图书在版编目(CIP)数据

仓储管理／王文信编著. －厦门:厦门大学出版社，2012.6
（福友现代实用企管书系／林荣瑞主编）
ISBN 978-7-5615-2627-9

Ⅰ.仓… Ⅱ.王… Ⅲ.仓储管理 Ⅳ.F253.4
中国版本图书馆CIP数据核字(2006)第085989号

仓储管理

福友现代实用企管书系 ㉖
编著／王文信（台湾）

企划／厦门福友企业管理顾问有限公司
电话: 0592-2395581(总机)　　传 真: 0592-2396530 2395580
http://www.foryou.tw.cn　　E-mail:xm@foryou.tw.cn

出版社／厦门大学出版社
地址: 厦门市软件园二期望海路39号6楼　　邮编: 361005
http://www.xmupress.com　　E-mail:xmup@public.xm.fj.cn
责任编辑／许红兵
封面设计／林呈美

印刷／厦门市金凯龙印刷有限公司
2017年8月第5版　2017年8月第8次印刷
开本: 787 × 1092 1/16　插页:2　印张: 23
字数: 410千字
定价: 55.00元

出版序

在当前的市场环境中，企业之间的竞争非常激烈。在提高服务水平、减少库存、节约时间、降低成本的推动下，作为变动资产重要一环的仓储管理日益重要：小则影响产销平衡，大则攸关企业营运。与企业的效益密不可分的仓储管理已经成为影响产品市场竞争力的关键因素之一。

现代的仓储管理概念已不仅仅是对储存物料的场所及其相关作业的管理，还是对生产和销售活动的一种支持性服务活动，这一活动会直接影响整个生产的品质、效率、成本及安全。全球制造业水平最高的日本更将仓储比喻成企业的“心脏”。以制造业典范丰田汽车公司为例，丰田创业初期，为提高管理效率，降低生产成本，就着手对仓储管理进行改革：丰田在日本有许多联营厂，原来每家厂生产的零部件都存放在各自管理的仓库中，按一定时间运送到丰田总成品安装车间所属的仓库。后来，公司把仓库从单个生产厂家中分离出来，成立专门的仓储中心，集中存放和管理零部件，直接供应总成品安装车间，从而创造了世界闻名的“JIT”生产模式。这一模式令丰田汽车公司得以一跃成为世界一流企业。由此可见，仓储管理的良莠会直接影响企业生产和物料管理系统的成败。

本书是王文信先生继《生产计划管理实务》之后的又一力作，继承了其一贯重视务实性、可操作性的风格：以大量的案例、图表介绍仓储库房规划、进料验收、领发料、存货、盘点、呆废料管理等实务方法，并介绍了将物料仓储管理与企业经营相结合的方法，预测了仓储管理的发展趋势。本书

出版序

易懂易学易操作，更难得的是以专篇案例形式介绍了仓储绩效管理、仓储管理电脑化、仓储管理制度规划与设计，令仓储管理者可以按表操作，借助现代管理工具轻松规范管理，大大降低生产运营成本，为生产、品质、安全、人力、成本管理加分，进而使企业保持持久的竞争优势。

建议读者可以结合福友现代实用企业管理书系中的《制造业物料管理》、《现代物料管理》等书籍阅读，帮助将更大。

福友一贯的承诺——

与您分享的绝对是好东西！

林荣瑞

2006年9月于厦门

作者序

在风云变幻的国内外经济环境中，提升产业竞争力及企业生产力是生存与发展的重要条件，提高效率与降低成本更是强化企业体质的明智做法，因此，如何有效地提高仓储作业与管理效率，降低存货成本，应是企业当前最重要的管理课题。

本书以系统化的方式介绍仓储管理的理论与实务做法，并将作者历年来从事仓储管理的工作经验与辅导企业的个案实例相结合汇编整理而成。本书共分十一篇，包括仓储管理整体性概述，仓储软硬件及制度的规划，验收、领发补退料、盘点、呆废料处理等仓储作业方式，存货、绩效、计算机化等仓储管理方法，各式各样的仓储管理实例分析，并介绍仓储管理的发展趋势，可作为业界仓储管理制度建立与实务运用的参考工具书。

本书的撰写历时两年多，除参阅国内外专业书刊杂志外，还添加了作者近年来担任顾问的心得及授课用相关教材的精华，并参考多位国内外学者的著作才得以完成。仓储管理理论与实务本来就浩翰无边，作者虽尽全力，但仍难免有遗珠之憾，若有不完善之处，敬请读者指正。

王文信

2006年9月

目录

目 录

目录

目录

第一篇　仓储管理概述

一、仓储管理的含义

二、仓储管理的目的

三、仓储管理的功能

四、仓储管理的推行原则

五、仓储管理的内容

六、仓储管理的发展趋势

仓储管理不仅是储存物料的场所及其作业的管理，更是对生产和销售活动的一种支持性服务

本篇说明仓储管理的含义、目的、功能、推行原则，以及仓储管理的内容和发展趋势，以整体性概述仓储规划与作业的管理重点。

一、仓储管理的含义

用于储存物料的场所称为仓库，如何运用规划、分析与管制的方法于仓储作业上，使仓储作业更有效率，使仓储功能更能发挥，即为仓储管理。

换句话说，将零组件、材物料、半成品以及成品储存于仓库的一切作业与管理活动的规划、分析、执行、控制即为仓储管理。

二、仓储管理的目的

1. 认清仓储管理不当带来的损失

仓储管理工作对企业的物料存货管理影响很大，不良的仓储管理往往造成企业重大的损失。常见的不良仓储管理所造成的损失如下：

⑴ 存货管理不当，丧失商机

存货记录不准确或存货品质不良，将影响交货，导致客户抱怨，丧失商机。

⑵ 存货控管不佳，积压资金

存货控管不确实，导致生产过多、生产过早、采购过多、采购过早的存货状况，从而导致成本过高，积压资金。

⑶ 临时性缺料，导致停工待料现象，增加成本

存货控管不确实或品质不良，导致临时发现缺料，紧急补充物料以避免停工待料现象，使得成本增加；仓储部门发料不足，也会影响生产效率。

⑷ 存货管理不当，增加间接人工成本

存货记录不确实或管理不当，将增加相关部门临时工作量，比如重新安排生产进度、重新采购、重复性寻找存货或盘点等工作，增加成本。

⑸ 无法确保仓储作业的安全性

仓储管理不当易造成仓库的爆炸、火灾等状况，危及员工生命安全。

⑹ 增加仓储空间的成本

未妥善运用仓储空间，将增加仓储空间租金成本。

⑺ 管理不当，造成呆废料损失

2．仓储管理的目的

对上述仓储管理上常见的问题进行分析，并主动完成仓储管理的工作，实现仓储管理的目的，是仓储管理人员最主要的任务。仓储管理的目的是为了做好下列事项：

⑴ 妥善保管存货

已入库的存货应妥善保管，以使存货保持最适品质，账物一致。

⑵ 发挥仓储服务的功能

适时提供生产、营销、研发等使用部门所需的材物料、零件、半成品、成品等存货，以发挥仓储部门的功能。

⑶ 降低仓储成本

良好地控管存货，使存货的仓储成本合理化。

三、仓储管理的功能

仓储管理是对生产或销售活动的一种支持性服务，这些支持性服务活动必须具备下列各项功能：

- 对物料、半成品及成品的进仓、出仓进行记录与管制；
- 对物料、半成品及成品进行分类、整理、搬运、归位与保管；
- 最适当地供应产销活动所需的物料、半成品及成品；
- 确保存货记录的正确性，使料账一致；
- 确保仓储工作场所的安全性；
- 确实控管仓储作业与管理成本。

四、仓储管理的推行原则

为了实现仓储管理的目的，发挥仓储管理的功能，应遵循一定的仓储管理的推行原则及注意要点。

1. 维护品质

辛辛苦苦制造出来的产品、采购的材物料及零件常因仓储设计不良或保管不妥而损坏，影响品质。因此，为维护品质起见，仓储的设计应考量下列几点：

⑴ 温度、光线、湿度等自然因素对产品的影响；

⑵ 灰尘、公害、虫害等问题；

⑶ 邻近产品或物料的相互影响；

⑷ 物料重量影响与垫板放置情形；

⑸ 有效贮存期间及其保证；

⑹ 防水、防火、防盗措施及设备；

⑺ 除锈措施以及对盐分、酸分的防护；

⑻ 物料搬运的便利性与安全性；

⑼ 照明设备的运用；

⑽ 其他，如是否会影响环保等。

2. 安全性

物料的保管应安全第一，处处要留意下列几点：

⑴ 危险物品应利用危险品仓库隔离保存；

⑵ 易破损的物品应置放于稳定的场所，并标示“易破”或“不能倒放”等，以引起注意；

⑶ 堆放物品要考虑物品的耐压程度，不因放置过高而将物品压坏；

⑷ 高价物料宜放置于可上锁的仓库或投以火灾、盗抢险。

3．空间的利用

储存物料的场所，不论是仓库、棚舍或其他场地，必须善用有限的仓储空间，利用合理的最大储存量而发挥仓储管理的功能。

4．节省人力

物料缴库、发料、退料的搬运工作，仓储的整理、保管工作及物料的记录，必然消耗大量人力。要以有限的人力来发挥仓储管理的功能，必须制定工作计划，使搬运方法合理化并适当选用搬运工具，力求节省人力。

5．降低成本

物料存量过少，生产线易于停顿而造成损失；物料存量过多，则造成过高的物料储存成本，包括物料成本，物料取得成本，物料保管、搬运、记录、仓储准备的成本，以及水、电、保险、税金、耗损报废等仓储费用。

仓储位置规划不适当，以及仓储空间不能有效利用，就容易引起搬运流程不合理、摆放次数变多等作业成本增加的现象，因此，仓储作业应把握成本控管的推行原则。

五、仓储管理的内容

仓储管理的工作劳心劳力，劳心的工作包括仓储规划、制度设计、仓管人员培训等，劳力的工作包括仓储作业、物料搬运、存货盘点等。在仓储实务上，其运作程序、作业要点、相关管理规章、办法及运用表单如图表 1－1 所示。

图表1-1 仓储管理的工作内容

运作程序	作业要点	规章、办法、表单
仓储规划（硬件系统）	1．仓储计划 2．仓储布置 3．物料搬运 4．仓储作业方式	1．仓储规划书 2．储位布置图 3．仓库管理规定
制度设计（软件系统）	1．人力组织规划 2．确立工作职掌 3．拟订管理办法 4．分析事务流程 5．表单设计	1．组织职掌表 2．收、发、存作业表单 3．验收管理办法 4．领发料管理办法 5．报废管理办法 6．盘点管理办法 7．呆废料管理办法 8．委外加工供料办法 9．存货管理办法
仓储作业	1．验收、退 2．领发、补、退 3．委外、供料 4．储存、保管、堆放 5．盘点、整理、整顿	1．验收、退货表 2．领发料、补料、退料表 3．外加工日报表、供料表 4．存货状况表、看板 5．盘点表、盘点单
账务处理	1．库存账册 2．账务处理（量库存账） 3．数量管理（料、件） 4．异常反应	1．存量卡、账册 2．库存分析报表 3．账册工库存状况表 4．超领损耗分析表 5．盘盈亏分析表 6．报废分析表
存货管制	1．存货管制基准 2．存货状况 3．用料差异 4．存货异常反应	1．存货管制基准表 2．存货状况分析表 3．存货成本分析表 4．用料差异分析表

六、仓储管理的发展趋势

1. 仓储业务的集中管理

集中管理可以降低仓储成本，包括租金成本、仓储人力成本、仓储记录成本、存货成本等。

零星分散成众多小仓库不易管理，因此，当今仓储规划具有由零星小仓库向集中大仓库发展的趋势，或分仓库由总仓库统筹管理的趋势。

仓库业务的集中储存或集中管理具有下列各项优点：

⑴ 较易节省仓位，同时仓库及其办公室或附带设备所占的面积比例减少；

⑵ 减少呆料情形，由于存料可互补有无，可减少安全存量，提高物料周转率；

⑶ 对仓储管理工作较易取得指挥与监督的效果；

⑷ 易于物料编号的统一，且对料账处理工作的管理较易进行；

⑸ 对仓库的盘点较易顺利推行；

⑹ 较易发挥仓储管理的功能，容易引进专业的搬运或储存设备；

⑺ 对物料品质与安全维护较易收到效果；

⑻ 能较顺利地推行物料计划；

⑼ 其他，如易于对全球布局及物料运筹进行规划与推行等。

2. 充分运用仓储空间

仓储规划向高空发展或运用移动式仓储设备均可降低仓储租金成本。由于仓租成本日益提高，因此节省仓储空间、充分运用仓储空间是必然趋势。

充分运用仓储空间的方式如下：

⑴ 物料堆置向高空发展

由于产销业务的增加，仓储工作日趋繁重，仓库位置有限，故物料的堆置不得不向高空发展。由于物料搬运技术的进步，双层料架、叉车、可以自由伸缩移动的梯子、空中吊车及各项储运设备的联合运用，皆可推动物料堆置朝高空发展。

(2) 移动仓库

能配合生产工厂实际的需要而随意移动的仓库，即为移动仓库。例如：利用手推车搬运物料发放给作业人员。

移动仓库可以区分为可以自由移动的无轨仓库与不能自由移动的有轨仓库两种。

① 可以自由移动的无轨仓库

● 推车

即利用移动的手推车代替仓库的料架，甚至有的工厂还将仓库废除，构造手推车式的移动仓库。

● 货柜

国际间的海运已盛行货柜输送，公司间的货物往来，也可设计不同的货柜放置于适当的空间作为移动仓库。

● 卡车

工厂利用卡车将物料装满后以巡回方式走访各协力厂商或加工区将所需物料卸下，产品制成后亦以卡车巡回方式来收回。继而用卡车满载着货品到经销商处推销，这也是一种移动仓库的方式。

● 货船

即利用停在港口的船只作为仓库。

② 不能自由活动的有轨仓库

● 搬运台车

装满物料的台车随着地面上铺设的轨道移动。

● 空中吊车

装满物料的立体仓库随着吊车轨道移动。

3．储运业务省力化

运用省力化机械设备，减少对仓储人力的依赖。

4. 刚好及时系统的仓储管理

除了极低的安全存量外，不希望多余存量;后制程所需物料均以刚好及时(Just-in-time,JIT)方式供应，减少以存量方式供应的机会，可以大幅降低存量。存量降低即可减少仓储作业及仓储成本(如:仓储租金、仓储人力、仓储记录等成本)。

5. 自动仓储的运用

无法实施刚好及时系统且仓储业务量非常庞大，仓储成本非常高时，可考虑无人的自动仓储管理系统，借以剔除对仓储人力的仰赖，并确保仓储资料的正确性。

基于上述分析，有关仓储管理合理化的方向、做法及实施效果如图表 1－2 所示。

图表 1-2 仓储管理合理化做法及效果

<table>
<tr><th colspan="2">方　向</th><th>做　法</th><th>效　果</th></tr>
<tr><td>1</td><td>集中管理</td><td rowspan="4">· 自动仓库
· 无人仓库</td><td rowspan="4">· 省人
· 省空间
· 料账准确</td></tr>
<tr><td>2</td><td>高空发展</td></tr>
<tr><td>3</td><td>随机料架</td></tr>
<tr><td>4</td><td>自动设备</td></tr>
<tr><td>5</td><td>自由移动</td><td>· 移动仓库</td><td>· 空间再利用</td></tr>
</table>

第二篇　仓储规划与库房管理

一、仓储规划与布置

二、库房管理

推行仓储管理5原则：维护品质、保障安全性、合理利用空间、节省人力、降低成本

第二篇 仓储规划与库房管理

仓储管理的做法、效率和仓库设计与规划有极密切的关系，换句话说，仓储规划与布置的良莠会影响仓储作业与管理的绩效。

本篇主要说明仓储规划与布置的含义、目的、内容、实际做法，以及库房管理的重点，供企业在规划库房、布置仓储环境、推动仓储管理及制定库房作业与管理制度时参考。

一、仓储规划与布置

1. 仓储规划的含义

针对仓储的地址、空间、设施、储位，对物流进行安排与规划，即为仓储规划。例如：仓储地址的选择应该配合公司整体物流系统的规划，依据原料供货商的厂址决定是将原料直接由供货商运往制造商所在工厂地址，还是将原料集中运往中间仓库，再以共同配送的方式依需要运往各生产据点。在配销方面，各工厂所生产的不同产品可先集中于接近市场的仓储物流中心，再依市场需求配送至各交货指定地点。因此，仓储规划的决策应考虑下列因素：

(1) 作业合理化

物料容易进行验收、入库、搬运及领发料处理等作业。

(2) 成本合理化

以共同配送方式，节省运输成本。

(3) 距离物料最近的位置

若生产一单位产品所需原料重量远超过一单位产品的重量，则应以接近物料来源位置来设立仓库，以节省运输成本。

(4) 距离销售地区最适当的位置

若生产一单位产品所需原料重量远低于一单位产品的重量，则仓库应设置于接近市场之处。

(5) 扩展性

为考虑企业未来发展趋势，库房应具有扩充弹性。

(6) 安全性

库房设计必须考量其安全性，以确保存货的安全。

2．仓储规划的目的

良好的仓储规划可以发挥仓储作业与管理的效能，仓储规划应具有下列目的：

(1) 降低仓储与搬运成本；

(2) 营造良好的仓储环境以提高工作士气；

(3) 使缩短物料移动距离；

(4) 物料流程顺畅；

(5) 减少物料受损机会；

(6) 提高储存空间周转率；

(7) 防止或减少失窃；

(8) 为将来发展作合理的安排。

3．仓储规划的考虑因素

(1) 了解仓库规划的目的

即了解仓库的用途，不同用途的仓库有不同的仓库计划，故应先了解仓库的用途，再拟订合理性与扩充性兼备的仓储计划。

(2) 储存物料的种类与数量

仓储的对象为库存品，因此，进行仓储规划时，对于储存物料的种类与数量必须事先加以确定，不同的物料有其不同的特性、形态、重量、大小、包装方法等，而储存方法与搬运方式都不相同。物料储存数量可以决定该项物料应保存仓位的大小，用正常存量来决定仓位的大小，以提高仓库的经济效益。

(3) 物料储存单位的决定

物料储存单位决定于管理方便与效率，若储存单位有一定的规定，可使验收、储存、发放等作业简化，提高工作效率。储存单位的大小也影响到料架形式、搬运方法，以及进出库的效率。

⑷ 进出库等以支持产销问题

物料进出库、收发、盘点等所做的搬运作业在仓储计划时应加以考虑，否则将影响生产与仓储间配合作业的效率与成本。

⑸ 减轻仓储管理人员的工作负荷

① 利用材料ABC分析法进行生产线的用料分析，再按其分类决定其发料的频率，例如A类材料每星期发2次，B类每2星期发1次，C类材料每月发2次，消耗性材料每月发1次，如此不但可以减轻仓库管理人员的负荷，也可减轻料账的登录工作。

② 尽量减少制程改变

产销计划变更是不可避免的，然而生产计划部门必须在制程变更计划时予以深思熟虑，使发料的变动为最小，同时详细说明材料的加发或退回仓库的原因，以利仓库工作人员处理。

③ 材料的上架与检料的架位，由料账人员指定。

④ 所有收货单、发料单等，尽量使其有序、清晰、易读。

⑤ 其他自动化搬运设备的使用等。

⑹ 其他

仓储规划应考虑未来作业及控管效率的好坏，因此，针对仓储作业与管理的内容，应逐一检核其合理性，作为仓储规划的参考。

4．仓储规划的内容

为发挥仓储作业与管理的功能，仓储规划的内容至少要涵盖下列项目：

⑴ 仓储空间规划与调配；

⑵ 仓储布置规划；

⑶ 仓储位置与编号设计；

⑷ 仓储设备的选用与物料堆放；

⑸ 储存管理方式；

⑹ 其他，如仓储作业需知、存量卡设计与应用等。

5. 仓储规划与布置的方法

(1) 仓储空间的规划与调配

仓储空间包括实际用于储存物料的空间，以及那些仓库中不能用于物料储存的空间，例如通道。仓储空间的规划应争取最大的储存空间，即实际用于储存物料的净立方体积除总仓库容积，得出仓位利用率，仓位利用率越高越好。在规划仓储空间时必须考虑下列因素：

① 尽量减少死角造成的空间损失率

死角就是浪费的空间，形成的原因是部分料架无法利用。

② 利用单位标准以规划所需仓储空间

建立空间标准即每单位负荷的容积需求，包括通道与死角所占用的空间。

- 将每一品项的空间单位标准与要储存单位负荷的计划数量相乘，计算出每一品项的空间需求。
- 将所有要储存品项的个别空间需求相加，计算出总储存空间需求。
- 将总储存空间需求再加上验收与运送区域、办公室、维护与服务设施等单位所需的空间即可决定仓储的面积总需求。

仓储空间规划完成后，还需考虑仓储空间的调配，其目的在于对空间密集利用、物料容易提存、物料安排有弹性、物料能妥善储存以方便仓储作业与管理。因此，必须慎重考量储存方法，尽量采用先进先出方式，并设置暂时堆置区域，以利于物料的检验、过磅、整理等作业，同时，注重仓位编号，以利仓储作业与管理的实施。

(2) 仓储布置规划

一旦仓库内的空间布置确定，接着必须考量的便是仓储布置，即产品必须如何布置方可使整体的总搬运距离、重量、时间最合理。

① 仓储布置的原则

- 尽可能使用单层设施，以提供更多有用空间及较低的建造成本。
- 物品从接收到运送，其过程应属直接流程或直线。
- 使用有效的物料搬运设备，如采用机械化或自动化设备以提高搬运效率。

- 使用有效率的库存计划，即尽可能使仓库的容量得以最有效运用。
- 使仓库走道空间尽量极小化，但须容许物料搬运设备方便进出。
- 在仓库的高度使用方面应尽量极大化。

② 仓储布置所应考虑的因素

- 属于同一种类的物料，例如原料、零件、半成品、成品等，按大小、形状、重量或样式分类，相类似的物料储存在一起。
- 对于用同样搬运设备搬运的物料（例如同样用输送带、手推车搬运的物料），或需要特别处理与储存的物料（如需控制气温或酸类等项物料），也以储存一起为宜。
- 对于经常收发的物料，宜储存于便利进出的地方。
- 分析各种物料的性质，针对其特性而设置各种储架、搬运工具，并算出最大需要的仓位体积。
- 仓储应具有伸缩性，即对于未来的现有仓库布置的调整，应预作准备，使仓储经费与劳力的成本最小。
- 应便于各种物料管制作业的进行，如物料收发、盘点等。
- 考虑安全因素。
- 对于各种空容器，搬运与置放方式应事先规划，如果某些物料备有特殊容器装置，则在布置时需先考虑此特殊容器的摆置。
- 如利用输送带等设备为物料进出仓库的搬运工具，应准备一辅助路线，以备搬运机器损坏时，仍能使收发作业不致停顿。
- 对于容易被窃的物料，应摆置于特殊位置，以利保管。

③ 仓储位置与编号设计

仓位的编号应以有系统为原则，以便于识别及仓储作业和管理。一般对于仓库的仓位编号可采用四级分段制,其程序是:

- 将物料库分成若干储存区，分别以A、B、C、D等表示。
- 每一区内将料架予以分段，即分别为1、2、3等表示。
- 将料架由下而上予以分层，每层以a、b、c等表示。

● 每层按其左右次序横列分隔，每格以1、2、3等表示。

● 将上列四项按顺序排列，即可得详细的仓位储架编号。

例如:仓位编号为A-3-a-1(区 - 段 - 层 - 格)，即表示该项物料位于仓库内A区，第三段的物料架，第a层，第一格内，因此，欲寻该项物料，即可根据储架编号立即在料架上寻得。

仓位经编号完成后，必须将号码标识于储架上。以使用卡片方式较佳，卡片内记载仓位号码及该项物料编号。同时，在库存管理时，需将该项物料的仓位号码列于账卡及管制卡内。

④ 仓储设备的选用与物料堆放

● 选择与安装仓储设备时必须考虑的事项

a.使物料的进出简便、迅速、准确。

b.避免存货损坏或变质。

c.存货地点与内容应易于识别。

d.便于使用先进先出法。

● 使用仓储设备的趋势

a.向空中发展，增加储存空间。

b.小仓式装货或单位装货，避免拆散。

● 物料堆放的原则

a.依规格或尺寸采用统一堆放原则。

b.不要轻易更改位置。

c.标示材料品名、规格、数量、日期等。

d.捆包物料应标示品名、规格、数量及内容。

e.呆废料应分开堆放。

f.没有必要时应尽量避免覆盖。

g.多利用仓储空间，并尽量采取立体的堆放方式。

h.利用设备如叉车装卸以增加物料堆放的空间。

i.通道应有适当的宽度，并保持装卸空间，以保持物料搬运的顺畅，同时不影响物料装卸的工作效率。

j.应依物料本身形状、性质、价值等的不同而考虑选择不同的堆放方式。

k.考虑先进先出的保管方法。

l.物料的堆放，要考虑储存数量的易读易取。

m.物料的堆放应容易识别、检查与盘点，如良品、不良品、呆料、废料分开处理。

● 物料堆放的方法

在有限的仓储空间，物料堆放方法的妥当与否关系着仓储控制效率的高低，因此，生产工厂有必要依仓库的大小对物料的形状、性质与价值等因素，考虑各种物料的堆放方式。

为便于评估物料堆放的方法，先选用符号代表堆放条件（如图表2-1），并据以分别分析较常用的十五种物料堆放方法。

图表2-1 物料堆放方式符号表

堆 放 条 件	符 号
堆放方式稳固不倒，有益安全	甲
便于收发	乙
堆置费用低廉	丙
便于计算存料数量	丁
可占用较少仓位	戊
堆放方式本身具备防风雨的作用	己
便于用机械搬运	庚
能防止变质	辛
具有防止或易于发现被窃的作用	壬

a.方形堆放

此为最基本的堆放方式（如图表2－2），如无其他限制，一般皆应用此种方式。此种堆放方法符合甲、乙、丙、丁、戊、庚、壬的条件。

图表2-2

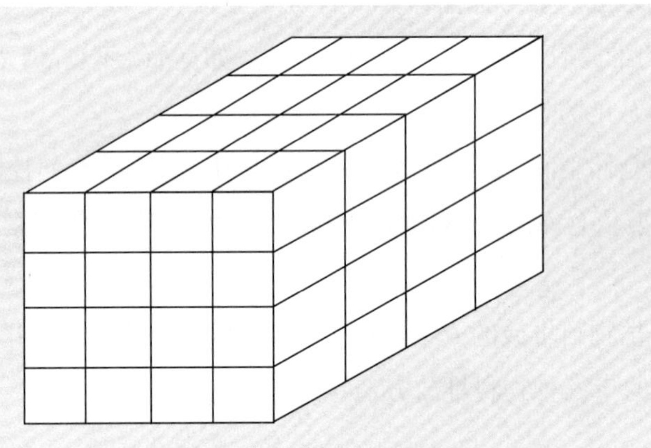

b.金字塔形堆放

此为较少采用的堆放方式（如图表2－3）。因为，此形越往上越尖，从四面向上收缩，违反戊条件，唯若干物料，由于形状上的限制，必须采用此种堆放方式，如鼓形的酒桶、铁钉桶等物料，笨重的圆形物料、椭圆形物料等。此种堆放方法符合甲、乙、戊、已、壬的条件。

图表2-3

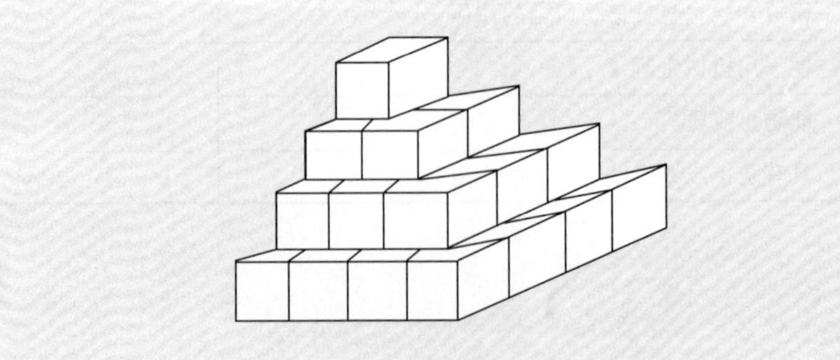

c.尖形堆放

此种堆放方式又称为三角形堆放（如图表2－4），其上一层物料，依次骑压于下层两物料低凹处，每层依次减少一个。此种堆放方法符合甲、乙、丙、丁、己、壬等条件，氧气瓶，直径较大的钢轴、管件、原木等，均须用此种堆法。细长形物料在料架上堆放，也可采用此形式。

图表 2-4

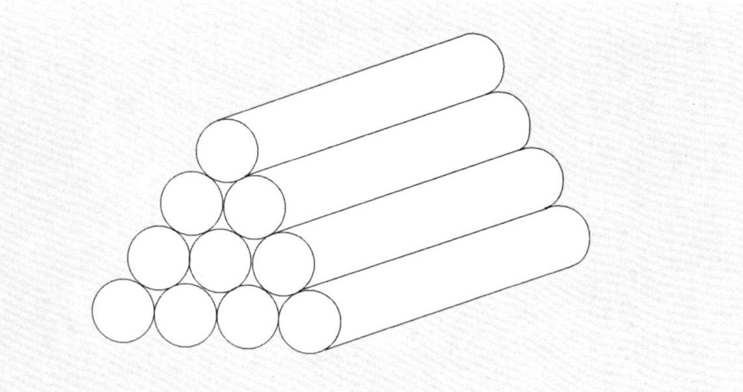

d.阶梯形堆放

此种堆放方式与尖形堆放类似（如图表2－5），是逐渐由左右两方向上增高、收缩，而形成阶梯形。它可用堆高的脚踏，适用于装箱物料的大批堆放。此种堆放方式符合甲、乙、丙、丁、己、壬等条件，故应用甚广。

图表 2-5

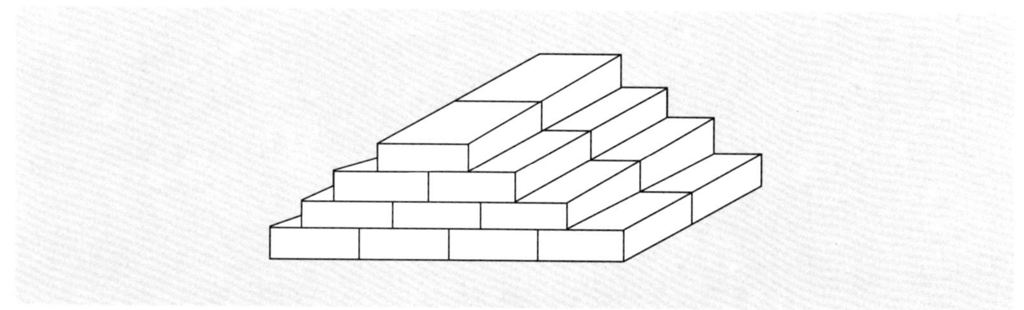

e.阶梯尖顶形堆放

此种堆放方式为方形及尖形或阶梯形堆放的混合体（如图表2－6）。构成此形的目的，为尖顶上覆盖篷布，以便雨水排流。

图表2-6

f.梅花形堆放

此为比较罕见的堆放方式（如图表2－7），对于圆柱形、圆饼物料比较有用，可在地面上用此法堆放大物料，在料架上对管接头等物料，可用7－4－1堆成一打一小堆堆放，或7－3堆成十个一小堆堆放，以利于计算存量。此法只符合甲、乙、丁、己等条件。

图表2-7

g.槽堆形堆放

此形又称为井字形堆放（如图表2－8），一般需要通风散热的物料，适用此法(例如木材)。小件物料在料架上堆放，可用5、10等整数交错纵横排列，以达到稳固的目的，并利于计算存量。有定尺的管件、条材等亦可用此法紧排，上下层交错纵横排列，以便雨水排流， 并利用通风换气。此种堆法能满足甲、乙、丙、丁、己、庚、辛、壬等条件，故为良好的堆放方法。

图表2-8

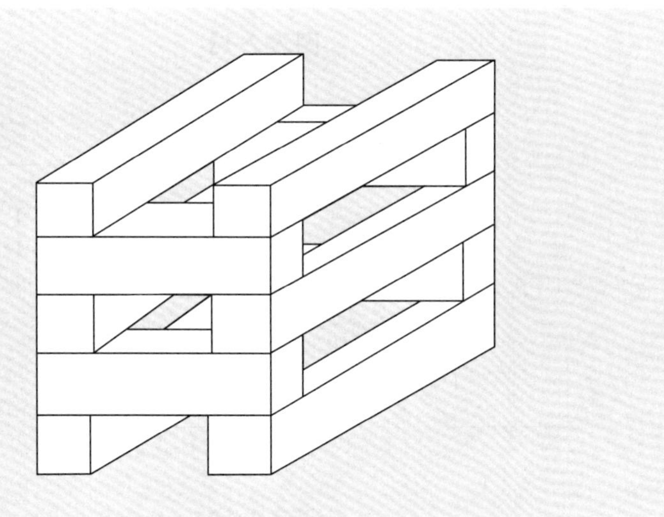

h.单形平排式堆放

此形于地面上一字排开，并不堆高（如图表2－9、2－10），只适用于体积大、重量大而数量不多的笨重物品。在料架上堆放的物料，则比较多地采用此法。此法符合甲、乙、丙、丁、庚、辛、壬等条件。

i.多形或变形平排式堆放

此形适用于笨重而存量颇多且不便于应用特殊机械堆高的物料(如图表2－11、图表2－12)。此法符合甲、乙、丙、丁、庚等条件，无须特别注意品质变坏与漏耗的物料可采用此形。

图表2-9、2-10

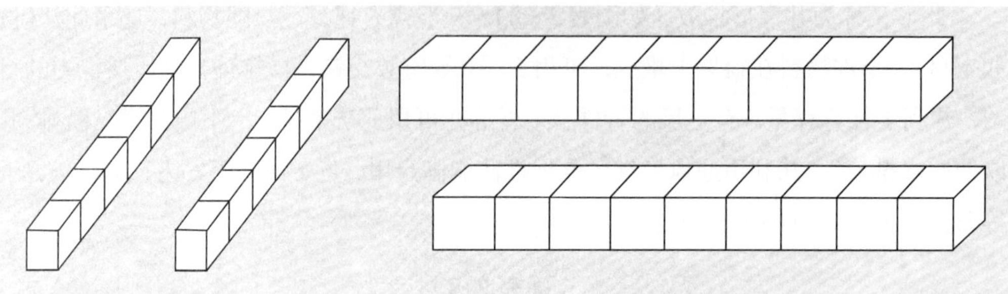

图表2-11

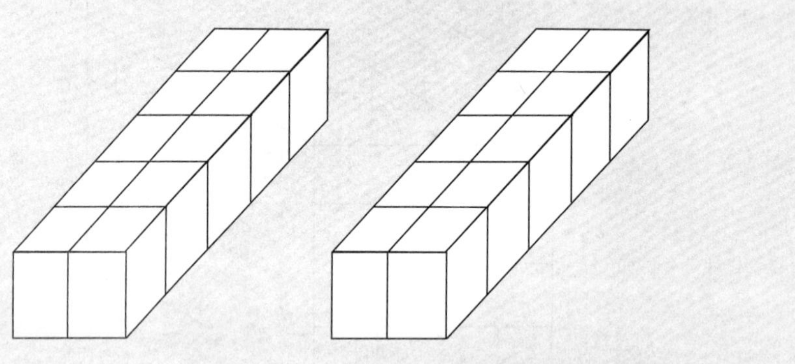

图表2-12

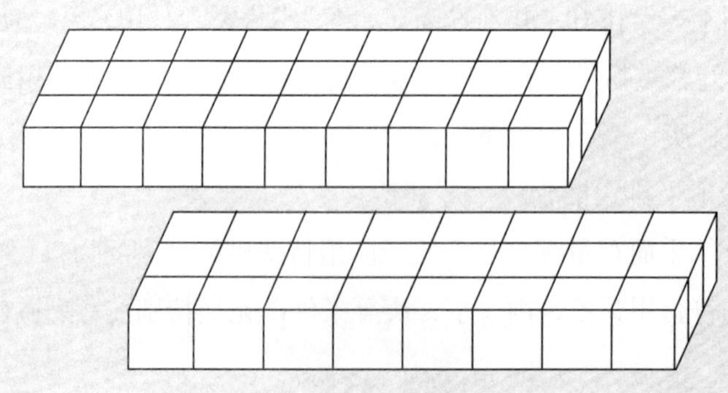

j.平堆形堆放

此形又称重叠式堆放（如图表2－13），一般适用于铝片、铁片、人造木板、蔗板纸张等薄而单张面积较大的物料堆放。此法符合甲、乙、丙、丁、戊、庚等条件。

图表2-13

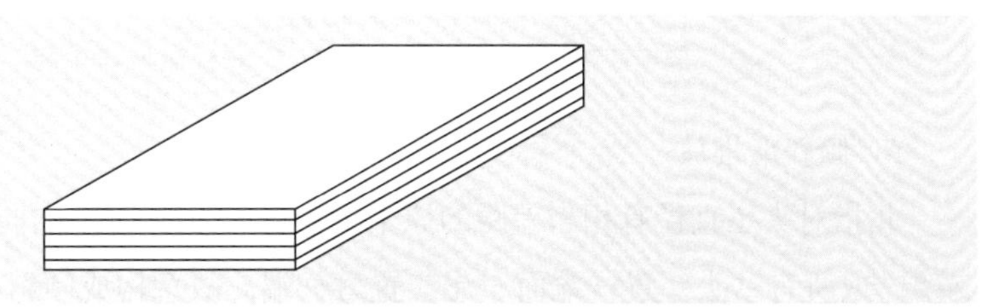

k.交错形堆放

此形又称交互堆放（如图表2－14），为便于计算平堆堆放的物品的存量，故意采用交错方式。此种交错平堆形，有时适用于薄饼形物料的堆高，因为一直单叠向上平堆，极易倾颓，故分层堆放，上一层交骑下两层的中间，有时为更稳妥起见，于两边中间加半圆形垫板。此法符合甲、乙、丙、丁、戊等条件。

图表2-14

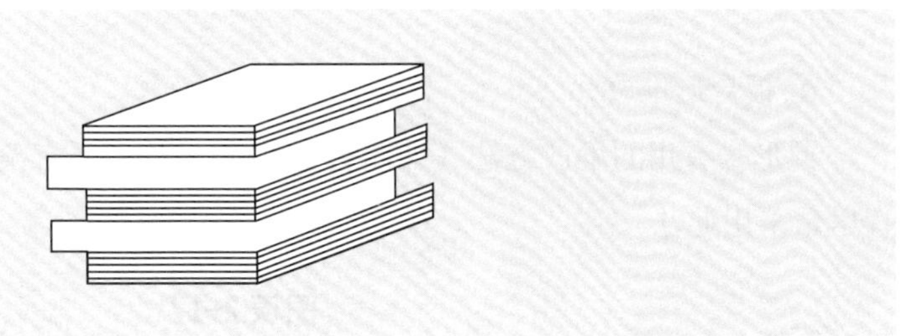

l.装箱形堆放

此形乃指装箱后再行堆高，为地面上堆放物料常用的办法（如图表2－15）。对上架物料，亦常采用此法，如滚珠、钢珠等料，容易滚落遗失，若干玻璃制品、贵重仪器，容易破损，或需加强保护，均予装箱以便于保护。装箱也为了便于计算存量的主要手段，一点箱数，即可用乘法计算其存量，以每100支螺丝置入布袋内或50个滚珠置于塑料袋内，以及其他类似方法，均可视为装箱。

图表 2-15

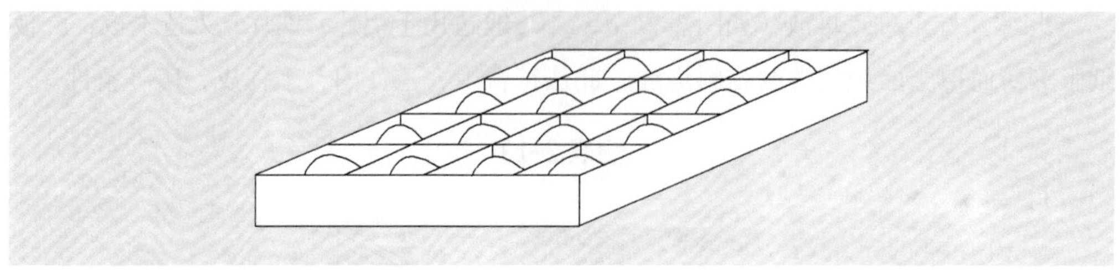

m.倾斜形堆放

此指对头尾直径有相当差距的原木等物料，为便于雨水排流，故意构成有倾斜的支架，或所有“头”置一端而“尾”置另一端，故意构成倾斜表面（如图表 2-16）。在开放式料架上，为使所存物料容易展露，构成倾斜底板，再于其上放置物料。

图表 2-16

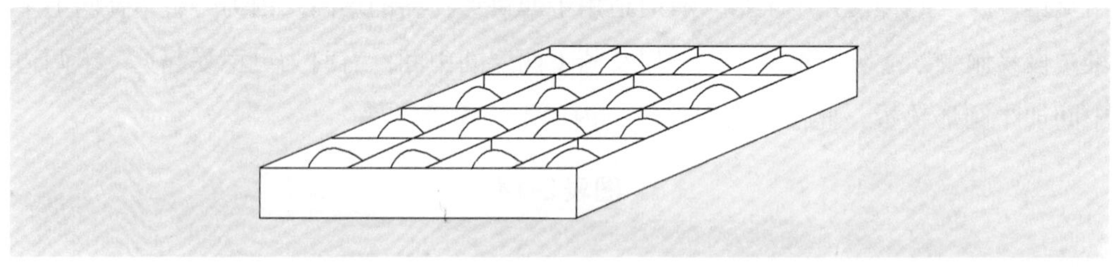

n.板台形堆放

此形为有用的堆放方法（如图表 2-17），符合所有条件，如果有新式搬运设备，宜尽量采用此法。

图表 2-17

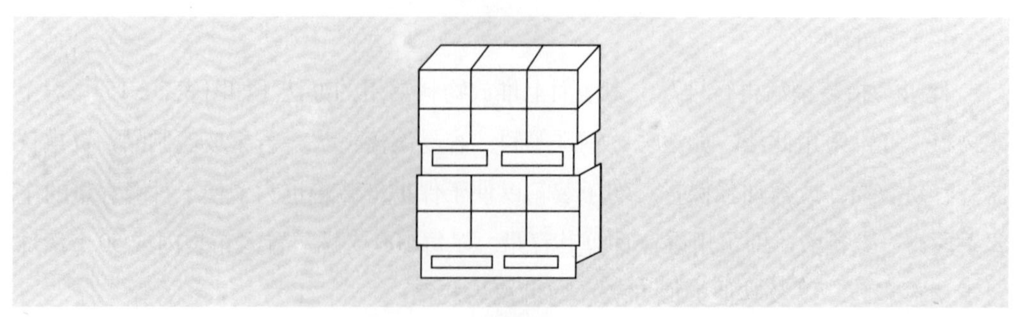

o.钩形堆放

此形分为吊钩式堆放与挂钩式堆放两种（如图表2－18、图表2－19），可以有效利用空间及墙壁，对于质轻及软质性的物料最为适用。

以上所介绍的，为通用的方法。

图表 2-18

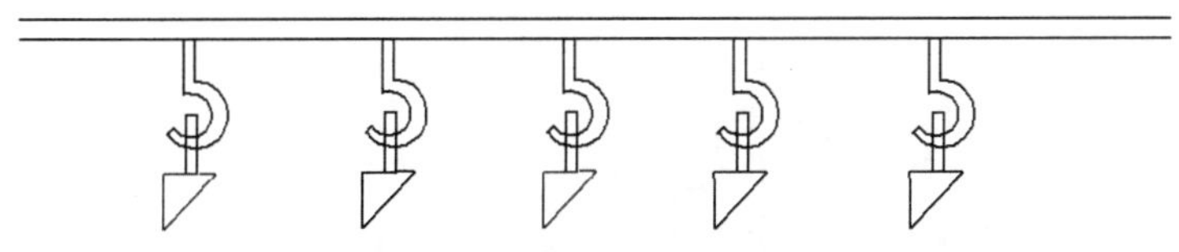

图表 2-19

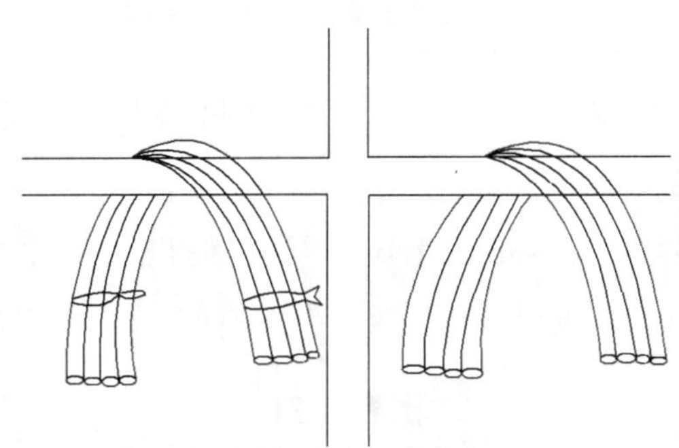

● 料架的运用

为增加物料堆放效率，可设计或选用适合的料架，但料架设置后便成为固定资产，且料架本身价格又昂贵。一般的料架有金属制料架、木制料架与塑料制料架，料架因使用的材质不同，其特点也不相同。料架的选择影响到仓储作业与管理的效率。各种常见的料架：

a.开放式料架

开放式料架（如图表2－20）为最常用的一种，其构造简单，费用较省，光线充足，空气流通，能配合储存物料尺寸的大小，可自由分配仓位，一览无余，因而具有便于查看品质及清点存量、容易清扫等种种优点。

图表 2-20

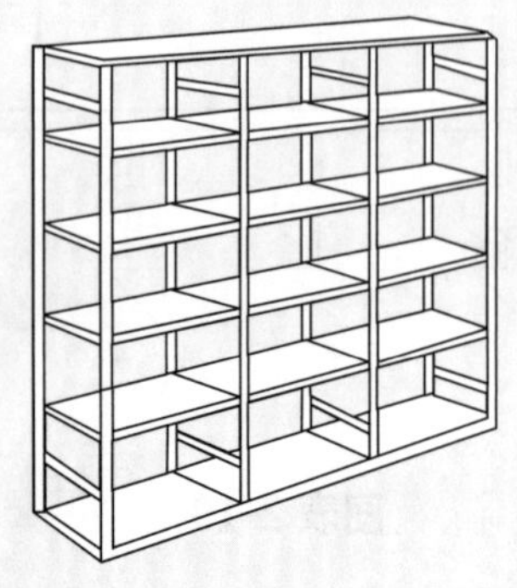

b.架框式料架

架框式料架（如图表2－21）为一四脚或多脚的支架，分成若干层，后背左右用木板钉牢，每层分成若干小格，每一小格成为一架框，每一架框界限分明，不易混淆，为应用相当广泛的料架，可储存重量较小的零件，而且容易决定仓位。但料架固定，因此架框与架框之间，缺乏融通性，而且架框空间有限，不适宜储存较大的物料。

图表 2-21

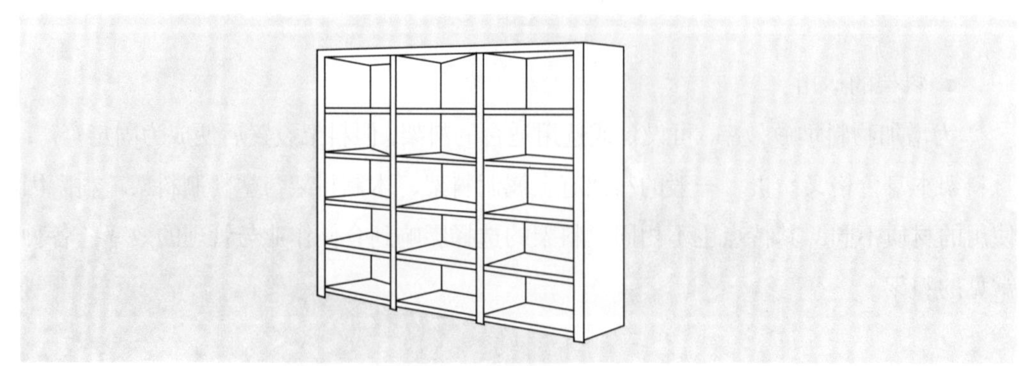

c.双层式料架

不少工厂仓储的料架有上下两层，利用梯子，仓储管理人员可将物料搬上搬下，此种双层料架，在较大规模的图书馆，早已采用多年，上层料架与料架间的走道，如用木板或金属板，遮断下层光线，并非所宜，故普通用金属圆条作适当间隔的排列，或加装有金属钢的厚玻璃板，以便走动与透光。

d.自动调节装配式料架

料架的长、宽、高度若固定，则物料储存方式改变或因业务变更，须重新变更仓位时，原有料架显然不能应付。自动调节装配式料架为解决仓位变更时最理想的料架。开放式料架即为自动调节装配式料架的一种（如图表2－22所示），物料储存改变时，则可改变中间穿插的横木以有效储存物料，故可视为自动调节装配式料架之一。

图表2-22

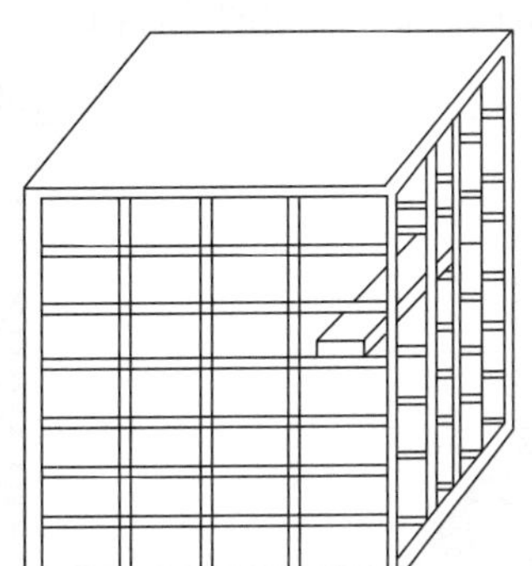

e.伸臂式料架

伸臂式料架（如图表2－23）最适合储存木条、管状物、圆条。应用此种料架，对物料的搬上搬下十分有利。

图表 2-23

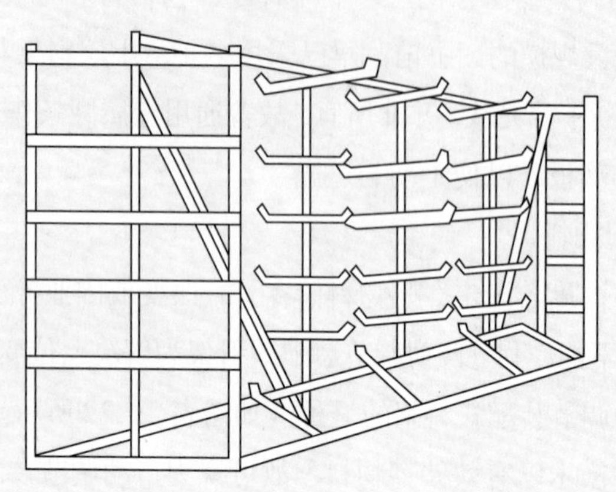

⑤ 储存管理方式

以制造业为例，在全部生产过程中，用于物料储运的时间，远比生产作业的时间来得长，通常约占70%，以总成本计，花费在物料储运的费用，约占全部支出的30%左右。故物料储存管理得当与否，影响生产成本的增减，因此，必须规划适当的储存管理方式。

● 储存方法

物料搬入储存位置的方法，最常见的有下列两种：

a.随机储放法

· 当个别的库存物料可储存于任何一个可利用的储存位置时，可应用随机储存法。

· 随机储存法是指要储存的物料，其储存位置指定为最近可利用储位，取用时以先进先出法为基础。

b.指定储存法

· 当个别的库存物料被指定储存在特定的储位或储存区时可应用指定储存法。

上述两种储存方法的比较如下：

Ⅰ 当个别库存物料的作业水准或库存水准有显著差异时，以指定储存法较佳。

Ⅱ 分派给每一个库存单位储位的数量必须能容纳最大的库存水准，因此，随机储存法所需储位，以任一期最大需求量为准。

Ⅲ 随机储存法比指定储存法需要的储存空间较少。

Ⅳ 在高度季节性与动态的状况下，最常使用随机储存法。

Ⅴ 若系统中存在许多个别的库存单位时，常实施以等级为基础的指定储存法，而在同一等级内再实施随机储存法，即可同时具有指定式个别的库存单位储存法在周转量方面的优点，以及随机化储存法在空间节省方面的优点。

● 储存原则

a.定位管理

将各库房予以坐标定位，并将库房的区段及存储的柜架标记编号，再将物料贮存位置的标志编号登记于账卡上，管理人员即可知道各种物料的存放位置。

b.适时盘点库存

一般物料大多数定在最高存量与最低存量之间，良好的库房管理必须确实掌握库存量。一方面清点核对实际存量，一方面检查存货品质，以防质与量两方面的损失，并维持安全的存量。

c.注意置放与领用的顺序

许多物料如储存过久，可能腐蚀、变质或折旧，故物料的进出务求先进先出。

d.防止锈蚀或耗损

一般库房内多密不通风，易生潮气，以致使物料生锈或耗损，故必须注意库房通风，并保持干燥。

e.注意防火，谨防盗窃。

● 仓库的储存管理作业范例

××公司储存管理作业规范

1．保管

⑴ 材料的保管以集中于仓库为原则。

⑵ 未经验收的材料不得入库。

⑶ 不便置于仓库内的材料，经主管核准后可置放于指定的安全地点。

⑷ 材料应依其种类、性质、体积、重量及流动依序排列，放置于适当处以利于领用及清点。

⑸ 贵重的材料应储存于箱内或隔离室并予以加锁。

⑹ 材料储藏处所，应保持清洁、干燥以免浸蚀毁损。

⑺ 材料的领发需经材料保管人在场监视办理。

⑻ 需领材料未按规定手续办理不得出库。

⑼ 仓库内不得携入任何危险品或违禁品，并禁止吸烟。

⑽ 仓库内及其附近应备置消防设备。

⑾ 仓库防卫必须严密以防盗窃。

⑿ 非仓库人员未经仓库主管许可不得随意进入仓库。

2．责任

材料于保管期内因人为因素有损坏者，按其情节依下列规定处理：

⑴ 仓管人员营私舞弊，应送司法机关办理。

⑵ 因仓管人员的过失而致材料受损的，应视情节轻重，予以处分或责令赔偿。

⑶ 材料保管人应严加注意材料的妥善保管，非因⑴及⑵项所造成的损坏短少，应填具报告呈准报损。

3．本作业标准经总经理核定后实施，修正时亦同。

二、库房管理

1．库房管理的作业重点

库房仓储作业品质的好坏，严重影响到生产进度、存货准确性及资金积压程度。库房管理的作业重点：

⑴ 确保仓储数量的准确性

仓储数量不正常易造成重复性采购、增加存货、积压资金或停工待料，因此，验收与领发料数量的准确性、仓储架上数量的准确性及物料随时依仓储位置归位、不随意放置原物料等均是确保仓储数量准确性必要的措施。仓管人员应注意，任何人领取物料均须按照领料作业程序，并填具领料单据以领料。

⑵ 确保仓储物料的品质

仓储物料品质不良，相对影响物料可用数量的正确性。仓储环境设计不良，易破坏仓储物料品质，造成废料，影响生产进度、产品品质、可用物料存货的正确性，或因临时发现物料品质不良而造成现场停工待料。

为了确保品质，仓储环境设计须考虑：

① 温度、湿度、光线对品质的影响

例如：电镀物品置于高湿度地方，容易生锈；印刷物品、塑料皮、布、原料置于日光下曝晒，会造成褪色或质料脆化。

② 物料重量对品质的影响

例如：原物料、成品堆放时，如果超重，对于包装外箱或内盒会造成损坏，或摔坏原物料、成品。塑料布网版印刷后，由于堆放超重，会造成塑料布与印刷油墨黏在一起，破坏印刷品质。

③ 搬运的方便性

不当的搬运易损坏所储放物料。

④ 其他因素

如灰尘、公害、储存时间、防水、防火、照明、虫害等。

(3) 确保工作安全性

危险物品应隔离存放，高价值物品可考虑投保险，堆放高度过高者应有防止掉落的措施。

(4) 仓储作业人力合理化

仓储部门属于间接部门，若人力无法合理化，将导致人力成本不断增加，而工作效率却低落的情形。通过工作研究，制定工作内容，评估工作所需标准工时及人力，是仓储作业与管理的重点。

(5) 充分运用空间

仓储空间愈大，仓储租金成本越高；反之，仓储租金成本越低。

(6) 降低成本

仓储存量过少，易造成停工待料；存量过多，则造成仓储储存成本过高；仓储位置不当，则造成搬运人力效率不佳。

(7) 仓储管理计算机化

每一仓储位置均须有编号，每一原物料、成品也均须有编号，同时须有固定的仓储位置编号，便于通过计算机寻找原物料、成品所储放的位置、减少新进人员等找仓位的时间。

(8) 依物料、成品分类绘制仓储位置图

将仓储位置图置于明显可看到的地方，有助于仓储作业与管理。

(9) 其他

① 须有采购单才能收料、签收；

② 超交比例超出额度时，予以拒收；

③ 确认收料的规格、数量、品质；

④ 品质验收后才能入库归位；

⑤ 不良物料于一周内迅速填写退料单办理退料；

⑥ 现场退料须分类为良品物料、不良物料（供货商不良或使用部门造成不良）并记录，只有良品物料才能转入存货；

⑦ 记录整理现场退料所须时间，作为衡量工作负荷的依据；

⑧ 人力不足无法进行完整的品质验收时，应进行工作负荷评核，由主管核定补充人力或调整品质验收水准。

2. 库房的安全管理

⑴ 仓库意外事故原因

仓库一经发生意外，关系到人员的安全及财物的损失，因此，仓库安全的预防及维护，应特别予以重视。

① 不安全工作环境;

② 不安全作业方式;

③ 堆放方法错误;

④ 超量存放;

⑤ 警戒与防护不当;

⑥ 其他,如运搬作业不当等。

⑵ 仓库事故预防之道

① 仓库安全方面

仓库主管平时应训练仓管人员熟悉各项安全法则，做好各项防止人员与物料发生意外的措施，运用颜色管理。具体做法是:

- 红色标志具有警告及禁止的含义，如所有危险标记，装有危险品的容器及禁止烟火等，均漆以红色标志;
- 黄色具有特别注意的含义;
- 绿色有指导安全的含义;
- 白色或黑色相间的斜线，用以指示目标物;
- 紫色指示物品有放射性危险等。

② 仓库消防方面

仓库平时应组织所有员工成立消防组织，配备各类消防器具，定期施以救护训练与演习。

- 火灾的预防

a.仓库应严禁烟火，电灯及电线绝缘良好，并作定期的检查。

b.保持仓库清洁，下班前更应巡查一次，再锁库房。

c.易自燃的物料，堆放时勿积压过重，或时间过长。

- 火灾的救护

当火灾发生时，应先迅速利用自有的消防设备，尽力救护扑灭，并立即通知最近的消防队前来施救。

③ 仓库防盗方面

盗窃事件的发生，多数是因放置场所不当或仓库位置、构造、关锁不当等，因此，仓管人员须时时注意以下几点：

- 限定仓库人员出入，其他人员一律禁入；
- 下班或休假时，将钥匙交予守卫人员以委托保管；
- 容易被窃盗物品的收藏处应通知值勤警卫人员，要求其加强巡逻；
- 小件而高价的物品应加锁保管；
- 仓库进出应登记，包括时间、姓名、任务等记录，以备日后查明之用。

④ 仓库劣料方面

金属物料由于生锈腐蚀等会有品质降低的顾虑，因此必须储藏在屋内的干燥场所，为防锈起见，有涂敷润滑油或机油的需要。对于因时日太久而导致品质劣化的物品，尤须严格防止在库过剩，例如橡胶之类，经时一久即会干燥硬化而生裂痕，终致不能使用。对于类此物料，应确实遵守先进先出原则。

⑤ 仓库保险方面

灾害的发生往往百密一疏，难以预料，而致人员的伤害，轻者残废，重则丧生因此，工作人员必须参加保险，万一发生意外也好有所补偿，至于房屋及物料，其价值更大，为企业投保的重点。无论如何，人员意外及仓库动产不动产的保险，必须办理。

3．库房物料的品质管理

物料于存储期间，因受时间、气候、温度等影响，而发生变化，因此必须时时检查与保养，就物料本身而言，因物料性质不同，若干物料须经常检查，若干物料则可较长时间检查一次。就存储地点而言，露天堆储及棚舍存储须勤于检查，仓库存储则可减少检查次数。

现将一般的物料保养处理的方法略述如下：

⑴ 清洁的处理

仓库建筑，除要求足够通风以外，宜少开窗户，减少灰尘；且仓库内部，应经常打扫清洁；料架堆放的物料，应经常拂拭以免粘有尘土。

⑵ 除锈的处理

对于金属物品，须先除锈，以不损及原有物料的性能及形态为原则。

⑶ 干燥的处理

物料经清洁除锈处理以后，防锈处理前，必须先进行干燥处理工作。干燥处理的方法有：

①抹干；

②阴干；

③晒干；

④压缩空气吹干；

⑤烘炉烘干；

⑥红外线干燥等法。

⑷ 防锈的处理

金属物料虽经清洁、除锈、干燥等处理，但仍不能防止其继续生锈，故在干燥处理以后，趁还有微热之时，应再予以防锈处理。

⑸ 包装的处理

物料经过以上各种步骤的处理后，最后应予以初步包装。其方法是以不含酸性的包装纸或塑料布，予以包扎。

⑹ 防光的处理

防光处理即勿使物料与阳光接触，或降低光线照射的程度，其方法为特设暗室，以存储此类物料，或用黑色厚纸包装，或用深色瓶罐盛装，以减少阳光的影响。

(7) 保持温度的处理

凡必须保持一定温度的物料，也应有特殊的库房存储，如冷藏室、保温室等，使室内温度经常调整至一定的限度，以适合物料的保存。少量冷藏物料，如疫苗、药品等，可置于冰箱内。

(8) 虫鼠预防的处理

虫、鼠、鸟类，是仓储的大害，故必须事前预作防范，尤以存储大量农产品，如米粮、豆类、花生等谷仓，最为重要。其预防的重点，仍在于仓库建筑的牢固性，仓库的清洁，堆放的整齐，及交通运道的便于检查等。

第三篇　验收管理

一、验收的含义

二、验收的功能

三、验收工作的内容

四、验收的作业程序

五、验收管理的作业要点

六、品质检验的作业要点

七、验收不合格的处理

八、企业验收作业标准实例分析

九、验收管理的规章、办法及制度实例

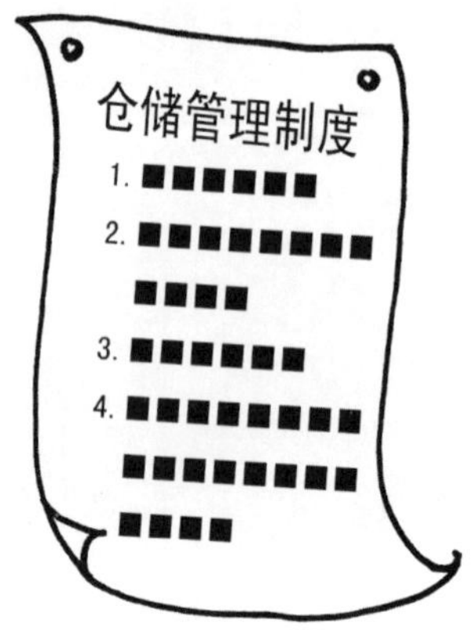

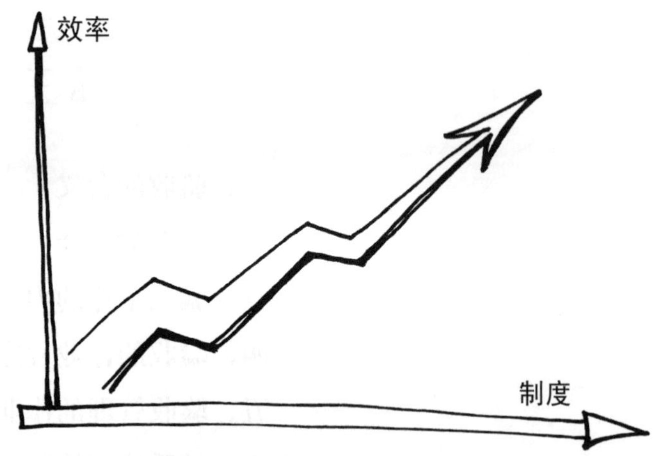

仓储管理制度是仓储管理效率化的基石

供货商将物料送至企业时，必须经过正常的验收程序才能入库。验收乃是检验收到物料的品质、数量及其他契约上规定的条件，以作为允收或拒收的依据。

本篇主要说明验收的含义、功能、内容、作业程序及要点，以及验收管理的方法、实例，以作为企业界在验收管理的参考。

一、验收的含义

无论是对外采购物料，还是工厂自制的配件与制成品，于送交仓库储存及决定是否付款前，对该物料的价格、数量、品质、交期或其他交易条件，与既定合约、订购单所载明的交易条件、采购规格互相核对，以确定对该批物料允收或拒收，此种作业手续即为验收。

物料的验收包括物料检验及物料试验（图表3－1）等作业项目。

图表3-1 验收作业项目

物料验收 {
1.检验:凭五官判断或用记数法鉴别物料
2.试验:以物理试验、化学分析鉴别物料

1．检验

凭人的五官判断或用记数方式或借助度量衡等简单的仪器，鉴别物料者，称为物料的检验。

2．试验

若以物理试验或化学分析方式，以鉴定物料的成分或性能者，称为物料的试验。

物料应根据检验与试验的结果，完全符合规定及买方的需求始得验收，即验收是根据合约或订购单所制定的条款办理的。物料验收后，应填列验收报告，注明合格与不合格的数量，并详列不合格的情形，分送有关部门。其不合格部分应由采购人员负责交涉补交或赔偿。

二、验收的功能

企业物料验收工作应具备下列几种功能：

1．便于收料

正确验收进料的品质水准，作为允收或拒收的依据。

2．便于供料

验收迅速，即使在物料短缺的情况下也不影响对制造部门的供料。

3．便于辅导

为采购人员对协力厂商进行开发与辅导提供参考资料。

4．便于记录

验收工作干净利落，使得物料的入库与料账的记录顺利且正确。

5．便于付款

使付款工作进行得十分顺利。

6．便于用料

物料规格不明者，可经由物料验收以鉴别其物理性及化学成分，使用料人员用得其物，物得其用。

7．便于销货

能确保产品完全符合规格，以建立信誉。

8．便于采购

物料验收在采购以前，如对厂商供应的物料，不明其规格内容者，应先提领样品，先行检验，以鉴定其材质成分，这样不但可以查明物料是否与所需规格符合，而且根据查验的结果，也可确定物料的价格是否合理。

9．便于储存

物料验收，可以保持库存物料的良好效用。

三、验收工作的内容

1．辨认厂商

即确认物料由何厂商供应。一批物料分别向多家厂商采购，或同时数种不同的物料进厂时，更应注意这一问题。

2．确定运交与验收日期

此乃交易的重要条件，可测定厂商履约的可靠度。运交日期用以判定厂商交期是否延误，有时可作为延期罚款的依据；而验收日期可作为付款的起算日期。

3．决定物料名称与品质

即确认收料是否与原订购物料相符合，并判断物料的品质水准作为允收、拒收或特认的判断依据。

4．清点数量

即清查实际运交数量与订购数量或交货单上记载的数量是否符合。对短交的物料，应立即促请供货商或协力厂商补足；对超交的物料，在不缺料的正常情形下以退回为原则。

5．通知验收结果

即将允收、拒收或特认的验收结果填于物料验收单（图表3－2）上通知有关单位，

图表 3-2

物料验收单

公司名称：　　　　　　　　　　　　　　　　　　　　　　　　　　　年　月　日

<table>
<tr><td>订单号码</td><td></td><td colspan="2">厂　商</td><td colspan="6">姓 名：　　　　住 址：</td></tr>
<tr><td>发票号码</td><td></td><td colspan="2">装箱单号码</td><td></td><td colspan="5">运输方式：　自　用　运来</td></tr>
<tr><td>物料编号</td><td>料名</td><td>规格</td><td>单位</td><td>数量</td><td>单价</td><td>金 额</td><td>运费</td><td>总价</td><td>单价</td></tr>
<tr><td></td><td></td><td></td><td></td><td></td><td></td><td></td><td></td><td></td><td></td></tr>
<tr><td></td><td></td><td></td><td></td><td></td><td></td><td></td><td></td><td></td><td></td></tr>
</table>

仓储管理部门得以决定物料进仓的数量，采购部门得以洽办短交或超交的物料，会计部门可根据验收的结果决定付款方法。

6．谨慎处理缺损

对于验收结果的缺损者，可责成厂商赔偿，或向承运机构追赔，同时办理内部报损手续等。

7．退回不合格物料

厂商运交的物料品质不良时，应即刻拒收或通知厂商修补后再行补验，也可促请厂商前来以良品交换，以重新检验。

8．入库

验收完毕后的各种物料，应通知仓储管理部门入库，以备产销活动之用。

9．核识

将验收完毕后的各种物料分别予以拴卷标、注符号或涂刷有色油漆，另施包装等，以示区别及归类。

10．做好有关记录

厂商交货品质等资料，为对厂商开发与辅导的重要资料，宜完善建立。

四、验收的作业程序

1．验收作业的程序

⑴ 核对供货商交货所需资料(如发票、送货单等)是否齐备，并确认与采购订单的资料是否一致。

⑵ 将物品运送入检验区，进行开箱前的检查工作，此部分工作主要查核箱面标志、装箱单及运交凭单上一切资料是否吻合、完整，料号、名称是否正确，并清点箱数。

⑶ 洽请相关部门人员协同验收。

⑷ 开箱拆包，与装箱单或其他文件详细核对，核对名称规格是否相符，所交货品是否混淆，是否夹杂其他类似物品，有无破损漏耗、零件不全的情况等。

⑸ 选取适当的样本，进行检验工作。

⑹ 送检验部门或外部检验机关试验品质，并稽催检验报告。

⑺ 根据品质检验报告，决定允收或拒收，以及应采取的其他补救措施(例如:特采、全检等)。

⑻ 如果品质检验合格，数量均无差误，即办理验收入库与付款手续。

2．验收作业的处理要点

⑴ 供货商将单据（发票、送货单等）及物料送至待验区以待检验。

⑵ 核定是否为请购单所列的物料。

⑶ 仓管人员清点其数量（依据包装的单位，如箱、包等）后在送货单上签收。

⑷ 仓管人员确认验收单。

⑸ 通知品管部门进行检验。

⑹ 品管部门依据品管检验制度进行检验，在验收单上签核，在期限内完成。未验收的物品除经由主管核准外不得领用。

⑺ 仓管人员依据验收单作下列处置

① 允收

验收单第一联送至品管部，第二联及发票送至会计部，第三联送至厂务部告知情况，第四联送至库房登记物料账。其物料清点应确认数量是否有短少，如有短少应请物料部门查明原因并补救，然后再依据摆放规则入库。

② 拒收

拒绝入库存放，运至退货区，通知相关部门了解原因，进行全数检验或退回给供货商。

五、验收管理的作业要点

1．验收的标准

验收作业需依据具体的标准，以核验供货品质、数量及其他交货状况。常用的标准如下：

⑴ 采购合约或订货单

即应依据采购合约或订货单内所规定的条件，以及采购合约中的规格或工程图进行检验与点收工作。

⑵ 样品

买卖双方于签订采购合约时，常附随合格样品，在物料到货时，即可作为验收的标准。

⑶ 标准

世界各国为提高商品的品质，以保障使用者的利益，常规定各种产品的品质标准，作为验收的根据。

2．物料验收的作业方法

物料验收的方法可分为下列两种：

⑴ 品质检验方面

包括物理试验、化学分析及外观检查等，由用料或检验部门负责。

⑵ 数量点收方面

可依据采购合约规定的单位，用度量衡工具，逐一衡量其长短、大小和轻重，由仓储部门负责。

3．验收的作业要领

⑴ 辨认承售或供应厂商；

⑵ 核对交货资料是否与采购订单一致；

⑶ 确定到货日期与约定日期是否一致；

⑷ 所收物料必须检验其品质是否与原订物料相符，作为允收或拒收的依据；

⑸ 对短交的数量应立即要求供应厂商补足，对超交的数量也应做妥善的处理；

⑹ 检验部门应将检验结果填入物料验收单，并将其分发有关单位，以便办理后续作业；

⑺ 处理破损物料；

⑻ 对于不合格的物料应拒收或通知供货商检修后再行补验，或以良品更换；

⑼ 将物料加上卷标或涂印符号，以示区别；

⑽ 作成有关的物料记录。

六、品质检验的作业要点

1. 品质检验的方法

验收作业中有关物料的物理、化学品质特性需经品质检验程序以决定允收或拒收。此种检验工作可分类如下:

(1) 以职责区分

① 自行检验

一般国内采购物料通常由厂商的品检部门自行执行进料检验。

② 委托检验

即委托公证机构或专业检验机构检验。国外采购的物料通常采用公证机构检验方式，特殊规格的物料则由专业检验机构检验。

③ 由供货商检验并提出检验合格证明。

(2) 以检验时间区分

① 供货商报价时，采购以样品为品质规范，以样品进行检验;

② 供货商生产中进行制程检验;

③ 供货商交货到公司时进行进料检验。

(3) 以检验数量区分

① 全数检验

即整批百分百地检验，适合下列情况:

- 送验批数量太少，失去抽样检验的意义;
- 产品的价值远高于检验费用;
- 检验群体必须全数为良品;
- 即使少数不良品也会严重危及人身安全。

② 抽样检验

即从每批物料中选取具代表性的少数物料为样本加以检验，适合下列情况采用:

- 破坏性试验;
- 允许有某些不良品存在;

- 时间上不允许全数检验;
- 检验群体是连续生产的物品时;
- 许多类似产品要检验时;
- 检验成本太高而不值得;
- 当自动检验不可行时;
- 检验群体的数目非常庞大而均匀。

下一节将着重介绍最常用的抽样检验法。

2. 抽样检验

(1) 抽样检验的类别及作业要点

抽样检验可依下列方式分类:

① 依抽样次数区分

- 单次抽样检验

对整批批量为N的物料,从中抽取样本数为n,若n中的不良品数d小于或等于允收数c时,则允收该批物料(图表3-3)。

图表3-3 单次抽样检验图

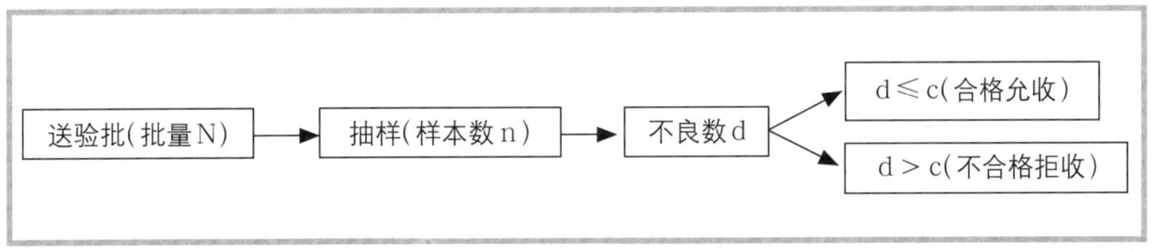

- 双次抽样检验

对整批批量为N的物料,从中抽出第一个样本数n_1,若n_1中不良品数d_1小于或等于允收数c_1,则允收该批物料;若d_1大于第二个允收数c_2,则拒收该批物料;若d_1大于c_1但小于或等于c_2,则抽取第二个样本n_2;第一及第二样本中,合计不良品数d_1+d_2小于或等于c_2则允收该批物料;若d_1+d_2大于c_2,则拒收该批物料(图表3-4)。

图表 3-4 双次抽样检验示意图

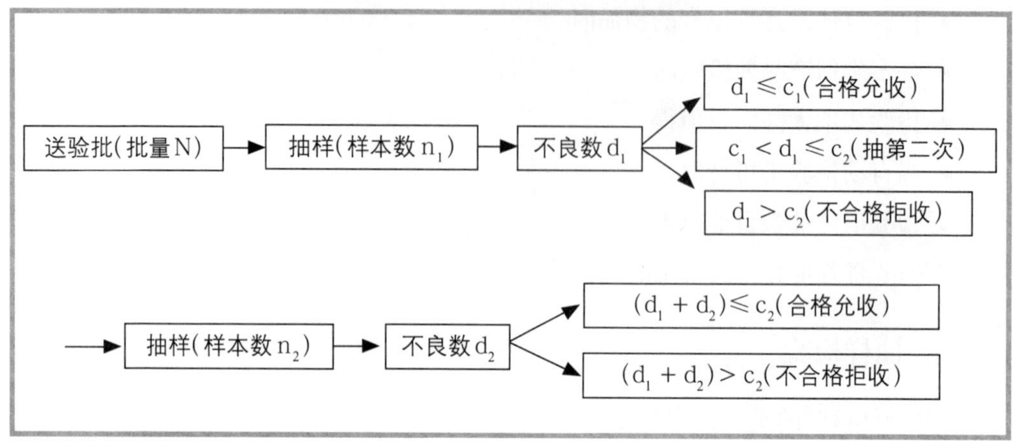

- 多次抽样检验

将双次抽样计划扩展为多次。

② 依抽样形式区分

- 标准型抽样检验;
- 选别型抽样检验;
- 调整型抽样检验;
- 连续生产型抽样检验;
- 逐次抽样检验。

③ MIL-STD-105D 抽样计划表

MIL－STD－105D 抽样计划表由美国政府在1963年制定，属于计数调整型抽样检验。依据允收水准AQL制定，此标准用在连续的送验批的检验中。当送验批的不良率低于某一允收水准(AQL)时，买方应可判定该送验批允收。此标准的检验程度分为:

- 正常检验（图表3－5,图表3－8)。
- 严格检验（图表3－6,图表3－9)。
- 减量检验（图表3－7)。

其调整准则及程序如图表3－10所示。

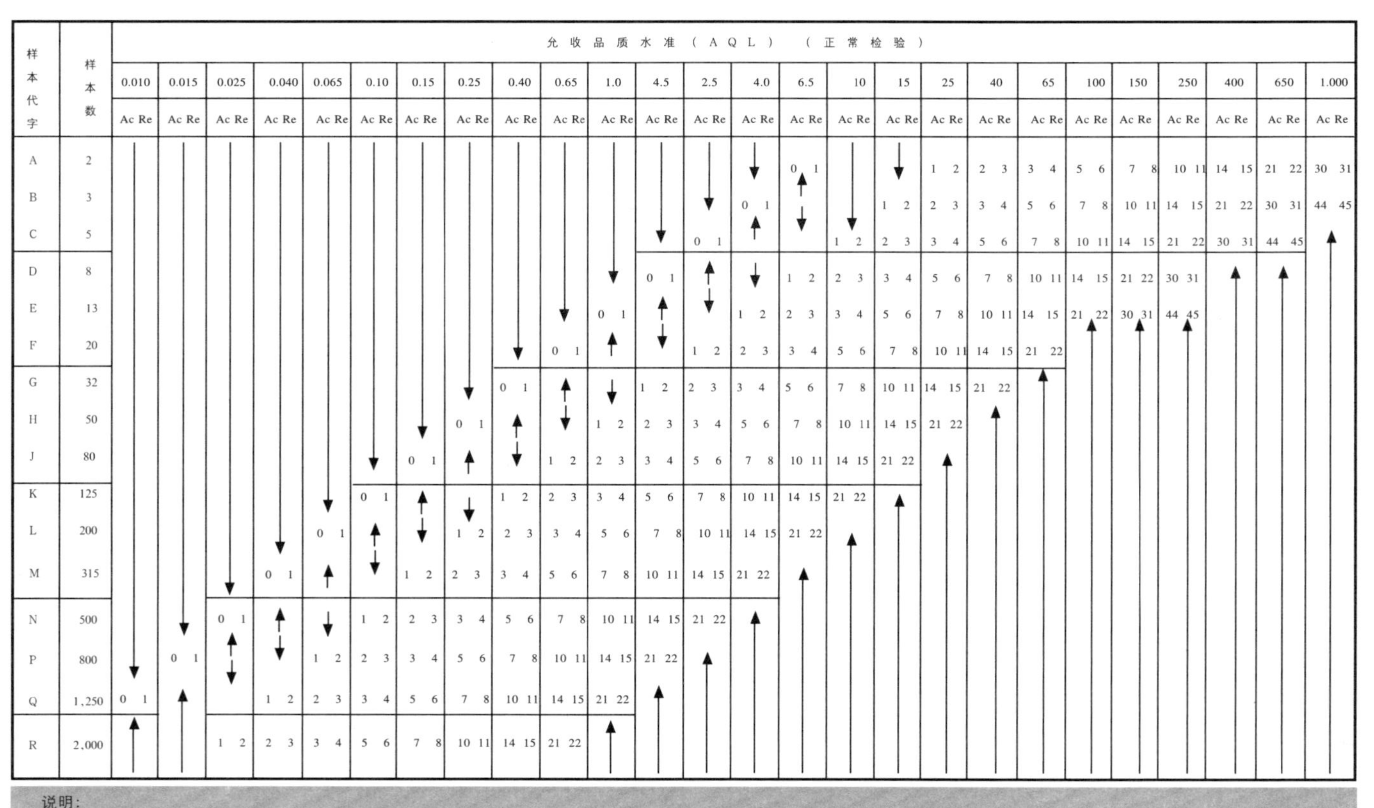

图表 3-5 正常检验单次抽样表

样本代字	样本数	允收品质水准（AQL）（正常检验）																									
		0.010	0.015	0.025	0.040	0.065	0.10	0.15	0.25	0.40	0.65	1.0	4.5	2.5	4.0	6.5	10	15	25	40	65	100	150	250	400	650	1.000
		Ac Re	Ac Re	Ac Re	Ac Re	Ac Re	Ac Re	Ac Re	Ac Re	Ac Re	Ac Re	Ac Re	Ac Re	Ac Re	Ac Re	Ac Re	Ac Re	Ac Re	Ac Re	Ac Re	Ac Re	Ac Re	Ac Re	Ac Re	Ac Re	Ac Re	Ac Re
A	2	↓	↓	↓	↓	↓	↓	↓	↓	↓	↓	↓	↓	↓	↓	0 1	↓	↓	1 2	2 3	3 4	5 6	7 8	10 11	14 15	21 22	30 31
B	3	↓	↓	↓	↓	↓	↓	↓	↓	↓	↓	↓	↓	↓	0 1	↑	↓	1 2	2 3	3 4	5 6	7 8	10 11	14 15	21 22	30 31	44 45
C	5	↓	↓	↓	↓	↓	↓	↓	↓	↓	↓	↓	↓	0 1	↑	↓	1 2	2 3	3 4	5 6	7 8	10 11	14 15	21 22	30 31	44 45	↑
D	8	↓	↓	↓	↓	↓	↓	↓	↓	↓	↓	↓	0 1	↑	↓	1 2	2 3	3 4	5 6	7 8	10 11	14 15	21 22	30 31	↑	↑	↑
E	13	↓	↓	↓	↓	↓	↓	↓	↓	↓	↓	0 1	↑	↓	1 2	2 3	3 4	5 6	7 8	10 11	14 15	21 22	30 31	44 45	↑	↑	↑
F	20	↓	↓	↓	↓	↓	↓	↓	↓	↓	0 1	↑	↓	1 2	2 3	3 4	5 6	7 8	10 11	14 15	21 22	↑	↑	↑	↑	↑	↑
G	32	↓	↓	↓	↓	↓	↓	↓	↓	0 1	↑	↓	1 2	2 3	3 4	5 6	7 8	10 11	14 15	21 22	↑	↑	↑	↑	↑	↑	↑
H	50	↓	↓	↓	↓	↓	↓	↓	0 1	↑	↓	1 2	2 3	3 4	5 6	7 8	10 11	14 15	21 22	↑	↑	↑	↑	↑	↑	↑	↑
J	80	↓	↓	↓	↓	↓	↓	0 1	↑	↓	1 2	2 3	3 4	5 6	7 8	10 11	14 15	21 22	↑	↑	↑	↑	↑	↑	↑	↑	↑
K	125	↓	↓	↓	↓	↓	0 1	↑	↓	1 2	2 3	3 4	5 6	7 8	10 11	14 15	21 22	↑	↑	↑	↑	↑	↑	↑	↑	↑	↑
L	200	↓	↓	↓	↓	0 1	↑	↓	1 2	2 3	3 4	5 6	7 8	10 11	14 15	21 22	↑	↑	↑	↑	↑	↑	↑	↑	↑	↑	↑
M	315	↓	↓	↓	0 1	↑	↓	1 2	2 3	3 4	5 6	7 8	10 11	14 15	21 22	↑	↑	↑	↑	↑	↑	↑	↑	↑	↑	↑	↑
N	500	↓	↓	0 1	↑	↓	1 2	2 3	3 4	5 6	7 8	10 11	14 15	21 22	↑	↑	↑	↑	↑	↑	↑	↑	↑	↑	↑	↑	↑
P	800	↓	0 1	↑	↓	1 2	2 3	3 4	5 6	7 8	10 11	14 15	21 22	↑	↑	↑	↑	↑	↑	↑	↑	↑	↑	↑	↑	↑	↑
Q	1,250	0 1	↑	↓	1 2	2 3	3 4	5 6	7 8	10 11	14 15	21 22	↑	↑	↑	↑	↑	↑	↑	↑	↑	↑	↑	↑	↑	↑	↑
R	2,000	↑	↑	1 2	2 3	3 4	5 6	7 8	10 11	14 15	21 22	↑	↑	↑	↑	↑	↑	↑	↑	↑	↑	↑	↑	↑	↑	↑	↑

说明：

↓表示用箭头下方第一个抽样法，若样本数大于批量时则行全数检验；↑表示用箭头上第一个抽样法。Ac = 判定允收件数，Re = 判定拒收件数。

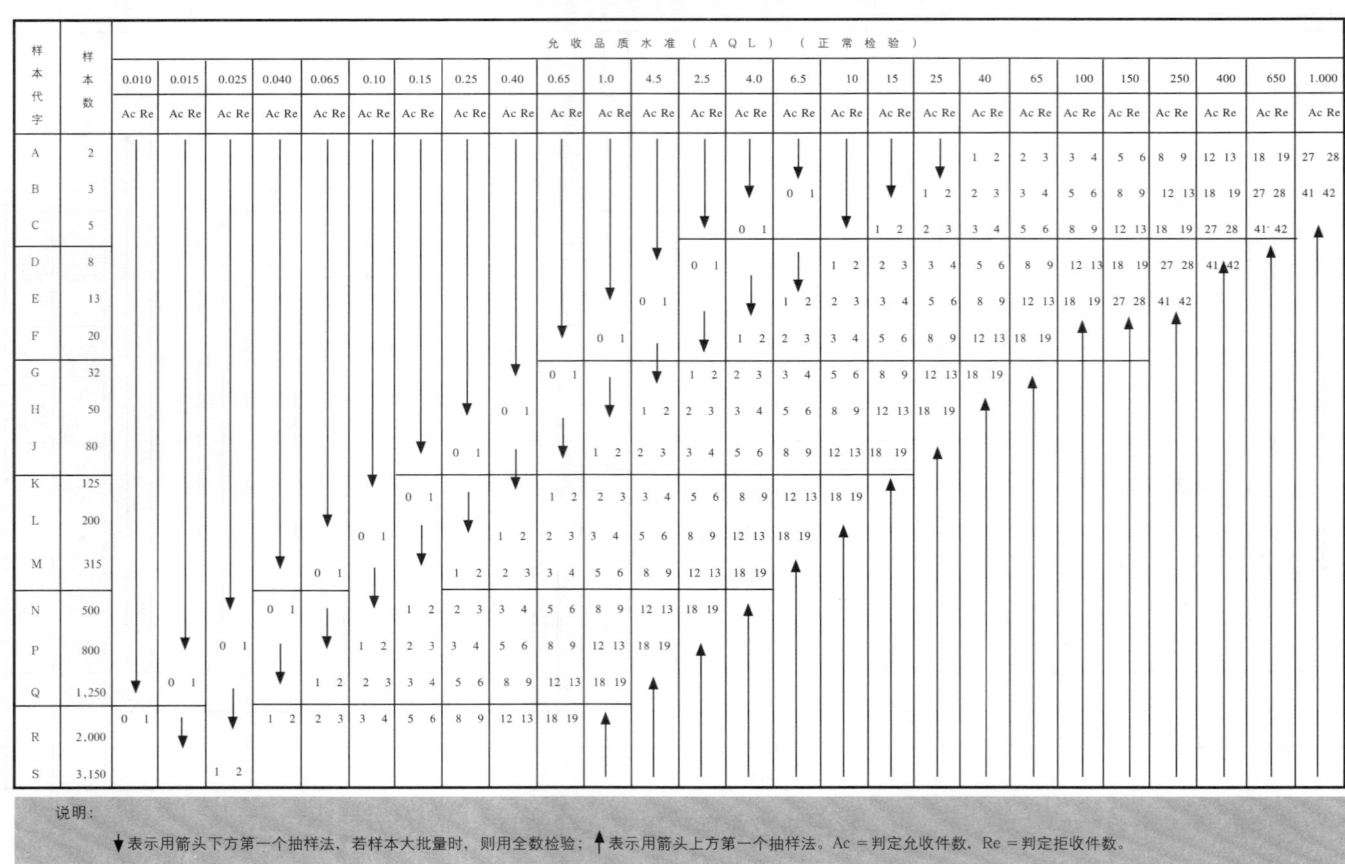

图表 3-6 严格检验单次抽样（主抽样表）

样本代字	样本数	0.010	0.015	0.025	0.040	0.065	0.10	0.15	0.25	0.40	0.65	1.0	4.5	2.5	4.0	6.5	10	15	25	40	65	100	150	250	400	650	1.000
		允收品质水准（AQL）（正常检验）																									
		Ac Re	Ac Re	Ac Re	Ac Re	Ac Re	Ac Re	Ac Re	Ac Re	Ac Re	Ac Re	Ac Re	Ac Re	Ac Re	Ac Re	Ac Re	Ac Re	Ac Re	Ac Re	Ac Re	Ac Re	Ac Re	Ac Re	Ac Re	Ac Re	Ac Re	Ac Re
A	2	↓	↓	↓	↓	↓	↓	↓	↓	↓	↓	↓	↓	↓	↓	↓	↓	↓	↓	1 2	2 3	3 4	5 6	8 9	12 13	18 19	27 28
B	3	↓	↓	↓	↓	↓	↓	↓	↓	↓	↓	↓	↓	↓	↓	0 1	↓	↓	1 2	2 3	3 4	5 6	8 9	12 13	18 19	27 28	41 42
C	5	↓	↓	↓	↓	↓	↓	↓	↓	↓	↓	↓	↓	↓	0 1		↓	1 2	2 3	3 4	5 6	8 9	12 13	18 19	27 28	41 42	↑
D	8	↓	↓	↓	↓	↓	↓	↓	↓	↓	↓	↓	↓	0 1		↓	1 2	2 3	3 4	5 6	8 9	12 13	18 19	27 28	41 42	↑	↑
E	13	↓	↓	↓	↓	↓	↓	↓	↓	↓	↓	↓	0 1		↓	1 2	2 3	3 4	5 6	8 9	12 13	18 19	27 28	41 42	↑	↑	↑
F	20	↓	↓	↓	↓	↓	↓	↓	↓	↓	↓	0 1		↓	1 2	2 3	3 4	5 6	8 9	12 13	18 19	↑	↑	↑	↑	↑	↑
G	32	↓	↓	↓	↓	↓	↓	↓	↓	↓	0 1		↓	1 2	2 3	3 4	5 6	8 9	12 13	18 19	↑	↑	↑	↑	↑	↑	↑
H	50	↓	↓	↓	↓	↓	↓	↓	↓	0 1		↓	1 2	2 3	3 4	5 6	8 9	12 13	18 19	↑	↑	↑	↑	↑	↑	↑	↑
J	80	↓	↓	↓	↓	↓	↓	↓	0 1		↓	1 2	2 3	3 4	5 6	8 9	12 13	18 19	↑	↑	↑	↑	↑	↑	↑	↑	↑
K	125	↓	↓	↓	↓	↓	↓	0 1		↓	1 2	2 3	3 4	5 6	8 9	12 13	18 19	↑	↑	↑	↑	↑	↑	↑	↑	↑	↑
L	200	↓	↓	↓	↓	↓	0 1		↓	1 2	2 3	3 4	5 6	8 9	12 13	18 19	↑	↑	↑	↑	↑	↑	↑	↑	↑	↑	↑
M	315	↓	↓	↓	↓	0 1		↓	1 2	2 3	3 4	5 6	8 9	12 13	18 19	↑	↑	↑	↑	↑	↑	↑	↑	↑	↑	↑	↑
N	500	↓	↓	↓	0 1		↓	1 2	2 3	3 4	5 6	8 9	12 13	18 19	↑	↑	↑	↑	↑	↑	↑	↑	↑	↑	↑	↑	↑
P	800	↓	↓	0 1		↓	1 2	2 3	3 4	5 6	8 9	12 13	18 19	↑	↑	↑	↑	↑	↑	↑	↑	↑	↑	↑	↑	↑	↑
Q	1,250	↓	0 1		↓	1 2	2 3	3 4	5 6	8 9	12 13	18 19	↑	↑	↑	↑	↑	↑	↑	↑	↑	↑	↑	↑	↑	↑	↑
R	2,000	0 1	↓	↓	1 2	2 3	3 4	5 6	8 9	12 13	18 19	↑	↑	↑	↑	↑	↑	↑	↑	↑	↑	↑	↑	↑	↑	↑	↑
S	3,150			1 2								↑	↑	↑	↑	↑	↑	↑	↑	↑	↑	↑	↑	↑	↑	↑	↑

说明：

↓表示用箭头下方第一个抽样法，若样本大批量时，则用全数检验；↑表示用箭头上方第一个抽样法。Ac = 判定允收件数，Re = 判定拒收件数。

图表 3-7 减量检验单次抽样（主抽样表）

样本代字	样本数	允收品质水准（AQL）（正常检验）																								
		0.010	0.015	0.025	0.040	0.065	0.10	0.15	0.25	0.40	0.65	1.0	4.5	2.5	4.0	6.5	10	15	25	40	65	100	150	250	400	650	1.000
		Ac Re	Ac Re	Ac Re	Ac Re	Ac Re	Ac Re	Ac Re	Ac Re	Ac Re	Ac Re	Ac Re	Ac Re	Ac Re	Ac Re	Ac Re	Ac Re	Ac Re	Ac Re	Ac Re	Ac Re	Ac Re	Ac Re	Ac Re	Ac Re	Ac Re	Ac Re
A	2														↓	0 1		↓	1 2	2 3	3 4	5 6	7 8	10 11	14 15	21 22	30 31
B	2													↓	0 1	↑	↓	0 2	1 3	2 4	3 5	5 6	7 8	10 11	14 15	21 22	30 31
C	2												↓	0 1	↑	↓	0 2	1 3	1 4	2 5	3 6	5 8	7 10	10 13	14 17	21 24	↑
D	3											↓	0 1	↑	↓	0 2	1 3	1 4	2 5	3 6	5 8	7 10	10 13	14 17	21 24	↑	
E	5										↓	0 1	↑	↓	0 2	1 3	1 4	2 5	3 6	5 8	7 10	10 13	14 17	21 24	↑		
F	8									↓	0 1	↑	↓	0 2	1 3	1 4	2 5	3 6	5 8	7 10	10 13	↑	↑	↑			
G	13								↓	0 1	↑	↓	0 2	1 3	1 4	2 5	3 6	5 8	7 10	10 13	↑						
H	20							↓	0 1	↑	↓	0 2	1 3	1 4	2 5	3 6	5 8	7 10	10 13	↑							
J	32						↓	0 1	↑	↓	0 2	1 3	1 4	2 5	3 6	5 8	7 10	10 13	↑								
K	50					↓	0 1	↑	↓	0 2	1 3	1 4	2 5	3 6	5 8	7 10	10 13	↑									
L	80				↓	0 1	↑	↓	0 2	1 3	1 4	2 5	3 6	5 8	7 10	10 13	↑										
M	125			↓	0 1	↑	↓	0 2	1 3	1 4	2 5	3 6	5 8	7 10	10 13	↑											
N	200		↓	0 1	↑	↓	0 2	1 3	1 4	2 5	3 6	5 8	7 10	10 13	↑												
P	315	↓	0 1	↑↓	↓	0 2	1 3	1 4	2 5	3 6	5 8	7 10	10 13	↑													
Q	500	0 1	↑		0 2	1 3	1 4	2 5	3 6	5 8	7 10	10 13	↑														
R	800	↑		0 2	1 3	1 4	2 5	3 6	5 8	7 10	10 13	↑															

说明：

↓表示用箭头下方第一个抽样法。若样本大于批量时，则用数检验；↑表示用箭头上方第一个抽样法。Ac＝判定验收件数;Re＝判定退货件件数。

若不良数超过 Ac 但小于 Re 则判定该批合格，但下次需调整为正常检验。

图表 3-8 正常检验双次抽样计划（主抽样表）

样本代字	样本	样本数 n	累积样三数	允收品质水准（AQL）（正常检验）																									
				0.010	0.015	0.025	0.040	0.065	0.10	0.15	0.25	0.40	0.65	1.0	4.5	2.5	4.0	6.5	10	15	25	40	65	100	150	250	400	650	1.000
				Ac Re	Ac Re	Ac Re	Ac Re	Ac Re	Ac Re	Ac Re	Ac Re	Ac Re	Ac Re	Ac Re	Ac Re	Ac Re	Ac Re	Ac Re	Ac Re	Ac Re	Ac Re	Ac Re	Ac Re	Ac Re	Ac Re	Ac Re	Ac Re	Ac Re	Ac Re
A																	↓	•		↓	•	•	•	•	•	•	•	•	•
B	第1	2	2													↓	•	↑	↓	0 2	0 3	1 4	2 5	3 7	5 9	7 11	11 16	17 22	25 31
	第2	2	4																	1 2	3 4	4 5	6 7	8 9	12 13	18 19	26 27	37 38	56 57
C	第1	3	3												↓	•	↑	↓	0 2	0 3	1 4	2 5	3 7	5 9	7 11	11 16	17 22	25 31	↑
	第2	3	3																1 2	3 4	4 5	6 7	8 9	12 13	18 19	26 27	37 38	56 57	
D	第1	5	5											↓	•	↑	↓	0 2	0 3	1 4	2 5	3 7	5 9	7 11	11 16	17 22	25 31	↑	
	第2	5	5															1 2	3 4	4 5	6 7	8 9	12 13	18 19	26 27	37 38	56 57		
E	第1	8	8										↓	•	↑	↓	0 2	0 3	1 4	2 5	3 7	5 9	7 11	11 16	17 22	25 31	↑		
	第2	8	8														1 2	3 4	4 5	6 7	8 9	12 13	18 19	26 27	37 38	56 57			
F	第1	13	13									↓	•	↑	↓	0 2	0 3	1 4	2 5	3 7	5 9	7 11	11 16						
	第2	13	13													1 2	3 4	4 5	6 7	8 9	12 13	18 19	26 27						
G	第1	20	20								↓	•	↑	↓	0 2	0 3	1 4	2 5	3 7	5 9	7 11	11 16	↑						
	第2	20	20												1 2	3 4	4 5	6 7	8 9	12 13	18 19	26 27							
H	第1	32	32							↓	•	↑	↓	0 2	0 3	1 4	2 5	3 7	5 9	7 11	11 16	↑							
	第2	32	32											1 2	3 4	4 5	6 7	8 9	12 13	18 19	26 27								
J	第1	50	50						↓	•	↑	↓	0 2	0 3	1 4	2 5	3 7	5 9	7 11	11 16	↑								
	第2	50	50										1 2	3 4	4 5	6 7	8 9	12 13	18 19	26 27									
K	第1	80	80					↓	•	↑	↓	0 2	0 3	1 4	2 5	3 7	5 9	7 11	11 16	↑									
	第2	80	80									1 2	3 4	4 5	6 7	8 9	12 13	18 19	26 27										
L	第1	125	125				↓	•	↑	↓	0 2	0 3	1 4	2 5	3 7	5 9	7 11	11 16	↑										
	第2	125	125								1 2	3 4	4 5	6 7	8 9	12 13	18 19	26 27											
M	第1	200	200			↓	•	↑	↓	0 2	0 3	1 4	2 5	3 7	5 9	7 11	11 16	↑											
	第2	200	200							1 2	3 4	4 5	6 7	8 9	12 13	18 19	26 27												
N	第1	315	315		↓	•	↑	↓	0 2	0 3	1 4	2 5	3 7	5 9	7 11	11 16	↑												
	第2	315	315						1 2	3 4	4 5	6 7	8 9	12 13	18 19	26 27													
P	第1	500	500	↓	•	↑	↓	0 2	0 3	1 4	2 5	3 7	5 9	7 11	11 16	↑													
	第2	500	500					1 2	3 4	4 5	6 7	8 9	12 13	18 19	26 27														
Q	第1	800	800	•	↑	↓	0 2	0 3	1 4	2 5	3 7	5 9	7 11	11 16	↑														
	第2	800	1,600				1 2	3 4	4 5	6 7	8 9	12 13	18 19	26 27															
R	第1	1,250	1,250	↑		0 2	0 3	1 4	2 5	3 7	5 9	7 11	11 16	↑															
	第2	1,250	1,250			1 2	3 4	4 5	6 7	8 9	12 13	18 19	26 27																

说明：

↓ 表示采用箭头下第一个抽样法，若样本大小等于或超过批量时，则用100%检验；↑ 表示采用箭头上第一个抽样法。Ac＝允收数，Re＝拒收数；

• 表示采用对应的单次抽样计划（或采用下面的双次抽样计划）。

图表 3-9 正常检验双次抽样计划（主抽样表）

样本代字	样本	样本数 n	累积样三数	0.010 Ac Re	0.015 Ac Re	0.025 Ac Re	0.040 Ac Re	0.065 Ac Re	0.10 Ac Re	0.15 Ac Re	0.25 Ac Re	0.40 Ac Re	0.65 Ac Re	1.0 Ac Re	4.5 Ac Re	2.5 Ac Re	4.0 Ac Re	6.5 Ac Re	10 Ac Re	15 Ac Re	25 Ac Re	40 Ac Re	65 Ac Re	100 Ac Re	150 Ac Re	250 Ac Re	400 Ac Re	650 Ac Re	1.000 Ac Re
A																	↓	•			↓	•	•	•	•	•	•	•	•
B	第 1	2	2													↓	•			↓	0 2	0 3	1 4	2 5	3 7	6 10	9 14	15 20	23 29
	第 2	2	4																		1 2	3 4	4 5	6 7	11 12	15 16	23 24	34 35	52 53
C	第 1	3	3												↓	•			↓	0 2	0 3	1 4	2 5	3 7	6 10	9 14	15 20	23 29	↑
	第 2	3	6																	1 2	3 4	4 5	6 7	11 12	15 16	23 24	34 35	52 53	
D	第 1	5	5											↓	•			↓	0 2	0 3	1 4	2 5	3 7	6 10	9 14	15 20	23 29	↑	
	第 2	5	10																1 2	3 4	4 5	6 7	11 12	15 16	23 24	34 35	52 53		
E	第 1	8	8										↓	•			↓	0 2	0 3	1 4	2 5	3 7	6 10	9 14	15 20	23 29	↑		
	第 2	8	16															1 2	3 4	4 5	6 7	11 12	15 16	23 24	34 35	52 53			
F	第 1	13	13									↓	•			↓	0 2	0 3	1 4	2 5	3 7	6 10	9 14	↑	↑	↑			
	第 2	13	26														1 2	3 4	4 5	6 7	11 12	15 16	23 24						
G	第 1	20	20								↓	•			↓	0 2	0 3	1 4	2 5	3 7	6 10	9 14	↑						
	第 2	20	40													1 2	3 4	4 5	6 7	11 12	15 16	23 24							
H	第 1	32	32							↓	•			↓	0 2	0 3	1 4	2 5	3 7	6 10	9 14	↑							
	第 2	32	64												1 2	3 4	4 5	6 7	11 12	15 16	23 24								
J	第 1	50	50						↓	•			↓	0 2	0 3	1 4	2 5	3 7	6 10	9 14	↑								
	第 2	50	100											1 2	3 4	4 5	6 7	11 12	15 16	23 24									
K	第 1	80	80					↓	•			↓	0 2	0 3	1 4	2 5	3 7	6 10	9 14	↑									
	第 2	80	160										1 2	3 4	4 5	6 7	11 12	15 16	23 24										
L	第 1	125	125				↓	•			↓	0 2	0 3	1 4	2 5	3 7	6 10	9 14	↑										
	第 2	125	250									1 2	3 4	4 5	6 7	11 12	15 16	23 24											
M	第 1	200	200			↓	•			↓	0 2	0 3	1 4	2 5	3 7	6 10	9 14	↑											
	第 2	200	400								1 2	3 4	4 5	6 7	11 12	15 16	23 24												
N	第 1	315	315		↓	•			↓	0 2	0 3	1 4	2 5	3 7	6 10	9 14	↑												
	第 2	315	630							1 2	3 4	4 5	6 7	11 12	15 16	23 24													
P	第 1	500	500	↓	•			↓	0 2	0 3	1 4	2 5	3 7	6 10	9 14	↑													
	第 2	500	1000						1 2	3 4	4 5	6 7	11 12	15 16	23 24														
Q	第 1	800	800	•		↓	↓	0 2	0 3	1 4	2 5	3 7	6 10	9 14	↑														
	第 2	800	1,600					1 2	3 4	4 5	6 7	11 12	15 16	23 24															
R	第 1	1,250	1,250				0 2	0 3	1 4	2 5	3 7	6 10	9 14	↑															
	第 2	1,250	2,500				1 2	3 4	4 5	6 7	11 12	15 16	23 24																
S	第 1	2,000	2,000			0 2																							
	第 2	2,000	4,000			1 2																							

说明：

↓表示采用箭头下第一个抽样法，如样本大小等于或超过批量时，则用 100% 检验；↑表示采用箭头上第一个抽样计划（必要时参考前页）。Ac＝允收数，Re＝拒收数；

• 表示采用对应的单次抽样计划（或采用下面的双次抽样计划）。

图表 3-10 检验程度的调整准则

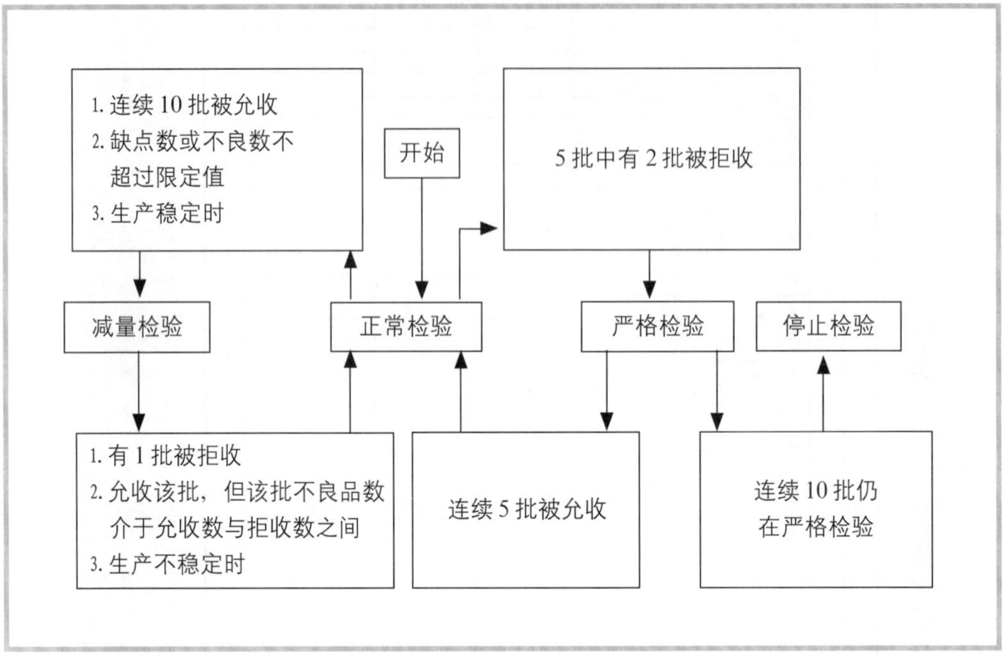

1. 连续 10 批被允收
2. 缺点数或不良数不超过限定值
3. 生产稳定时

开始

5 批中有 2 批被拒收

减量检验

正常检验

严格检验

停止检验

1. 有 1 批被拒收
2. 允收该批，但该批不良品数介于允收数与拒收数之间
3. 生产不稳定时

连续 5 批被允收

连续 10 批仍在严格检验

采用 MIL－STD－105D 表，当送验批品质不在 AQL 内时，应根据物料验收单填写物料检验报告，其内容如下：

a．厂商名称。

b．物料编号、品名、规格。

c．批量。

d．订购单编号。

e．发票号码。

f．进料验收单编号。

g．交货日期。

h．检验报告编号、日期。

i．检验日期。

j．样本数。

k．合格判定数。

l．样本不良数、原因分析。

(2) 抽样检验的优缺点

● 优点

a．品质责任不仅仅隶属于检验环节，可促进产品品质快速改进。

b．检验件数少，较为经济。

c．将检验工作由逐件检验变成逐批检验。

d．可运用于破坏性试验。

e．整批的拒收代表全部产品的退回，强化品质改进意思。

● 缺点

a．存在拒收好批(型Ⅰ误差)与允收坏批(型Ⅱ误差)的风险。

b．花在计划与文件上的时间较长。

c．提供较少有关产品的信息。

d．并不能保证允收批的产品全部合格。

七、验收不合格的处理

1. 验收的数量与合约不符

若物料实收量不足且所差数量不多时，可同意补缴扣款结案，否则，应补足交货量且赔偿缺料所导致的损失；若实收数量超过合约所记载的数量，可依后续计划状况照多交数量收货，否则，可将过多的物料退回。

2. 运输损耗的处理

运输损耗如规定由买方负责，则需在合约中规定损耗率的极限，若损耗超过此限度，则由承运经办者或卖方负责。

3. 拒收物料的退回

物料经查验不合格后，需立即通知供货商自行运回，解除合约，责令其赔偿；如卖方不运回，则可依合约的规定收取保管费或通知其逾期不运回，将予以抛弃。但若不合格的物料仍可修补或调换，则可责令卖方修补或调换，不必解除合约，以免双方遭受重大损失。

4. 违约罚款的催收

卖方未能依约履行应尽的规定，依规定可令其缴纳罚款。

5. 特采

在物料需求紧急时，为免停工待料发生损失，对不合格的物料予以特别认可，称为特采或特别认可。其方式可分为：

(1) 偏差

① 发生原因

送验批几乎全部不良，品质与验收标准有偏差，进料检验员判定为拒收。

② 处理方式

物料管理人员须提出特采要求，主管视其严重性判决拒收或允收。

⑵ 重新加工

① 发生原因

送验批几乎全部不良，但可加以处理解决。

② 处理方式

物管人员须提出特采要求，并派人重新加工以解决品质的缺点。

⑶ 全检

① 发生原因

不良数过多，超过允收数，被判定为不合格。

② 处理方式

物料短缺严重时提出特采要求，将送验批全检，合格者允收，不合格者退货。

八、企业验收作业标准实例分析

1．接收材料

(1) 厂商交货时，收料人员应对厂商的车辆、人员做适当的调度。

(2) 填写收料单，需确认日期、料号、名称、数量、订单号码，并核对厂商的交货单及统一发票。

2．包装抽点

(1) 对原包装进行适当的抽点，以确定数量是否准确。

(2) 原包装是否完整无破损？若材料是由货运业者运输而造成异常（数量不足或有毁损及其他瑕疵者）的，请其出具证明；如是国外采购的物料，应请公证机构公证并请其出具公证文件。上述手续办妥后，应即连同文件通知采购单位向供货商交涉补足或依契约条件索赔；其责任如属运送业或保险者，则由采购单位向该业者索赔。

3．归位、待验、入库

(1) 将材料移至待验区。

(2) 待验区需保持清洁，禁止闲杂人等进入。

(3) 品管检验允收的材料必须随时通知仓管人员办理入库，品质不合格的材料则移至待退区。

(4) 资料输入计算机，应做二次确认，包括料号、数量、订单号码及交货日期。

4．注意事项

(1) 分批交货的材料，仍应分批填写收料单。

(2) 非经正常作业订购的货品应拒绝收料。

(3) 收料数量超过订购数量者以退回为原则，必要时可要求采购单位追加采购手续方予接收。

九、验收管理的规章、办法及制度实例

[实例一]A公司进料验收管理办法

1．本公司对物料的验收及入库均依本办法办理（图表3－11）。

2．供应厂商送交物料时必须填写送货单一式二联，详细写明送货内容与订购单号码，连同统一发票与所送交的物料送到收料处。

3．收料员核对统一发票、订购单与送货单无误后，再核对厂商资料卡确认（图表3－12）是否有超交的现象。收料员在核对无误后，在送货单一式二联上签章，将第一联送货单交供应厂商作为送货的凭证，第二联由收料员保存。将送货单的内容转记人厂商资料卡内。

4．收料员将进料验收单（图表3－13）的号码抄录在每一批物料货品上（若包装成数箱，每箱均应抄录进料验收单号码），同时在送货单上填写进料验收单号码与收料日期。

5．收料员根据送货单第二联填记进料验收单一式六联，并载明下列项目：

(1) 物料编号；

(2) 品名规格；

(3) 交货人名称；

(4) 统一发票号码及年月日；

(5) 交货数量；

(6) 实际接收数量；

(7) 订购单号码；

(8) 收料日期。

6．收料员若发现送来的物料混有其他物料或其他特殊情况时，必须在进料验收单接收状况栏内写明，作为品管检验的参考。

7．收料员填入必要内容并核章后将进料验收单第六联送物料计划员，第一至五联送品管检验人员以利进料品质检验工作的进行。

8．物料计划员根据进料验收单第六联在“物料订购、运输、接收记录”（图表3－14）上填写进料验收单编号、收料日期以及接收记量后将进料验收单第六联立即送往采购部门。

9．品质检验后将良品总数填入进料验收单一至五联，经主管核章后，第一联进料验收单由进料品质检验单位自存，二至五联送收料员将交货实况填入厂商资料卡交货资料各栏后，将进料验收单二至五联连同统一发票送仓储员办理入库手续。

10．仓储员核对物料数量与良品总数是否相符，于安排物料进入仓库后在进料验收单二至五联良品总数栏盖仓库接收章，将进料验收单二至五联送请物料主管核章。

11．物料主管核章后的进料验收单第五联送往采购部门，第四联送物料计划员，登记良品总数并计算订购单余额于“物料订购、运输、接收记录”后将进料验收单第四联转送料账员。料账员根据进料验收单内良品总数转记入存量管制卡(图表3－15)入库数量栏，并填具入库日期与进料验收单号码后存查。

12．进料验收单第二、三联连同统一发票送会计部门作为付款的凭证。

13．外购品于采购部门收到提单(图表3－16)时立即将所附的发票影印一份给物料部门，经物料计划员登计于“物料订购、运输、接收记录”后转送收料处收料员。于物料运达时，收料员根据影印的发票，核对入厂的外购品，并将交货实况填入厂商资料卡。物购品进料验收程序与内购品处理程序相同（图表3－17）。

14．超交的内购品以退回为原则，也可考虑让厂商寄存，而不作进料验收的处理。

15．收料员根据每天的进料情形填写物料外仓暂收品日报表（图表3－18）一式四联，第一联由收料员自存，第二联送物料计划员，第三联送品管课，第四联送采购课。

16．本办法经总经理核准后实施。修正时亦同。

图表 3-11 厂务部内购品收料及进料事务流程图

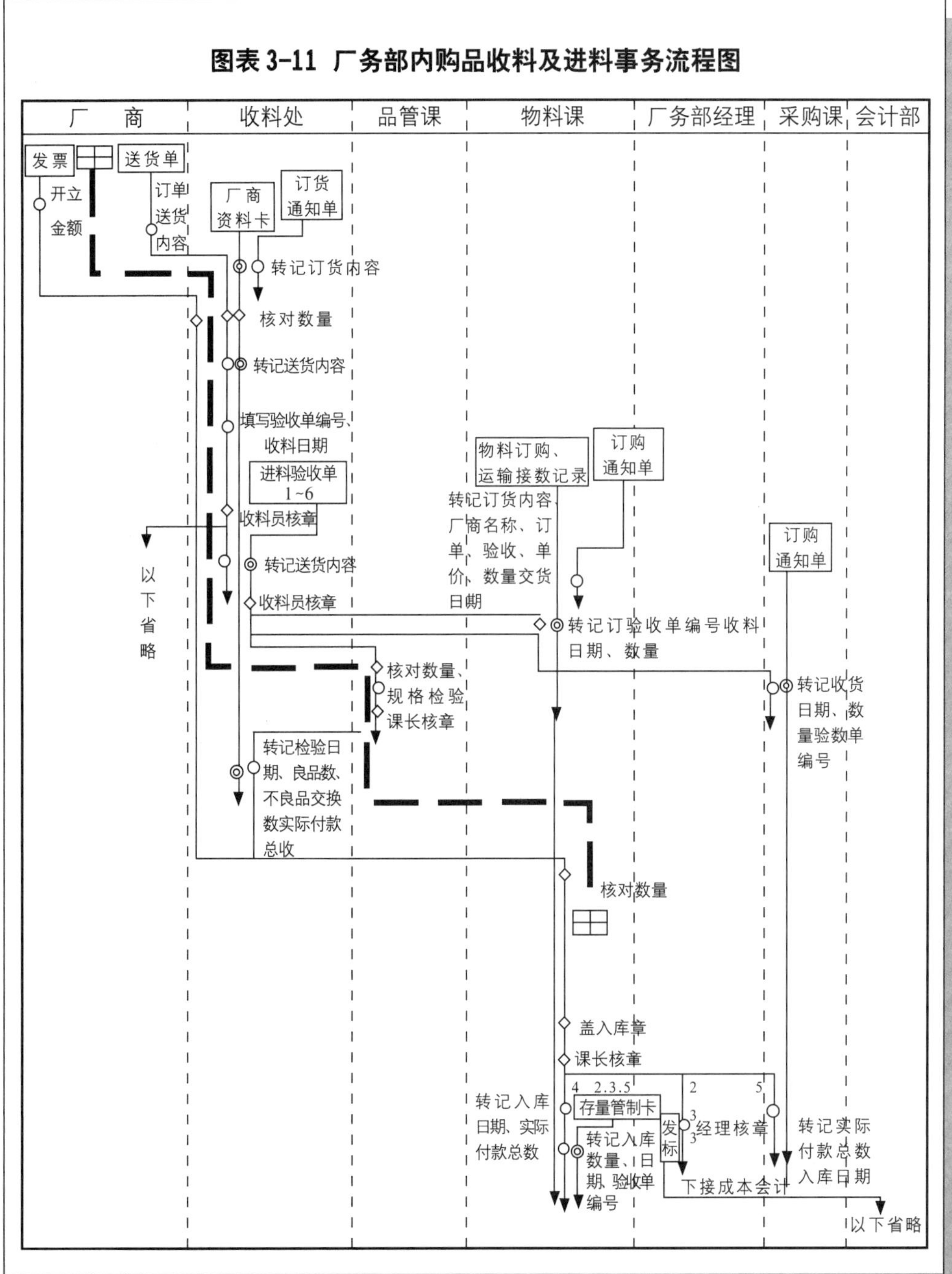

图表 3-12 厂商资料卡

物料编号：　　　　品　名：　　　　规　格：　　　　使用机型：

订购日期	厂商	订单号码	单价	订购数	预定交货日期	电话	交货资料									备注
							交货日	验收单编号	交货数量	发票号码	检验日期	验收良品数	不良品交换数	实际付款总数	本订单余额	

图表 3-13 进料验收单

收料日期：　年　月　日

<table>
<tr><td>统一
发票No.</td><td></td><td colspan="2">交货者</td><td colspan="3"></td></tr>
<tr><td>物料编号</td><td colspan="4">品名规格</td><td>交货数量</td><td>实际接收数量</td></tr>
<tr><td></td><td colspan="4"></td><td></td><td></td></tr>
<tr><td colspan="5" rowspan="2">接收状况：</td><td>验收良品总数</td><td></td></tr>
<tr><td>不良品交换数</td><td></td></tr>
<tr><td colspan="2"></td><td>单价</td><td>金额</td><td>科目</td><td>实际付款总数</td><td></td></tr>
<tr><td rowspan="3">（订购单No.）
（请购单No.）</td><td>付款金额</td><td></td><td></td><td></td><td>检验报告编号</td><td></td></tr>
<tr><td>扣除金额</td><td></td><td></td><td></td><td colspan="2" rowspan="2">备注：（不良品数）</td></tr>
<tr><td colspan="2">尚残付款金额</td><td></td><td></td></tr>
</table>

总经理		经理		会计课长		出纳		厂务部经理		物料课长		品管课长		收料	

第一联：品管课
第二联：财务部
第三联：会计课
第四联：物料课
第五联：采购课
第六联：会计料计划员后送采购课

图表3-14 物料订购、运输、接收记录

使用机型：　　　　物料编号：　　　　品名规格：

订购日期	厂商名称	订购通知单编号	单价	订购数量	答应交货日期	运输状况					接收状况					本订单余额	备注
						数量	运输方式	运输日期	发票号码	估计到达日期	收料日	进料验收单编号	入库日期	入库数量	付款数量		

图表3-15 存量管制卡

位置＿＿＿＿ 代用品＿＿＿＿ 单位＿＿＿＿ 品名规格＿＿＿＿				物料编号		
				最高存量	最低存量	安全存量

日期	单据号码	入库数量	出库数量		库存结余	备注
			直接需求	非直接需求		

图表 3-16 外购品入厂单

年　月　日　　　　　　　　　　　　　　　　　　No.

物料编号	品名规格	厂商	发票号码	数量	单位备注

第一联船务自存　第二联物料课收料处

船务　　　　制表

图表 3-18 物材料外仓暂收品日报表

年　月　日　　　　　　　　　　　　　　　　　　共　页　　第　页

区别 品名规格	昨日结存	今日暂收单				检验结果分析			今日结存
		订单No.	厂商	数量	验收单No.	良品缴库	不良品退回	不足数	

第一联收料处自存　第二联物料计划员　第三联品管课　第四联采购部

厂务部经理　　　　课长　　　　制表

图表3-17 厂务部外购品收料及进料事务流程图

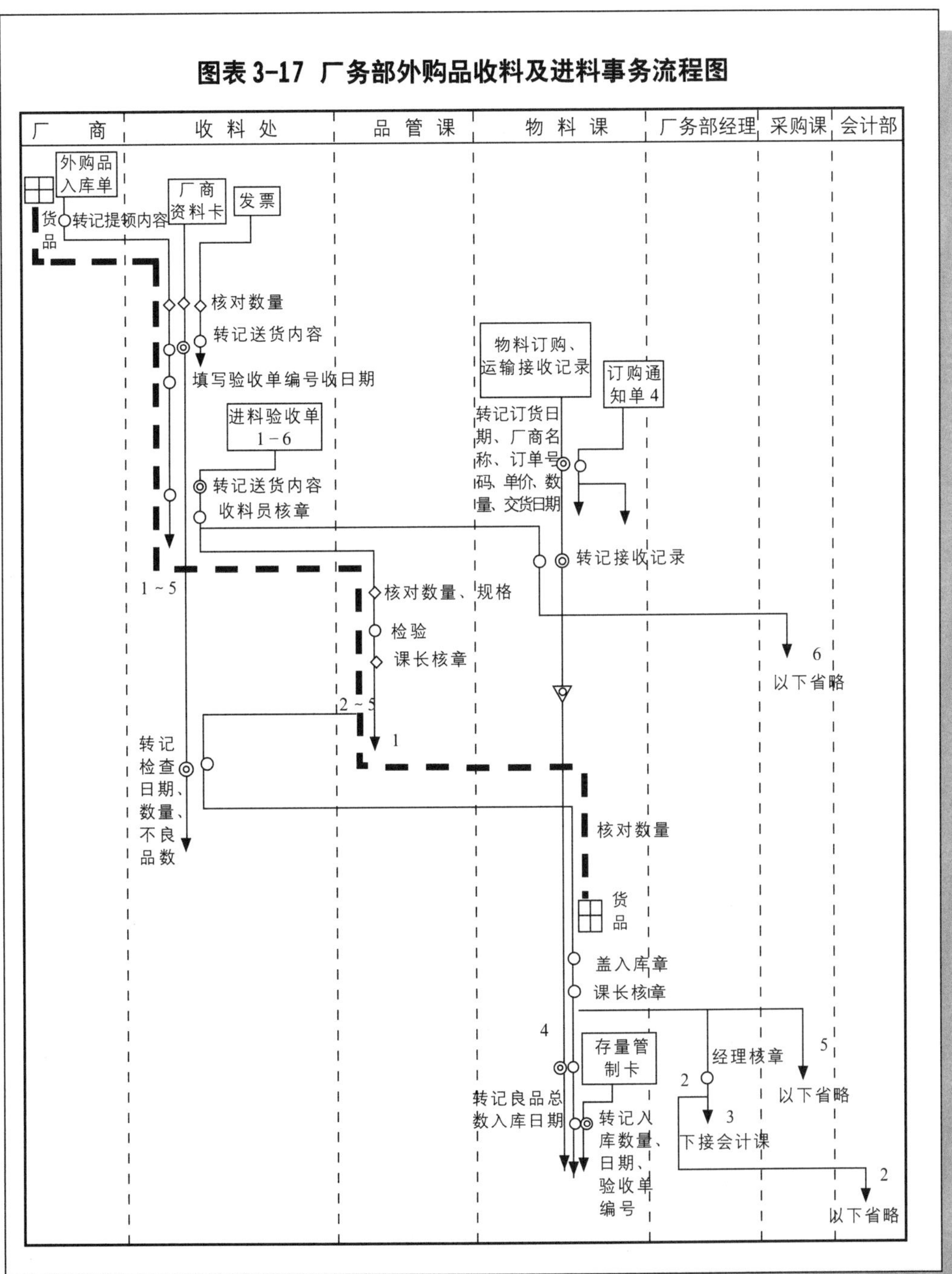

[实例二] B公司进料检验管理办法

1．本公司为求进料检验能够配合生产需要及品质要求，特订立本办法[参见图表3－19“厂务部进料检验事务流程图（一）”]。

2．进料检验人员接到收料员送来的进料验收单一至五联后，检验单位主管将第一联交给检验人员，二至五联暂存于检验单位主管处。

3．检验人员根据第一联进料验收单、包装箱上的数量以及实际数量加以核对后，根据美军标准105D表检验标准决定抽样样本的大小，并以随机抽样方法选取样本。

4．进料检验人员根据验收规范检验样品的规格，将实际测量数据与验收规范以及样本不良数量填写于进料验收单背面，并填明检验日期、检验者姓名。然后将第一联进料验收单连同样本发现的不良品送缴检验单位主管。

5．进料检验主管接到第一联进料单后，根据采购合约规定的允收水准以及美军标准105D表决定该批材料合格与否。

6．若在允收水准内则取出原留存的进料验收单二至五联与第一联合并后，在良品总数栏填入实际接收数量，送品管课长核章后第一联进料验收单由品管课自存，第二至五联送收料处收料员，按照一般进料程序办理入库。

7．若品质不在允收水准之内，根据进料验收单填写物料检验报告（图表3－20）一式五联并送请品管课长核章。下列项目必须在检验报告写明：

(1) 厂商名称；

(2) 物料编号；

(3) 品名规格；

(4) 批量；

(5) 订购通知单编号；

(6) 发票号码；

(7) 进料验收单编号；

(8) 交货日期；

(9) 检验报告编号；

(10) 报告日期；

(11) 检验日期；

(12) 样本数；

(13) 合格判定个数(Ac)不合格判定个数(Re)；

(14) 样品不良数；

(15) 原因分析。

8．检验报告经品管课长核章后连同不良品样品送物料课，物料计划员考虑库存状况以及退货对生产计划的影响后，在检验报告意见栏选择一意见，并加以必要的说明，送经物料课长核章后连同不良品送开发部。设计工程师考虑不良原因对产品的影响并与生管协调后在检查报告最后决定栏填写最后决定并核章后将一至五联检验报告退进料检验品管。紧急情况必须予以特殊对待，而工程师无法决定时可由厂务部经理与开发部协调后正式裁定，并由厂务部经理在最后决定栏核章以示负责。

9．进厂物料一经决定退货，则必须遵照“厂务部进料检验事务流程图(二)”（图表3－21）所载程序办理，其情形如下：

(1) 进料检验主管在检验报告退货数量栏填入退货数量并盖退货章。

(2) 根据检验报告在进料验收单一至五联良品总数栏填入“0”字，在备注栏填入退货数，并填入物料检验报告编号。

(3) 盖退货章于进料验收单良品总数栏，经品管课长核章后将进料验收单一至五联送收料处办理退货手续。

(4) 检验报告第一联由品管课自存，第二联退收料处准备退给厂商用，第三联送采购单位凭以通知厂商办理退货，第四联由物料课存查，第五联由开发部存查。

10．若因工厂急需用料，无法退货，则可以采用特采方式处理。特采方式的处理分为下列三种情况：

⑴ 偏差[图表3－22“厂务部进料检验流程图（特采一）”]：决定全部接收时进料检验主管取出进料验收单一至五联，在良品总数栏填入接收数量并盖特认章，填入检验报告编号，经品管课长核章后进料验收单第一联由品管课自存，二至五联送收料处办理入库手续。检验报告由进料检验主管填入接收数量并盖特采章，第一联由品管课自存，第二联送收料处寄给厂商，第三联送采购课，第四联送物料课，第五联由开发部存查。

⑵ 全检[图表3－23“厂务部进料检验事务流程图（特采二）”]：全检时由厂务部经理通知制造课派人到进料检验处进行检验的工作。全检完毕后，进料检验主管将不良品数填入物料检验报告退货数量栏，并将良品总数填入接收数量栏。根据物料检验报告，进料检验主管于进料验收单填入良品总数，盖特采章，填入检验报告编号，并于备注栏填入不良品总数，以备退货之用。进料验收单经品管课长核章后送往收料处。良品按照一般入库手续办理，不良品由收料员登入不良品账办理退货。检验报告第一联由品管课自存，第二联送收料处（准备退还厂商用），第三联送采购课凭此通知厂商办理退货，第四联由物料课存查，第五联由开发部存查。

⑶ 返工[图表3－23“厂务部进料检验事务流程图（特采二）”]：重工时由厂务部经理通知制造课派人到进料检验处进行加工或修理的工作，并由采购课通知厂商。以下的程序与全检同。

11．进料最迟应于物料入厂后3天内检验完毕。

12．进料检验品管根据进料验收单第一联填写厂商品质履历卡（图表3－24），按照厂商名称区分，作为厂商交货品质的重要资料。

13．进料检验品管每周根据检验报告统计，提出“物料拒收周报表”（图表3－25）一式三联，经品管课长核章后，第一联由品管课自存，二、三联送厂务部经理核章后，第二联送采购单位，第三联存于物料课。

14．每月根据厂商品质履历卡，按照厂商名称统计填写“厂商品质记录月报表”（图表3－26）一式五联，经品管课长核章后，第一联由品管课存查，其余经厂务部经理核章后第二联送采购单位，第三联呈总经理，第四联送开发部。根据厂商品质纪录月报表，评分等级在80分以下的厂商必须加以淘汰或积极培养其他厂商以取代。

15．对于连续两次遭退货或特认的厂商须填写“厂商改进报告”（图表3－27）一式二联，经品管课长核章后径寄厂商。厂商答复后第二联自存，第一联寄本公司采购单位。采购单位根据答复后的报告复印两份，一份送品管课，一份送开发部。

16．本办法经总经理核准后实施，修正时亦同。

图表3-20 物料检验报告

编号：　　　　　　　　　　　　　　　　报告日期：　　年　　月　　日

厂商	物料编号：	订购单编号：
	品名规格：	发票号码：
	批　　量：	验收单编号：
		交货日期：
检　验　结　果 检验日期：________　样　本　数________ Ac________　Rc________　样本不良数________ 原因分析：		
意见栏	□退厂商　□重工　□全检 □ □退代理商　□暂用　□____	最后决定
说明：		接收数量
		退货数量

第一联品管课　第二联厂商　第三联采购　第四联物料课　第五联开发部

品管课长		物料课长		开发部工程师	

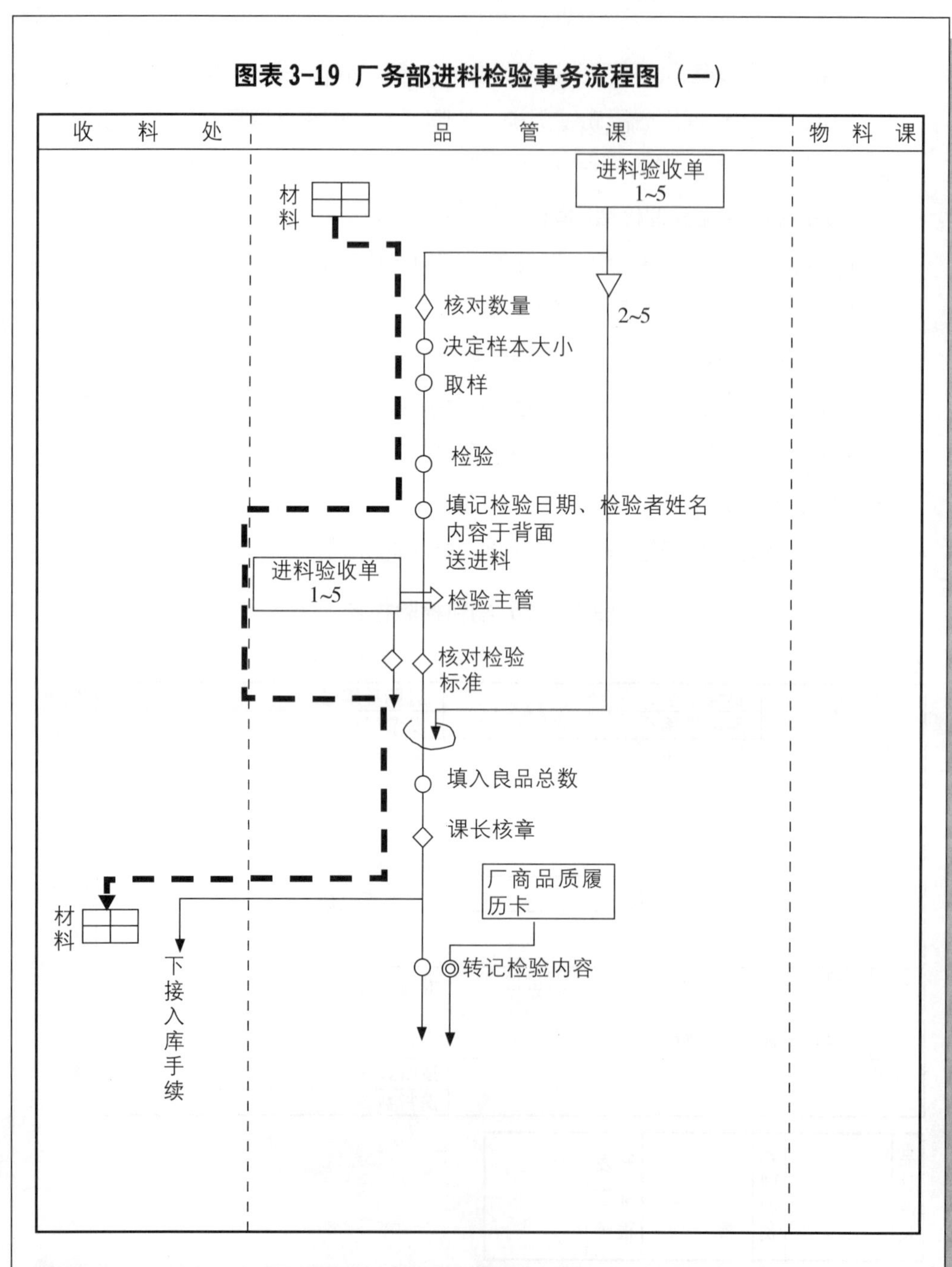
图表 3-19 厂务部进料检验事务流程图（一）
收 料 处
品 管 课
物 料 课
进料验收单
1~5
材料
2~5
核对数量
决定样本大小
取样
检验
填记检验日期、检验者姓名
内容于背面
送进料
进料验收单
1~5
检验主管
核对检验
标准
填入良品总数
课长核章
厂商品质履
历卡
材料
转记检验内容
下接入库手续

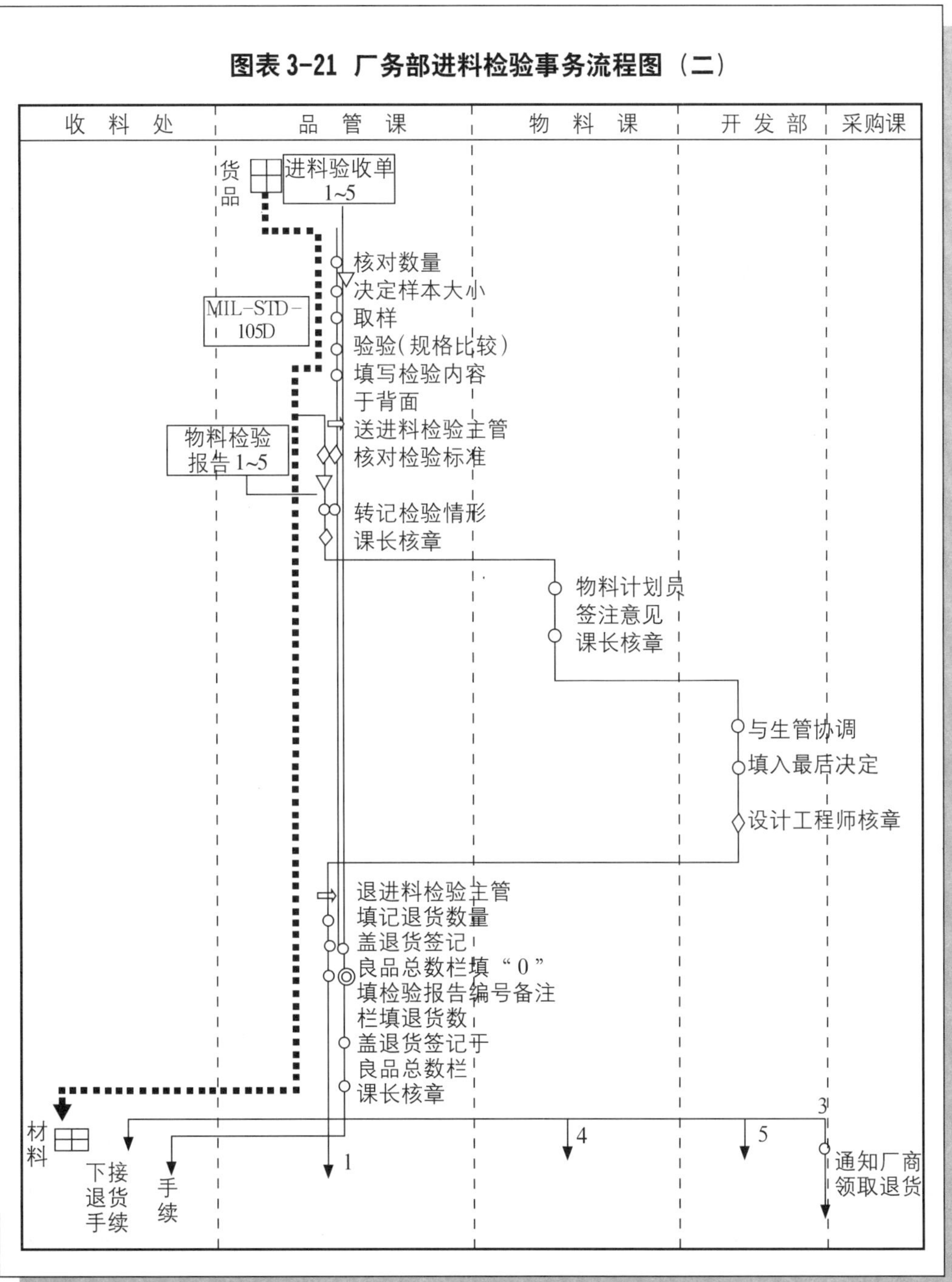
图表 3-21 厂务部进料检验事务流程图（二）
收 料 处
品 管 课
物 料 课
开 发 部
采购课
货品
进料验收单 1~5
核对数量
决定样本大小
MIL-STD-105D
取样
验验(规格比较)
填写检验内容于背面
物料检验报告 1~5
送进料检验主管
核对检验标准
转记检验情形
课长核章
物料计划员签注意见
课长核章
与生管协调
填入最后决定
设计工程师核章
退进料检验主管
填记退货数量
盖退货签记
良品总数栏填“0”
填检验报告编号备注栏填退货数
盖退货签记于良品总数栏
课长核章
材料
下接退货手续
手续
1
3
4
5
通知厂商领取退货

图表 3-22 厂务部进料检验事务流程图特采（一）

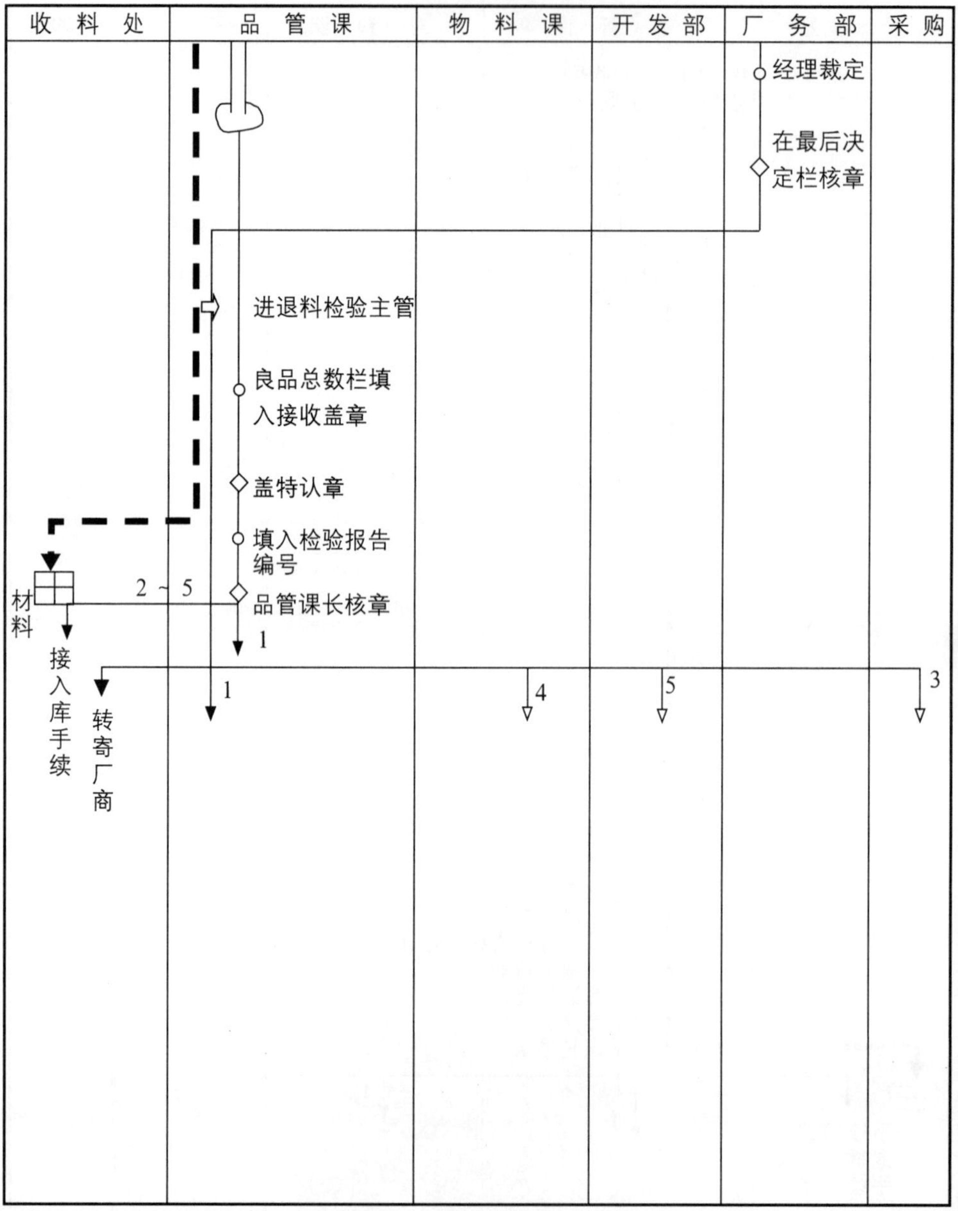

图表 3-23 厂务部进料检验事务流程图特采（二）

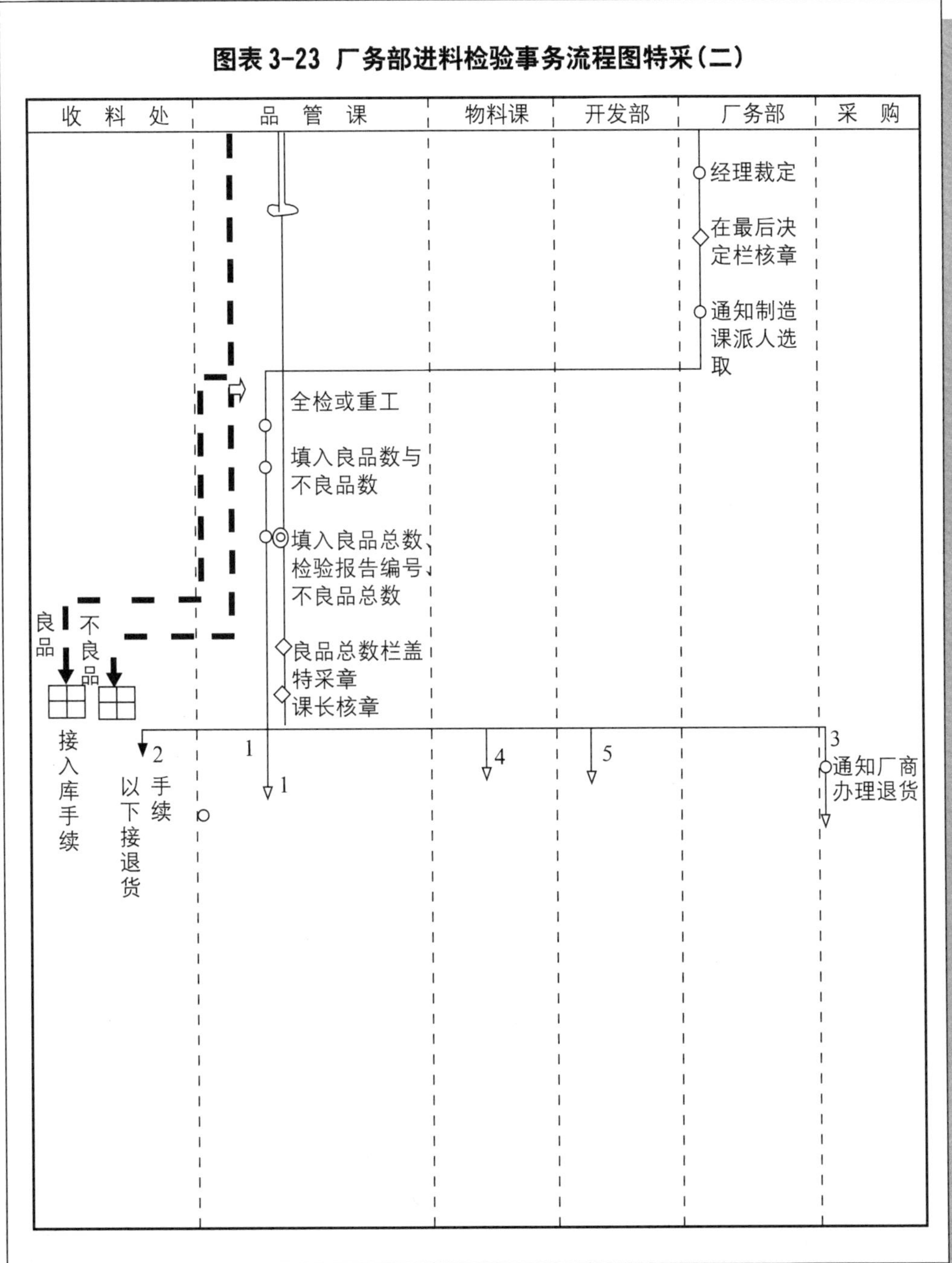

图表 3-24 厂商品质履历卡

厂商名称：________________ 电话号码：________________
品　　名：________________ 规　　格：________________

交货日期	验完日期	验收单号码	批量	样品数	不良数	不良率	不良情况	处理

图表 3-25 物料拒收周报表

年 月 日－ 年 月 日

编 号： 填写日期： 年 月 日

物料编号	品名规格	厂商名称	交货数量	交货日期	主要缺点	处理方法

厂务部经理		品管课长		制表	

第一联品管课 第二联采购部门 第三联物料课

图表 3-26 ××公司厂商品质记录月报表

共 页第 页

月份 报告日期： 年 月 日

厂商评分公式：

$$评分比率 = 100 - 50\left(\frac{退货批数+特采批数}{全部检验批数} + \frac{全部不良样本总数}{全部样本总数}\right)$$

评分	评语
95.1~100	优良
90.1~95	好
80.1~90	平平
70.1~80	不甚好
70 以下	不合格

厂商名称	品名规格	检验批数	退货批数	特采批数	样本总数	不良样本总数	厂商评分	上月评分

厂务部经理 品管课长 制表

第一联品管课 第二联采购部 第三联呈总经理 第四联开发部

图表 3-27

〇〇公司

厂商改进报告

厂商名称：________________ 检验报告编号：________________
物料编号：________________ 交货数量：________________
品名规格：________________ 交货日期：________________
订单编号：________________ 样本数：________________
验收单编号：________________ 样本不良数：________________

本公司品管人员检验结果：
品管课长：
厂商答复
产品不符规格的原因：
何以未发现该缺点：
如何防止该缺点的再发生：
何时可改进：
签名：

上列各栏填妥后请赐寄本公司采购部一份

第四篇　领发退料管理

一、领发料作业的管理

二、领料管理

三、发料管理

四、退料管理

五、领发退料作业管理要点

六、领发退料管理实例

七、领发退料管理的规章、办法及制度实例

品质验收合格是物料进仓的通行证

仓储管理的内容包括收料、领发料、补退料、存货及库房管理、盘点、呆废料及下脚的处理等，仓管人员了解其作业方式及作业上的注意事项是做好仓储管理工作必备的技能。

本篇主要说明领料、发料、退料的含义、内容，以及作业原则、方法、案例，作为企业进行领发退料作业及管理的参考。

一、领发料作业的管理

物料验收入库后，需求部门可依据作业程序填写单据至库房领料，此即领料作业；仓库依据工单主动配发物料至需求部门，此即发料作业，此类作业活动通称为领发料作业。

领发料作业的种类依其处理方式，可分为：

1．以领发单据的处理手续分

⑴ 单料领发

一张单据仅能领用一项物料。

⑵ 多料领发

一张单据可一次领出多项物料。

⑶ 阶段领发

定量定时分配需用的多项物料，由一张单据领取。

2．以领发物料的种类分

⑴ 原材料及零件的领发。

⑵ 半成品及组件的领发。

⑶ 制成品的领发。

3．以提运方式分

⑴ 领料

提取领取，由需求部门派人至仓库搬取所领物料。

⑵ 发料

配送领发，由仓储部门派人将各部门所需物料，送至指定场所。

二、领料管理

1．领料的含义

领料是指物料由制造部门的人员在产品制造之前填具领料单，注明名称、规格、用途、编号等项目向物料仓库单位领取物料的过程，即由制造部门负责领料的人员，开具经由用料主管核章后的领料单赴物料仓储部门进行领取物料的作业流程。

领料方式对物料控制较不严格，但企业之所以采用领料方式，其原因如下：

⑴ C级料种类多价值少，政策性不加以严格控制，而采用领料方式；

⑵ 生产计划常变更、物料计划做得不好、进料常延迟，致使物料很难采取主动掌握的发料方式，而采用领料方式；

⑶ 企业认为物料可以不必严格控制，于是采用领料方式；

⑷ 领料方式已采用多年，不想改变或不做计划性变革；

⑸ 物料的间接需求，例如制造部门维修不良品所需的零组件，以及设计部门所需的零组件等。

2．领料的作业原则

⑴ 妥当原则

根据凭证与处理程序作业，物料当面点清，日后不发生纠葛，所领物料的规格与品质无误，以及在时间上能配合需要。

⑵ 安全原则

搬运过程中，不损伤物料品质，不使人员车辆受损伤，不发生遗失偷窃等。

⑶ 经济原则

将所需人员、工作时间、搬运或领料设备的经费，做到最合理限度。

(4) 适用原则

所领物料具有适用性质，领到后可以利用，以免呆置。

3．领料的作业程序

在采用领料方式的企业，由制造部门的领料人员，开具经由用料主管核定盖章后的领料单赴物料仓储部门进行领料的工作。物料仓储管理人员须核对收料人员与主管的核章，备妥物料零件，并审核其需用领取数量与领料单匹配无误，而后送请主管核章，一联领料单随物料、零件由领料人员携往制造部门备查，一联由领料单存物料仓储部门，以便记入存货控制卡（图表4－1），另一联送会计部门以便记账时用（图表4－2）。

领料作业一般程序如下：

(1) 生产单位耗材或物料缺乏时，填写领料单申请领料；

(2) 需经生产单位主管签核同意；

(3) 生产单位向仓库领料；

(4) 由仓管人员将领料单一联送至生产单位，其余的三联送交至厂务单位、库房的料账处理单位及会计单位；

(5) 领料单交给厂务单位，厂务单位再审核是否有异常状况，如有异常状况，检讨其原因并加以改善。

图表4-1 存货控制卡

<table>
<tr><td colspan="4" rowspan="3">存货控制卡
位　置 ________
代用品 ________
单　位 ____ 品名规格 ________</td><td>物料编号</td><td colspan="2"></td></tr>
<tr><td>最高存量</td><td>最低存量</td><td>安全存量</td></tr>
<tr><td></td><td></td><td></td></tr>
<tr><td rowspan="2">日期</td><td rowspan="2">单据号码</td><td rowspan="2">入库数量</td><td colspan="2">出库数量</td><td rowspan="2">库存数量</td><td rowspan="2">备　注</td></tr>
<tr><td>直接需求</td><td>间接需求</td></tr>
<tr><td></td><td></td><td></td><td></td><td></td><td></td><td></td></tr>
<tr><td></td><td></td><td></td><td></td><td></td><td></td><td></td></tr>
</table>

图表 4-2 C级物料、零件领料流程图

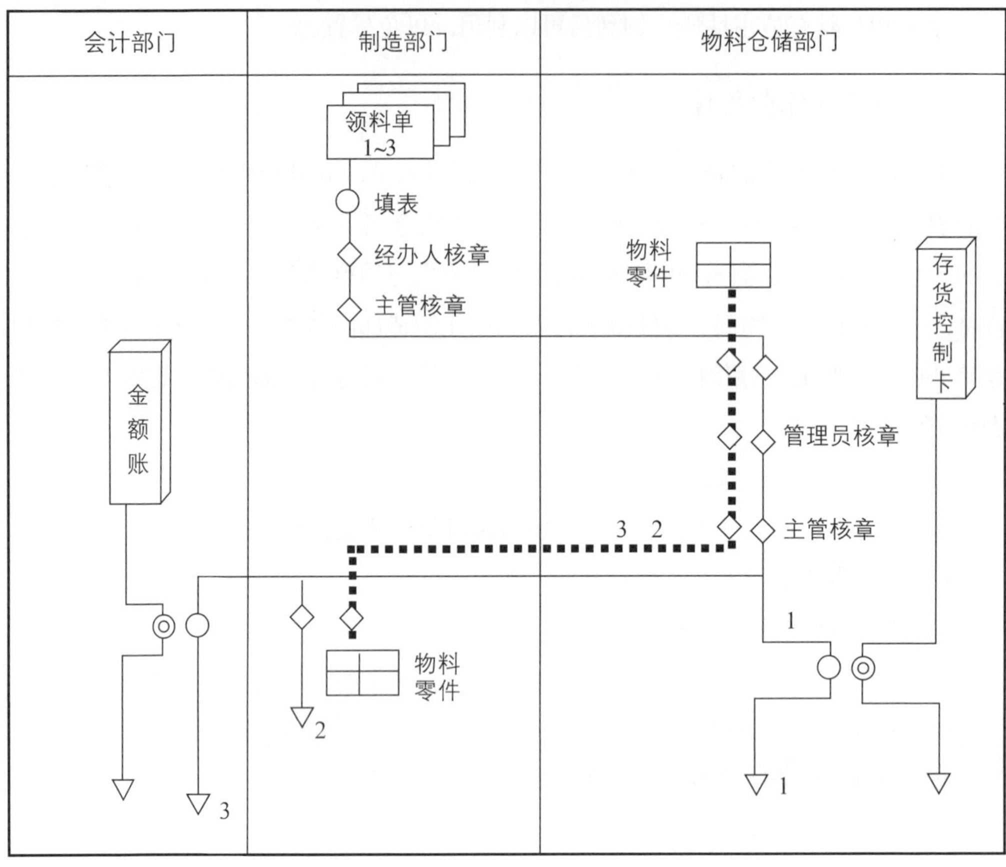

4．**领料时间的控制**

多数企业常因对于领料时间毫无控制，而形成“全天领”的领料现象，甚至物料管理人员下班后，加班赶夜工的现场人员随时取料却没填写领料单，造成账物不一现象。

优良的领料制度可允许现场1天分上下午共4小时至仓库领料，而物管人员需利用其余时间从事下列工作：

(1) 仓储的整理整顿；

(2) 物料的维护及呆废料的预防与处理；

⑶ 存货控制卡、进出账的核对、结算与改进；

⑷ 发现仓储管理作业上的缺失并改进；

⑸ 配合计算机化的合理作业；

⑹ 教育训练的进行与推动；

⑺ 协助厂商的进料评价与考核。

领料时间控制的成败，依赖物料进厂与存货控制是否顺利，若企业时常发生紧急订货、进料延误、仓储存量缺乏、生产线停工待料等现象，则1天4小时的领料控制，恐怕难以达成。

三、发料管理

1．发料的含义

仓储部门根据生产计划，将仓库储存的物料直接向制造部门的生产现场发放的现象，称为发料。发料作业适用于对物料的直接需求，即根据生产计划、制造部门对物料所产生的需求进行发料作业。发料作业相对于领料作业具有下列优点：

⑴ 仓储部门能够主动掌握物料

仓储部门根据生产部门开出的制造通知单备料、发料，只要生管部门的生产计划稳定，则仓库发料自然能够顺利。

⑵ 仓储管理较为顺利

仓储部门根据生产计划或制造通知单备料，应一次发料。这样才有余力去进行仓储的整理，以及各种仓储管理的改善措施。

⑶ 加强制造部门用料、损耗、不良的控制

由于采用由仓储部门对制造部门直接根据制造通知单一次发料，制造部门必须加强用料、损耗、不良的控制。若制造现场造成损耗与不良高于规定标准的损耗与不良，制造部门的生产目标则无法实现。因损耗、不良增高所引起的补料、往往需要上级核准，或提出厂务会议检讨。

⑷ 利于成本会计的记账

物料资料易掌握，则成本会计也易于记账。

⑸ 利于生管部门制造日程的安排

物料用料、损耗与不良易于控制，生产部门也就能顺利安排制造日程。

2．发料作业的基础

⑴ 生产计划体系已建立且达到稳定状态

在生产计划稳定的条件下，生管部门开立的工作指派，及仓库单位的备料都能顺利进行，于是发料工作的进行也就顺利。倘若生产计划变动十分频繁，影响进行到工作的指派，仓库单位备料工作也就十分困难。有时备料时间太短，在制造部门制造前夕来不及发料，有时料已备妥准备发放，生产计划又变更，不得已重新备料，而导致物料的误发、漏发、少发、多发等种种情形。于是生产计划不稳定，发料方式维持便有所困难，而不得不采用领料方式。

⑵ 标准损耗率的建立

标准收率未建立的企业，易于造成制造现场人员到仓库单位领料的现象，影响到物料发放制度的顺利实施。

⑶ 避免发生停工待料

物料的发放，在物料供应不继的情况下，制造部门为防止生产线停工，不得不到仓库单位领料，甚而将厂商刚送到而还未检验的物料直接拿去生产，因此，要使物料的发放能够顺利进行，须要找出物料供应不继的原因，设法加以防止。

3．发料作业的原则

⑴ 确认发料单的填写及核章是否确实，编号是否连续；

⑵ 确认发料单上更改部分有无更正人的签署；

⑶ 非仓库管理人员不应进入库房内；

⑷ 尽量按照先进先出方式发料；

⑸ 要求领料人员就实发数量核对签收；

⑹ 发料手续完毕应在发料单上盖戳记，以免重复发料并便于登账。

4．发料的作业程序

企业发料人员将物料备妥并发送到制造部门，而不让制造部门的人员到物料仓储部门领料，也有企业不是由发料人员将物料发送到制造部门，而是让制造部门人员直接到物料仓储部门领料。

有些工厂生管部门开立制造命令单给仓储部门，由仓储部门填具发料单。仓储部门发觉物料不足，即将制造命令单退给生管部门，要生管部门重新填记制造命令单而改变生产计划，若仓储部门物料充足，则由发料人员备妥物料，并连同领料单、制造命令单送交制造部门准备制造。如图表4－3发料流程图。

有些工厂由生管部门根据制造日程表先开立发料表送仓储部门先核对物料，将核对后的发料表送回生管部。若物料不足，则生管部门改变生产计划，重新开立发料表，若物料充足，则生管部门再开立制造命令单送交制造部门，发料表则送交仓储部门于物料备妥后发料至制造部门。如图表4－4所示的AB类发料流程图。

⑴ 仓库部门发料作业方式

① 用料基准的建立

产品依其规格、用途或客户特殊要求、使用材料特性等，设定各材料单位用量，作为材料购买、生产指示及用料差异分析用。于新产品开发完成或符合客户特殊需求，经试制结果确认可制造时设立。

② 用料指示

生管人员于接到制造通知单后，依所订内容查核是否已建有用料基准，如有即依基准指示；如无应委托技术部门小量试制，技术部门以试制合格而建立的用料基准送交生管部门，以供生产部门排定生产日程，供仓储部门备料及生产部门依序投入生产。

③ 备料

仓储管理部门每日应依照生产顺序所排定的制造命令单备料。仓储管理部门应依用料基准备料，以供生产部门使用。

④ 生产使用

生产部门每日将原料管理部门送达的原料依生管部门排定的生产顺序投入生产，

图表 4-3 发料流程图

会计部门
生管部门
仓储部门
制造部门
制造日程表
制造命令单
1~2
记
数
账
发 料 单
1~4
物料
核章
记
数
账
核章
主管核章
金
额
账
填单价
金 额

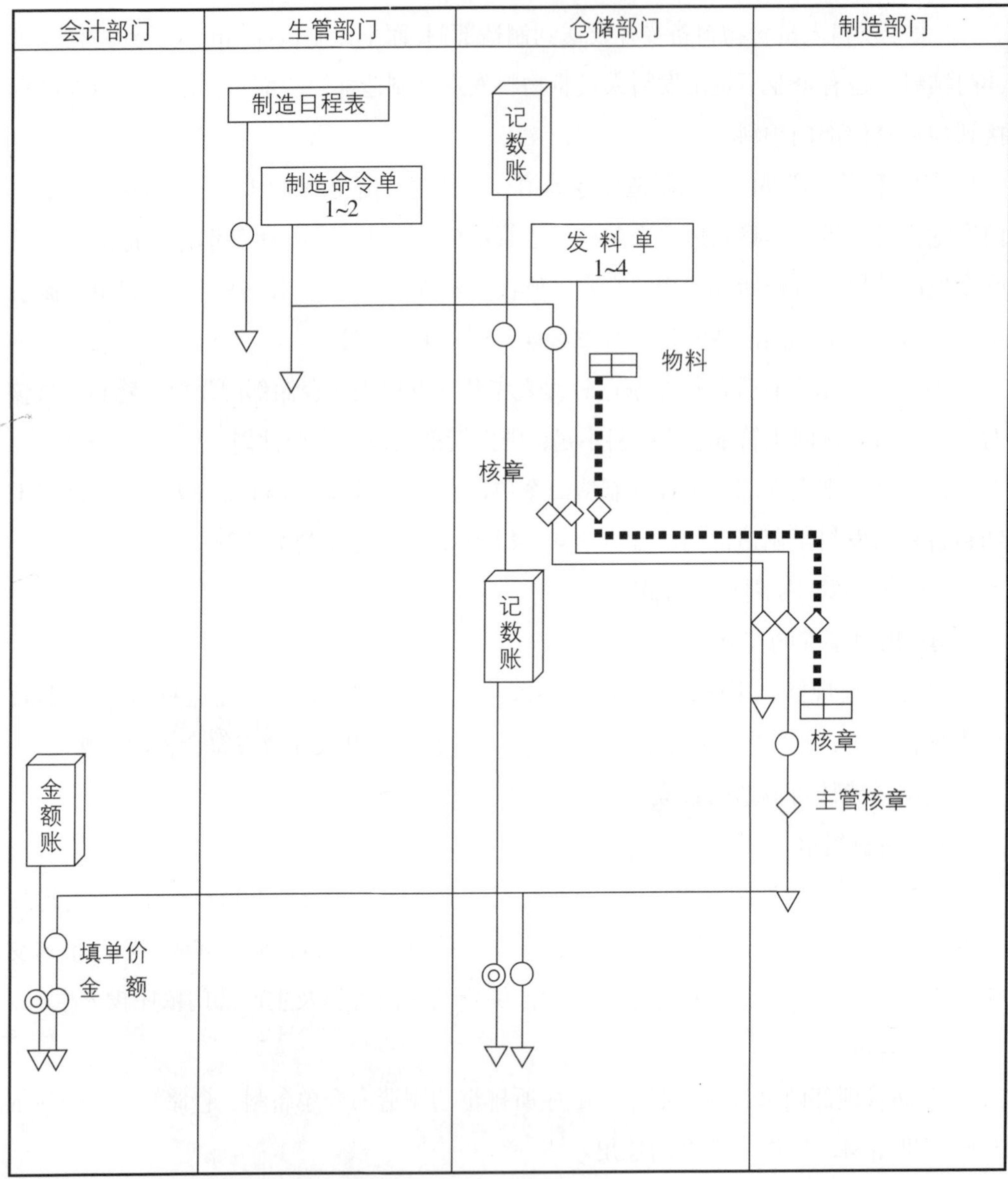

图表 4-4 AB 类发料流程图

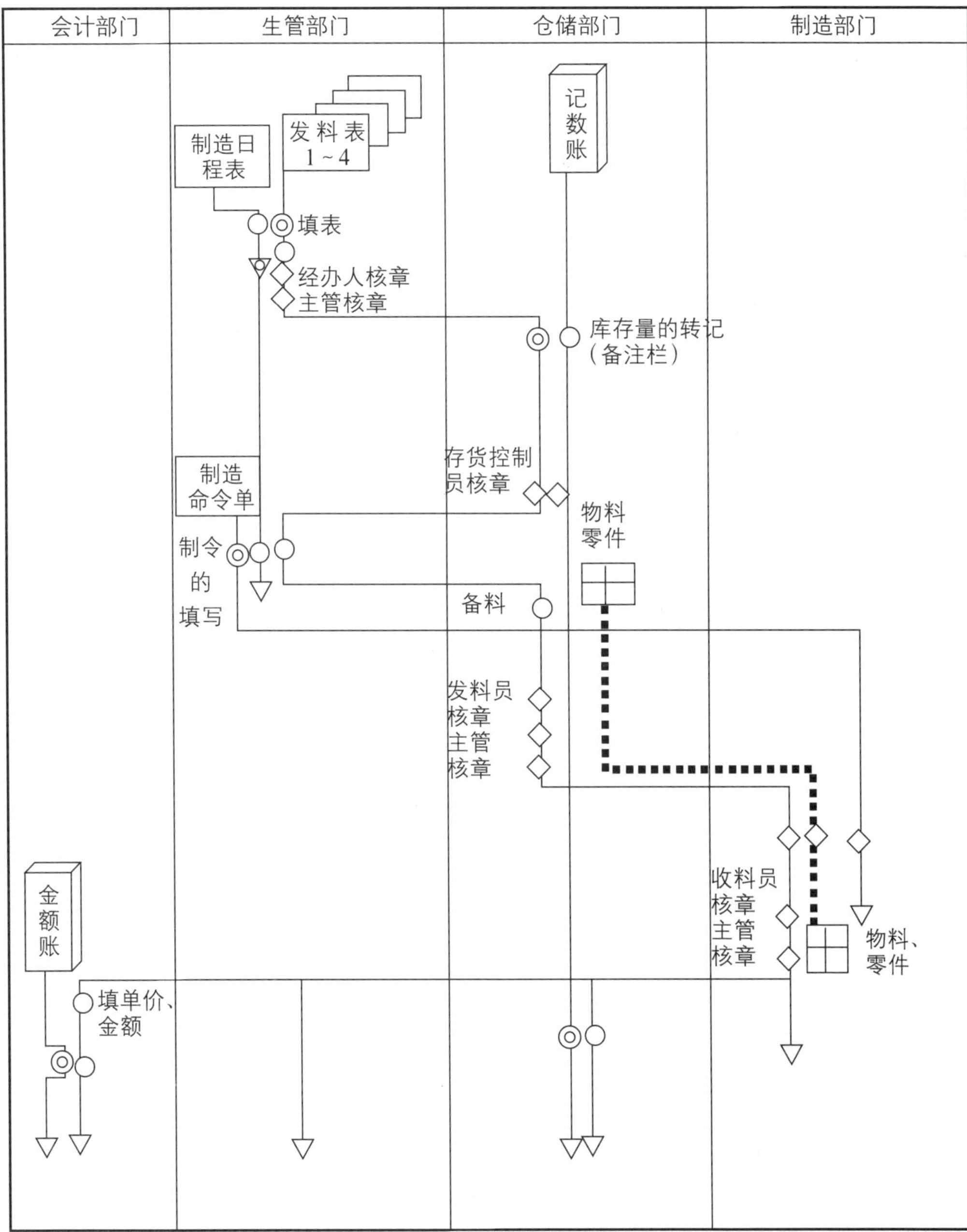

生产后于生产单上填记实际生产表，供计算各原料单品用量及库存量做原料调拨及会计部门计算成本的依据。

⑤ 用料结算

以生产单的生产量换算原料使用量，依用料基准展开各单品的用量直接扣减原料库存量。

⑥ 用料差异分析

分析标准及实际用料的差异原因并加以改善。

⑵ 发料作业流程

企业可建立发料的作业流程如下：

① 厂务人员依生产计划要用的物料填写发料单，然后送至库房。

② 仓管人员依发料单准备物料，将物料送至生产暂存区以供生产。

③ 生产部门点收物料并签收，发料单一式四联，第一联厂务部门保存，第二联库房记账，第三联生产部门，第四联交至财务部门。

5．发料计价方式

发料计价，视物价变动与成本计算需要情形而决定，有以下几种方式：

⑴ 先进先出法

发出物料的单价，按照原购进价计算，首批用完，再用次批。在物价稳定时，适用此方法。

⑵ 后进先出法

发出物料的单价，按最近一批进料的单价计算，逐步向前回溯，在物价波动时，较为适用。

⑶ 直线平均法

将新进物料的单价与旧物料的单价相加，求出总和后，以批数平均，即得平均价格，此法计算很简单，但其缺点是账面价值往往与平均成本不符。

⑷ 加权平均法

以历次各批物料总价之和，被各批物料总量的和除之，求得其商即是发料计价标准。

⑸ 移动平均法

物料仓储单位购进的各批物料，是经过混合后使用的，所以应将新进物料的数量与单价乘积，与上一批旧存物料数量与单价的乘积相加起来，再以两者的总量除之，求得其商，作为发料的计价标准。

⑹ 标准成本法

也称为预定价格法，根据购料记录市场状况，估计一种平均价格作为发料计价标准，遇到市场变动时再做调整。

⑺ 最高成本法

即在发料时，选用一定期间内库存物料量最大的那一批物料的价格，作为计价标准。

6．委外加工发料控制

委外加工在企业界相当盛行，而造成企业委外加工的有以下几种因素：

⑴ 设备不足

造成生产量不足，为消化过剩的生产负荷，委外加工往往是良策。

⑵ 技术不足

现有技术与人员不足以制造高品质的订单，故运用委外加工。

⑶ 自制成本过高

为减低成本，企业可寻找成本较低的委外加工。

⑷ 自制交期过长

工厂内紧急订单太多，又一时难以消化，唯有考虑委外加工来解决。

委外加工的发料控制十分重要，应视为企业发料制度的延续，并加强控制，否则会影响整个工厂发料的顺利，企业的生产进度与委外加工的生产进度、品质、交期也都深受影响。

四、退料管理

1. 退料缴库的含义

退料缴库是指由制造现场将多余的物料或不良料退回物料仓储部门缴库的作业过程。

生产工厂为使制造现场生产活动顺利进行，必须妥善制定发料与领料制度，为使制造现场井然有序还必须将存放在现场历久不用的物料办理退料缴库。

制造现场进行物料退回缴库的对象包括以下几项：

(1) 规格不符的物料；

(2) 不良的物料；

(3) 报废物料；

(4) 可加工的半成品；

(5) 超发的物料；

(6) 呆料。

2. 退料的处理方式

(1) 余料缴库

制造部门将其领用而剩余的物料，再退回到仓储单位。余料退回时，退料单位应该填写退料报告单，连同所退物料，到仓储单位办理退料。

(2) 坏料缴库

坏料是指损坏而不能使用的物料，任何企业皆不可避免。坏料退回时需开具坏料报告单，连同坏料一并缴回仓储单位。

(3) 废料缴库

废料是工厂在制造过程中，遗留下来的碎残物料，本身仍有残余价值存在。制造部门应于一定期间内将其搜集，开立废料报告单，与废料一并缴回仓储单位。

3．退料的作业程序

⑴ 余料收缴

生产部门人员在生产中发现余料时，应该加以整理、包装妥当秤重后，填写“余料收缴单”，收缴人员会同磅秤点收签认后送余料管理部门，仓管人员将收缴余料立账管理。

⑵ 存放管理

余料管理部门应按类别予以分区堆放各类余料；余料应分类定量，包装好，清点无误后，由余料管理人员分类存放至存放位置，并在余料卡上填注入库的日期及数量，应依先进先出方式送生产部门使用，以防存放过久变质。

⑶ 处理运用

余料管理部门收缴的余料，必须全数予以检选，去除异物，分色、分级并定量包装。余料管理部门应建立样卡，如需测定物性时，则委请技术部门办理。生产部门于审核制造通知单时，遇有可用余料的订单，应即查核余料管理部门的余料量，如有适用者，即通知余料管理部门备料，以供生产时转用。无回收价值的余料，应定期予以标售，避免造成滞料，亦有助于堆放区域环境的整顿。

4．退料的作业流程

⑴ 退料单位填写退料单；

⑵ 库房依退料单查验数量、种类，无误签核后留一联，将其余三联送至退料单位、厂务部、财务部；

⑶ 库房作料账记录，厂务部查明原因。

5．退料缴存的内容

退料缴库内容应包括：物料的编号、来源、名称、规格、单位、数量等。其事务流程则是经过制造部门、仓储部门、品控部门、会计部门。而其控制要点综合如下（图表4－5）：

图 4-5 不良物料退料缴库事务流程图

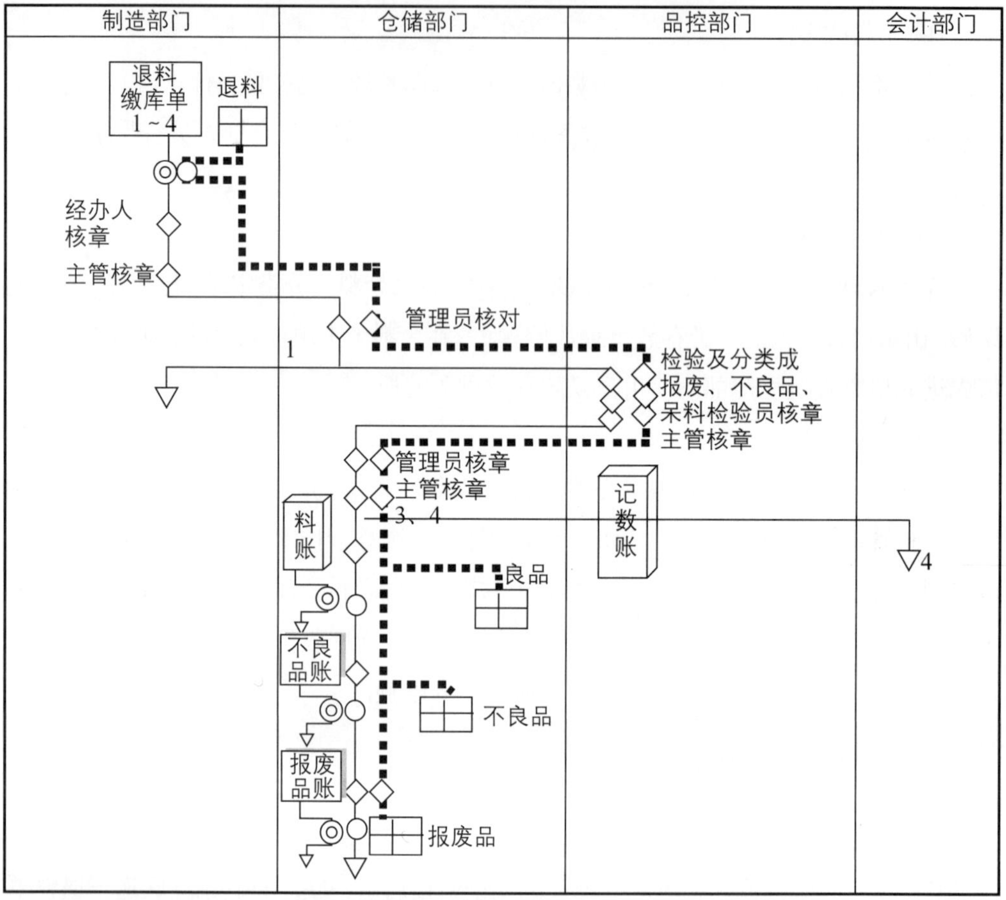

制造部门 仓储部门 品控部门 会计部门

退料缴库单 1～4
退料
经办人核章
主管核章
管理员核对
1
检验及分类成报废、不良品、呆料检验员核章
主管核章
管理员核章
主管核章
3、4
4
料账
记数账
良品
不良品账
不良品
报废品账
报废品

(1) 制造部门

① 制造部门的退料内容包括

- 规格不符的物料；
- 超发的物料；
- 不良的物料；
- 呆料；
- 报废品；
- 可用的边材及可加工的半成品。

2．委外加工发料的作业重点

委外加工是由企业供应原物料，委托其他企业进行加工，因此，必须有发料工作，重点在于耗用量控制，注意事项如下：

⑴ 依标准用料量及损耗率发料，并须委托加工厂签收。

⑵ 已发料部分须追踪是否有相对成品入厂。

⑶ 须有完整委外加工物料存量记录并定期盘点对账。

3．退料的作业重点

生产现场所退物料的品质可能已遭破坏，若只是记录退料数量，而未整理、验收退料品质，则日后必然影响可用存料记录的正确性，甚至因使用时品质不良而停工待料。企业欲退回供货商的物料，须迅速办理，以免影响应付账。退料作业注意事项有：

⑴ 生产现场退料，务必填写退料单，并由仓储部门验收数量及品质。

⑵ 退料单上须填制造批号及部门，便于进行分批成本计算。

⑶ 退料数量在品质验收后须迅速归位。未验收前，不得记录存货账。

⑷ 退料的品质完整者，始可记录存货账；若是计算机账，务必复核输入资料的正确性。

⑸ 品质不佳的退料，若是供货商问题，则办理退货给厂商；若是生产现场所造成，则可以由主管签名后以废料处理。

⑹ 生产现场将所退物料分类，并区分良品或不良品，在退料单上注明类别及处理时间。

⑺ 依供货商分类，统计退料中的废料。

⑻ 建立退料作业区，避免与正常物料混淆。

六、领发退料管理实例

[实例一] 企业领发料作业的实例

1. 定义

(1) 工单领料

按生管单位所发出的发料单直接办理发料作业。

(2) 非工单领料或超额领料

需附报废单或退料单按领料手续办理。

2. 领料手续

(1) 各单位需用材料应填具领料单说明用途、注明工作单位、成本中心，经部门主管签章后，送至物控员确认，再送资材部签准后向材料仓库办理提领。

(2) 依发料、领料作业流程（图表4－7），领料单一式四联，材料保管人员在发料时应在领料单上加盖戳记或签名，并记载实发数量后，将领料单第一联抽存。

3. 一般规定

(1) 各部门人员不得领用非其职务内需要的材料。

(2) 非因公务不得领用公用的材料。

(3) 非经有关人员签认的领料单不得核发。

(4) 材料保管人员如发现领料单位不符规定应拒绝核发，并通知有关单位查究，如有误发事件，材料保管人员应予负责。

图 4-7 发料、领料作业流程

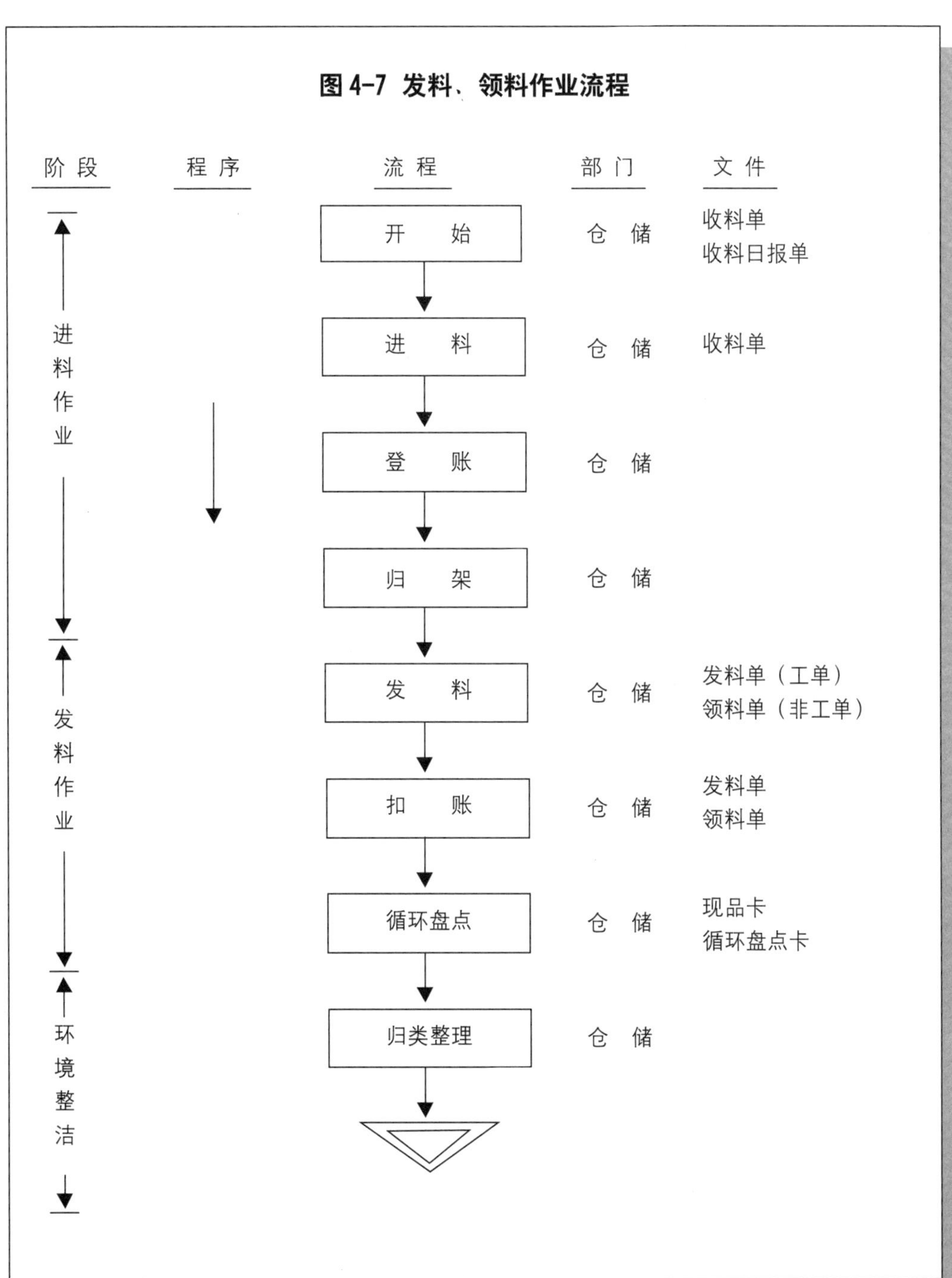

[实例二] 企业退料作业实例

1. 定义

(1) 退料范围是指生产中材料变更，或制程产生不良材料或其他原因而于生产后有剩余的材料。

(2) 各部门所领用的设备用材料，一律不得办理退料。

(3) 经品管判定为原材料不良一律办理退料，由仓库转物管单位或采购单位办理退货或交换，补料手续按工单领料规定办理。

(4) 不良品经品管判定为制程所造成时

① 可修复者，办理退料后由仓库转物管或采购单位办理退修，修复费用转嫁生产成本，补料手续按超额领料规定办理。

② 不可修复者，应由生产单位径行报废，补料手续按超额领料规定办理。

2. 退料手续

(1) 退料单位在填具退料单时除注明成本中心外，务必填注原领发料单号码，以便使用会计单位查核冲销原用的成本。

(2) 退料单一律需先经品管签认所退料的品质，所退料为不良品务必注明是原材料不良或制程不良。

(3) 退料单一式四联，第一联保税组存盘、第二联仓库登账、第三联会计登账、第四联退料申请单位自存。

3. 责任归属

(1) 原材料不良所造成的一切损失，由采购单位负责要求厂商交换或扣款。

(2) 发料或进料所造成损失，由资材单位负责。

(3) 制程所造成的不良，由生产单位负责。

七、领发退料管理的规章、办法及制度实例

[实例一]A公司发料控制办法

1．本公司为使领发料作业有所依据，特制定本办法。

2．物料的发放作业应以正确、迅速及安全为原则：

(1) 领料单的物料编号与物料不符者，应拒绝办理物料的发放；

(2) 仓库于收到领料单时,应详核单内所列各项并填列实发数量办理发料；

(3) 物料调拨转出仓库，应凭物料调拨单所列各项并填列实拨数量办理发料。

3．发放物料的数量应依物料编号所订的“计量单位”核计办理。

4．库存物料未按规定手续办理者，不得任意出借或带出仓库，但如遇特殊原因或紧急情况来不及办理手续时，得由公司主管核准先行提领，于二日内补办。

5．总公司统筹采购的物料由总公司发放，分公司自购的物料由分公司发放。

6．总公司为调节物料存量及供应用料需要，得办理各分公司及各仓库间的物料移调。

7．分公司办理物料移调使用“物料调拨单”(图表4－8)，做法如下：

(1) 分公司物料库主动拨发的物料；

(2) 分公司物料库供应区内各仓库间的物料移调；

(3) 总公司授权由分公司办理其物料库供应区内各仓库与其他分公司物料库供应区内各仓库间的物料移调；

(4) 依总公司调拨通知“总公司物料调拨通知单”的物料移调，各分公司物料库间相互移调,总公司统筹调拨以及通知分公司物料库移调其他分公司物料库供应区内各公司的物料，均由拨出分公司物料库凭分配单办理。

8．除上述各项物料的移调使用物料调拨单外，各公司的请拨物料(图

表4－9)或电话紧急请拨物料（图表4－10)，物料库拨料时，均可使用物料调拨单。

图表 4-8 物料调拨单

拨出仓库 ________　　　　拨入仓库 ________

开单日期:___年___月___日___字第___号

项数	物料号码		物料名称及说明	单位	数量		相关文件	
	物料号码	检查号码			请领	实拨		
							运交地点	
							调拨单编号	
							管料员发料签章	年　月　日
备注							会章	
							登账员	

拨入收料主管　　　经办人员　　　拨出发料主管　　　经办人员

第一联:核办部门存查　　　　第四联:收料部门送分公司料账部门

第二联:拨料部门登账后存查　　　　第五联:收料部门登账后存查

第三联:拨料部门送分机构料账　　　　第六联:收料部门签复拨料单位

核办主管　　　　经办人员

图表 4-9 请拨物料单

请拨号码____字第__号　　　　核办号码________

请拨日期__年__月__日　　　　核退日期__年__月__日

物料编号	核对号码	物料名称及说明	单位	现存数量	请拨数量	用料期间	指示办法					备注
							库拨	调拨	自购	购拨	改拨	
用途			会计科目			运屯地点						

请拨物料主管　　　填单人员　　　核拨物料主管　　　经办人员

第一联:请拨部门存查　　　　第二联:核拨部门核对后存查

第三联:库拨部份送由物料库配拨　　　　第四联:核退请拨部门查对

图表 4-10 电话请拨紧急用料处理单

请拨机构　　　　　　　　　　　　　　发话人　职位 姓名

物料编号	物料名称及规格	单位	请拨数量	用途	最迟送到期限	运送地点	附注

物料库或物料部门主管　　　　　　　　记录人员：

处理情形：　　　　　　　　____ 年___ 月___ 日 ___时 ___分

无法拨发物料已电话转报存控部门核发

转报人______ __年_ 月__日__时__分

图表 4-11 总公司乙种物料调拨单

拨入单位____________　　　　拨出单位__________

请拨日期__年__月__日　　　　拨料日期__年__月__日　　　　___字第__号

<table>
<tr><th>物料编号</th><th>核对号码</th><th>物料名称及说明</th><th>单位</th><th>请拨数量</th><th>实拨</th><th>单价</th><th>总价</th><th colspan="3">机器代号</th></tr>
<tr><td></td><td></td><td></td><td></td><td></td><td></td><td></td><td></td><td rowspan="2">拨出机构</td><td>名称库号</td><td></td></tr>
<tr><td></td><td></td><td></td><td></td><td></td><td></td><td></td><td></td><td>料单号数</td><td></td></tr>
<tr><td></td><td></td><td></td><td></td><td></td><td></td><td></td><td></td><td rowspan="2">拨入机构</td><td>名称库号</td><td></td></tr>
<tr><td></td><td></td><td></td><td></td><td></td><td></td><td></td><td></td><td>料单号数</td><td></td></tr>
<tr><td></td><td></td><td></td><td></td><td></td><td></td><td></td><td></td><td rowspan="2">会计科目</td><td>代号</td><td></td></tr>
<tr><td>附注</td><td colspan="2"></td><td colspan="2">收料签章</td><td colspan="2">年 月 日</td><td></td><td>名称</td><td></td></tr>
</table>

拨入公司物料主管　　　　经办员　　　　拨出公司物料主管　　　　管料员

第一联：拨出公司物料部门存查　　　　第二联：拨出公司物料部门存查

第三联：拨入公司物料部门存查　　　　第四联：拨入公司物料部门存查

[实例二] B工厂仓库领发料管理办法

1．本公司的工厂材料、零件的请领、拨发均依本办法办理。

2．生管人员根据生产计划于正式制造前三天开制造通知单（图表4－12）及领发料单（图表4－13）。领料表一式四联，核章后向物料仓库的管理人员洽领物料。

3．物料管理人员接获领料表后，一面核对一面准备物料，于制造前将准备完成的物料送往制造部门。

图表4-12 制造通知单

执行单位					
生产机型		数　量		客　户	
电　　压		插　头		规　格	
生产日期			完成日期		
内容说明 注意事项					

第一联 物料计划员　第二联 制造课　第三联 生管课

图表4-13 领发料单

发给单位________　　______年__月__日　　编号：________

项次	物料编号	品名规格	单位用量	发收数量	代用品	单价	总价	备注
主管		收料			仓库课长		会计	

第一联 会计课　第三联 生管课　第二联 物料课　第四联 制造课

4．制造部门核对物料数量、规格与领料单相符后在领料单上签收，第四联由制造部门领料单位存查，第三联送生管部门存查，第二联送给仓库单位，第一联送往会计课。

5．物料管理人员在无特殊情况时，备料与发料应按照顺序送往制造单位。若制造单位因修理不良品所需物料，营业部门因售后服务所需物料，设计部门因开发新产品所需物料以及其他部门所需物料，必须先填领料单并写明用途，经主管核章后送仓储单位。物料管理员在确定该物料的请领与生产计划用料相符后，始得在领料单上核章并办理发料的手续。

6．在备料发料过程中，发现物料短缺或待料情形，物料管理人员必须立即采取行动，一方面将缺料情形告知采购部门，一方面向厂商催货。若短缺的物料已进厂，物料管理人员得催促品管人员立即安排检验，并将检验后的良品送往制造部门。

7．若其他工厂为请求物料支持而借用本厂的材料零件，物料管理人员必须加以核对，在确认不影响生产计划的情形下，始得填写物料转拨单（图表4－14），一式三联办理转账手续，其余领料作业与一般领料手续相同。

8．本办法经总经理核准后实施，修正时亦同。

图表4-14 物料转拨单

日期：___年___月___日

<table>
<tr><td colspan="3">□收料处至仓库
□呆料库至仓库</td><td colspan="3">□仓库至收料处
□仓库至呆料库</td><td colspan="4">□仓库至废料库
□其他</td></tr>
<tr><td colspan="2" rowspan="2">物料编号</td><td colspan="2" rowspan="2">品名规格</td><td rowspan="2">数量</td><td rowspan="2">单位</td><td colspan="2" rowspan="2">备注</td><td colspan="2">会　计</td></tr>
<tr><td>单价</td><td>总价</td></tr>
<tr><td colspan="2"></td><td colspan="2"></td><td></td><td></td><td colspan="2"></td><td></td><td></td></tr>
<tr><td colspan="2"></td><td colspan="2"></td><td></td><td></td><td colspan="2"></td><td></td><td></td></tr>
<tr><td colspan="2"></td><td colspan="2"></td><td></td><td></td><td colspan="2"></td><td></td><td></td></tr>
<tr><td colspan="2"></td><td colspan="2"></td><td></td><td></td><td colspan="2"></td><td></td><td></td></tr>
<tr><td colspan="2"></td><td colspan="2"></td><td></td><td></td><td colspan="2"></td><td></td><td></td></tr>
<tr><td colspan="2"></td><td colspan="2"></td><td></td><td></td><td colspan="2"></td><td></td><td></td></tr>
<tr><td colspan="2"></td><td colspan="2"></td><td></td><td></td><td colspan="2"></td><td></td><td></td></tr>
<tr><td>承办人</td><td></td><td>物料课</td><td></td><td>品管课</td><td></td><td>会计</td><td></td><td></td><td></td></tr>
</table>

第一联 物料课　第二联 会计课　第三联 品管课

[实例三]C公司发补料管理办法

1．本工厂的发料、补料均依本办法办理。

2．物料组人员依照生产计划表于制造前将准备完成的物料送往制造部门。

3．制造部门核对物料数量、规格与发料单相符后，在发料单(附件1)上签收。

4．对于非制造部门的领料，亦须经过物料组的同意，不得擅自领取，并须经各相关单位主管的同意，且在发料单备注栏注明。

5．在备料发料过程中，发现物料短缺或待料时，物料人员必须立即采取行动，一方面将缺料告知采购部门，一方面向厂商催货。若短缺的物料已进厂，物料人员得促请品管人员立即安排检验，并将检验后的良品送往制造部门。无论如何严禁制造部门人员自行向进料检验单位领料，进料人员亦不得擅自发料。

6．制造部门需要补料时，须填写补料单(附件2)，并在备注栏上书写原因，且须经主管签章，再凭补料单向物料组领料，物管人员凭单入账。

7．本办法经总经理核准后实施，修正时亦同。

附件1　表单使用说明书

① 表单名称:发料单(图表4－15)发料作业流程图如(图表4－16)

② 功　　能:提供记账资料及作控制物料使用的依据

③ 联　式:一式三联(第一联:物管组;第二联:制造单位;第三联:财务组)

④ 填表人员:生管课生管组

⑤ 使用说明:

a.先在表头注有发料的空格内打“√”号;

b.填入产品所需零件的件号、名称、规格、件数、数量、材料位置等;

c.发料单不需品管课的主管、承办签章。

图表 4-15

发料☑ □补料 退料□单

工作单No. ________ 机种: ________ 数量: ______台 年 月 日

项次	件 号	名 称	件数	数 量	材料位置	判定		备 注
						良	不良	
1								
2								
3								
4								
5								
6								
7								
8								
9								
10								
11								
12								
13								
14								
15								

一、正本：发单单位

二、副本：收单单位

生管: 制造: 品管:

图表 4-16 发料作业流程图

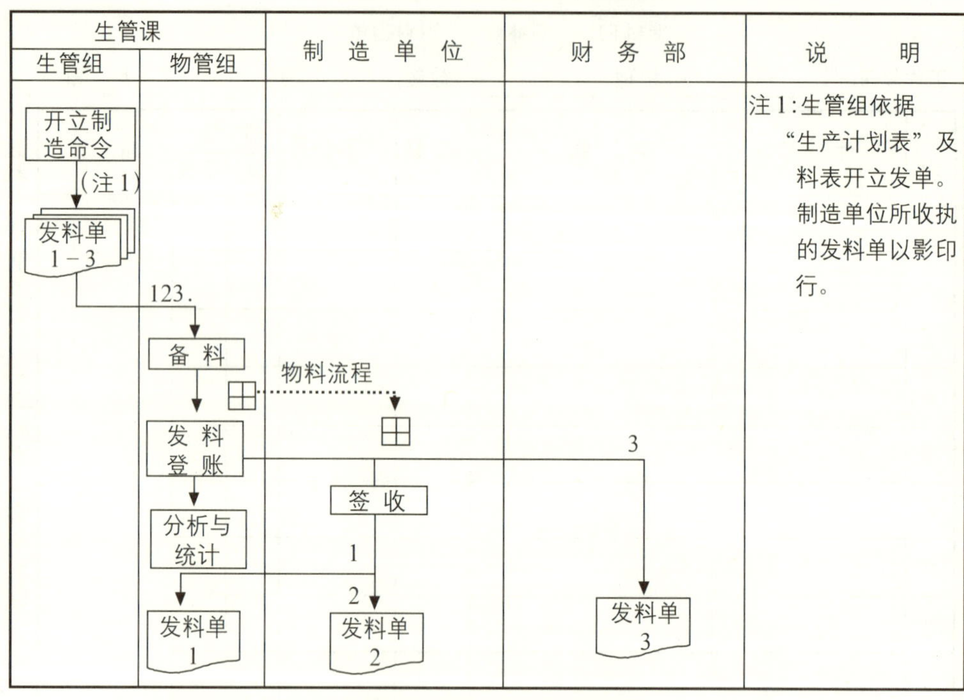

附件 2 表单使用说明书

① 表单名称:补料单(图表4-15)补料作业流程图(图表4-17)

② 功能:提供补料资料和作账处理的依据。

③ 联式:一式三联

a. 制造单位

b. 生管课物管组

c. 财务部

④ 填表人员:制造单位

⑤ 使用说明:

a. 补料单上所需数量,由制造单位填写,但件号、名称、材料位置或规格、材料明细等由物管组填写;

b. 制造单位须在表头注有补料的空格内打"✓"号;

c. 制造单位亦须在备注栏内注明补料的原因;

d. 不需品管课的主管、承办签章。

图表 4-17 补料作业流程图

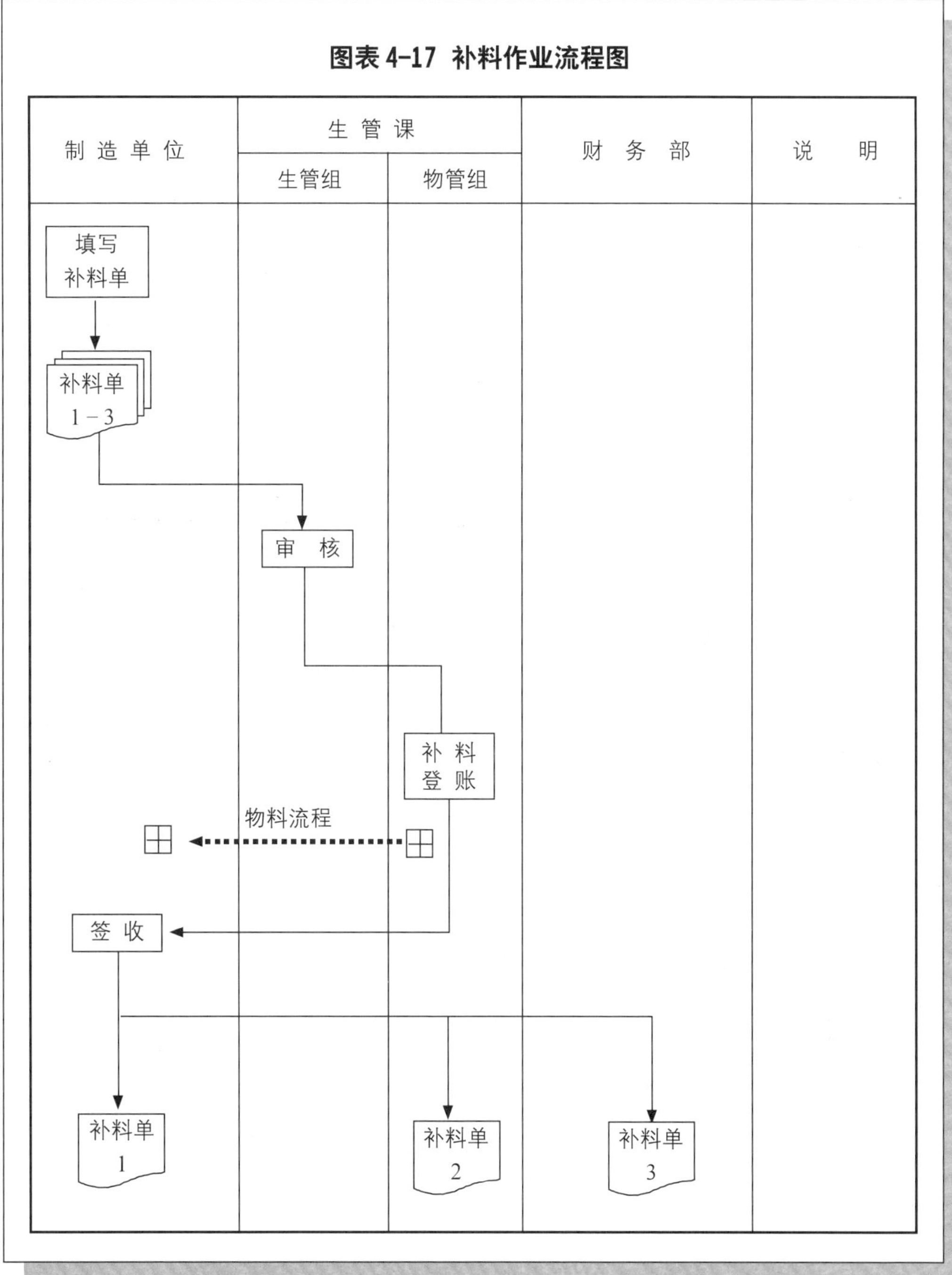

附件3 表单说明书

① 表单名称:超领单(图表4-18)

② 功　　能:作为材料超领的依据和管制

③ 联　　式:一式五联

a. 仓储单位

b. 会计单位

c. 生管单位

d. 超领单位

e. 厂长

④ 流程及开立人员

⑤ 使用说明

a. 生产单位发现不足时开立“超领单”;

b. 如果超领原因是不良率过高,须先经品管单位鉴定签章;

c. 厂长签核后转送资料审核、编号,并登账;

d. “超领单”也是“领料单”,资材单位据以发料;

e. 厂长依“超领单”做责任追踪与绩效考核。

⑥ 主要字段说明

a. 超领原因

在□上打“✓”,如果原因是其他,必须注明原因。

b. 说明

详细说明超领原因。

c. 超领数量

预定超领数量。

d. 实发数量

实际发料数量,若和超领数量不一样,在备注栏上说明。

图表 4-18 超领单

超领材料所属：

1.订单：__________　　　　　　　　编　　号：__________

2.机种：__________　　　　　　　　日　　期：__年__月__日

3.批号：__________　　　　　　　　超领单位：__________

超领原因	□不良率过高 □遗失 □其他	说明		签核	
				注：	1.重点物料由厂长签核 2.一般物料由组长签核

项次	超领材料名称	规　格	编　号	单位	超领数量	实发数量	备　注

主管		仓储承办员		品管员		超领单位主管		超领单位承办	

[实例四]D公司特别领料管理办法

1．特别领料项目:原物料特别领料向物仓领料;半成品特别领料向鞋仓领取。

2．鞋仓依据“特别领料”于鞋型结束前1天，整理该鞋型补制令明细交生管课，生管课开“补制令单”及“领料单”交给制造单位。

3．“特别领料申请单”(图表4－19)填写时，需注明领料部门、料号、品名、规格、单位、数量，并写明申请理由、鞋型、订单号码，以为成本与责任归属的依据。

4．参考特别领料作业流程(图表4－20)，“特别领料申请单”经课长签认后，送生管组判定及登记后，转生产部经理核准。

(1) 因报废的特别领料需附报废单，连同报废品。

(2) 不良品退料后的特别领料，需附退料单。

5．核准后原物料填写“领料单”，连同特别领料申请单向物仓领料，半成品向鞋仓领料。

6．特别领料原因如下

(1) 超用或作业损耗;

(2) 物料不良或规格不符;

(3) 开发试验制作样品;

(4) 遗失或盘亏。

(注:(1)及(4)为异常特别领料;(2)及(3)为非生产单位发生特别领料)。

7．生管组依据“特别领料单”上的单位别、特别领料原因分别统计，再依订单别计算其成本，并定期计算各部门的特别领料金额，于每月第一次工作会报中提出。

图表 4-19 特别领料单

发料日期____年____月____日

发料单位		收料单位	
已加工项目		加工项目	

工量单号码	品名	规格	材质	特征	总重量（kg）	桶数	实重（kg）	单重（ ）	数量	交货日期	交货时间	单价	金额	备注

会签单位		收料单位		发料单位		出桶总数	（桶）	司机单号	
主管		主管		主管					
经办		经办		经办		品管		守卫	

图表 4-20 特别领料作业流程图

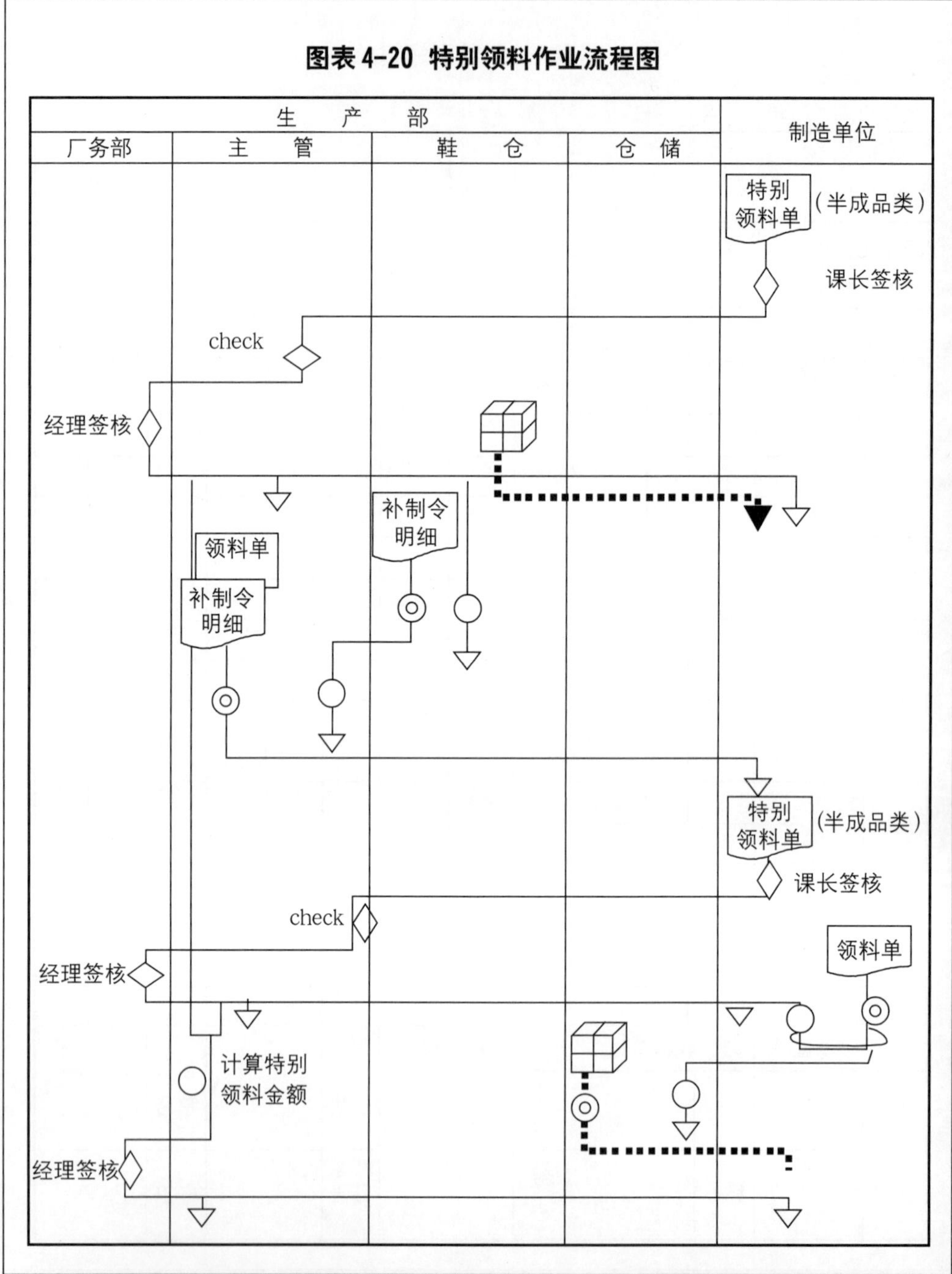

[实例五]E公司领料作业流程及领料单实例

图表4-21 领料作业流程图

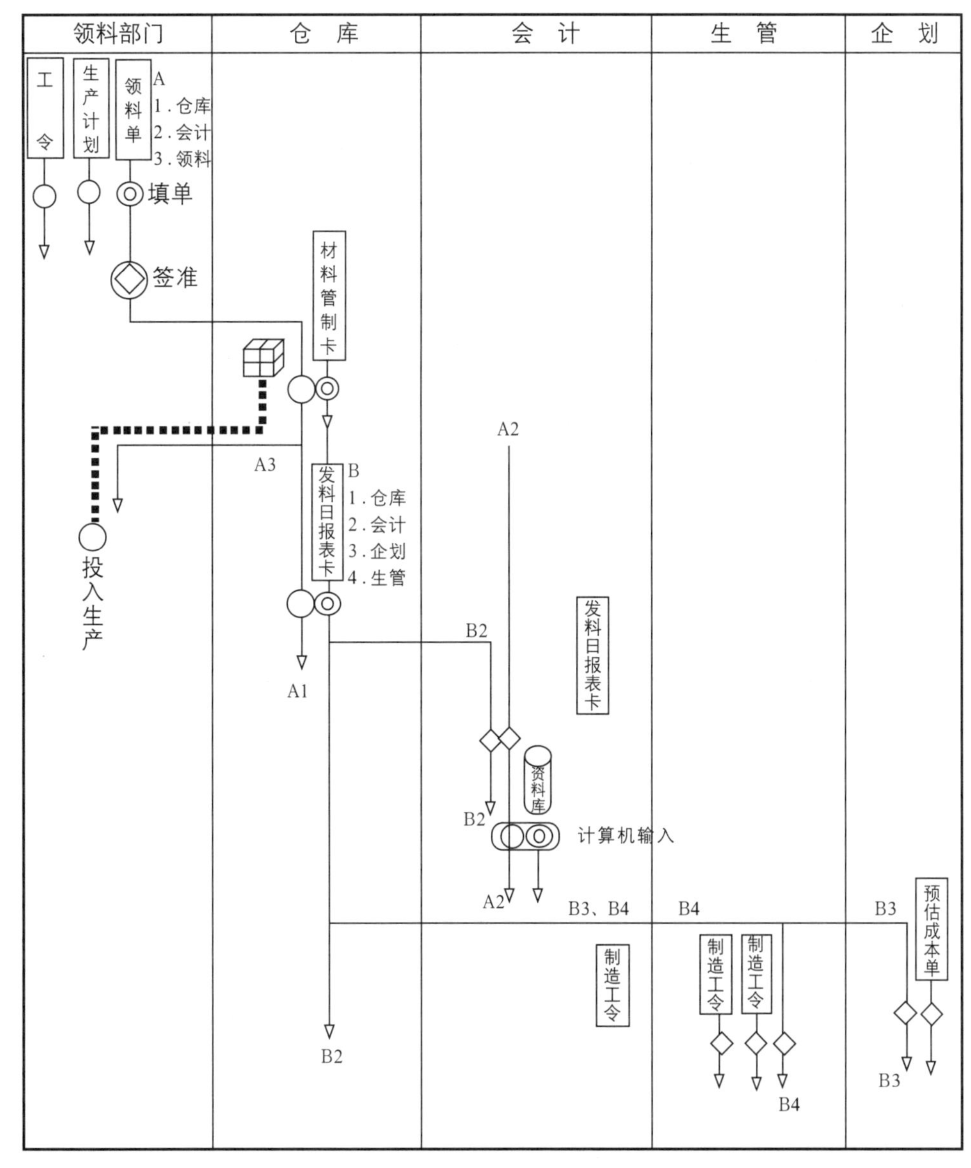

图表 4-22 领料单

厂	领料部门	产品代号	领料日期

制令号码 ________

领料原因代号	科名规格	材料编号	单位	数量	备注

原因代号	1	2	3	4	5	6	7	8	9	计算机键入员	仓库		领料部门	
											主管	收科	主管	经办
领料原因	生产用直接材料	生产用间接材料	样品用开发	外包送料	资料	转至他厂	油漆类	超额领料						

[实例六]F公司领料作业流程及领料单实例

图表 4-23 领料作业流程图

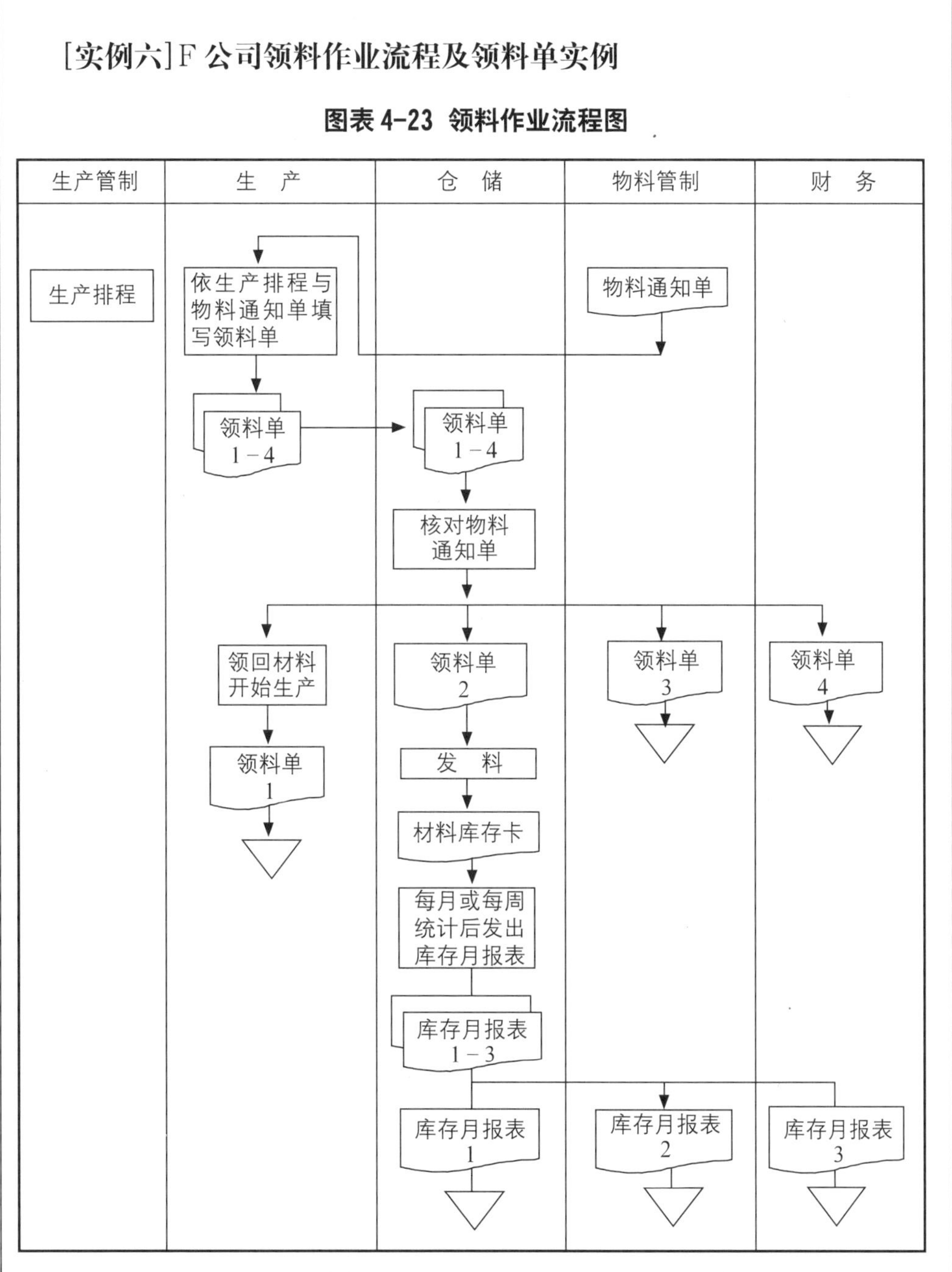

图表 4-24 领料单

编号:__________

日期:__________

制造命令编号	物料名称	物料编号	单 位	请领数量	核发数量

领料人:__________ 发料人:__________ 仓库主管:__________

填表说明:

1.一式四联，发给仓库、物管、生产、财务。由生产部填写申请，由仓库发料后分发各有关部门。

2.领料单所填写的物料，必须与物管课所填发的物料通知单所列的物料编号一致，且数量不得超过所规定核发的数量。

3.仓储课于发料时，须同时核对物料通知单上所规定的数量。

[实例七]G工厂退料缴库管理办法

1．本工厂制造部门的退料，均依本办法处理。

2．制造部门的退料内容包括

(1) 规格不符的物料；

(2) 超发的物料；

(3) 不良的物料；

(4) 呆料；

(5) 报废品。

3．制造部门不良的物料经汇总后，填写退料缴库单一式四联，经制造部门主管核章后，连同不良品送往仓储单位办理退料缴库的工作。(参阅图表4－5:不良物料退料缴库事务流程图)

4．仓储单位的管理人员收到退料缴库单与不良品时先核对无误后核章，退料缴库单第一联由制造部门存查，二至四联连同不良品由仓储单位送往品管进料检验单位，委请进料单位检验。

5．品管检验后将不良品区分为报废品、不良品与良品三类并在退料缴库单上说明，经检验员与品管主管核章后，通知仓储单位领取。仓储单位的管理人员核对无误后，核章后送主管核章，第二联仓储单位存查，第三联送品管部门，第四联送会计部门。

6．仓储单位的管理人员根据退料缴库单第二联，不良品送不良品库并登入不良品账，准备与厂商交换，良品放入料架而登入料账，报废品报废并登入报废品账。

7．规格不符的物料、超发的物料及呆料的退料缴库时，退料的领班或经办人员须先将所退的物料汇总后，须填写退料缴库单并在备注栏上注明规格不符或超发物料或呆料，经制造部门主管核章后，赴仓储单位办理退料缴库的工作。仓储单位的管理人员于核对无误后，第一联由制造课存查，不必经品管检验，而后经主管核章后将规格不符与超发的物料放入料架并登入料账，呆料送呆料库并登入呆料账。

8．制造部门在退料缴库的前后须办理领料工作时，依“本厂仓库领料及发料管理办法”办理。

9．本办法经核准后实施，修正时亦同。

[实例八] H工厂退料缴库管理办法

1．本工厂各部门的退料，均依照本办法处理。

2．退料的内容包括

(1) 规格不符的物料；

(2) 超发的物料；

(3) 不良的物料；

(4) 呆料。

3．规格不符的物料、超发的物料及呆料的退料缴库时，退料经办人员先将所退的物料汇总后，须填写退料缴库单并在备注栏上注明规格不符或超发物料或呆料，经部门主管核章后，赴生产课办理退料缴库的工作。物管人员于核对无误后，第一联由制造单位存查，不必经品管课检验，得以将规格不符与超发的物料入料架，并登入料账，呆料则送进呆料区并登入呆料账。(图表4－25呆料滞品处理单及图表4－26呆料滞品处理作业流程图)

4．对于不良品的退料缴库，先由申请单位填写不良品处理单一式四联，经部门主管核章后，连同不良品送往品管课。[图表4－27良品（未用品）退料缴库作业流程图]

5．品管课人员收到不良品处理单(图表4－28)与不良品时先核对无误后核章，第一联由申请单位存查。品管课判定处理的方法，将不良品区分为销毁、回收、退回厂商、待修予以处理。

6．品管课判定处理方法，经主管核章后，第二联由品管课存查。判定为销毁、回收、退回厂商等三部分的物料连同第三联送往生管课物管组，经物管组人员签收后，回收者放入料架而登入料账，退回厂商者送不良品区，并登入不良品账，由资材课负责退回给厂商；销毁者送报废库并登入报废品账。待修者则送制造单位修理，修理完后依良品的退料缴库流程办理。不良品处理单的第三联由生管课存查，第四联则送往经理室。(图表4－29)不良品（已用品）退料缴库作业流程图

7．本办法经总经理核准后实施，修正时亦同。

表单使用说明书

①表单名称：退料缴库单（略）

②功　　能：提供退料资料和处理的依据

③联　　式：一式三联

a．物管组

b．品管课

c．制造单位

④填表人员：制造单位

⑤使用说明：

a．由制造部门填写

b．良品的退料不需经过品管课判定，依照退料缴库管理办法。

图表 4-25 呆料滞品处理单

______年___月___日

件号	名称	数量	进库日期	最后异动日期	呆滞原因	处理办法	单价	总价

厂长　　　　　　　　　　　　生管课　　　　　　　　　　　　物料员

表单使用说明书

① 表单名称：呆料滞品处理单

② 功　　能：提供呆料资料和处理的依据。

③ 联　　式：一式五联

a. 处理单位；

b. 业务部；

c. 产品研究设计单位；

d. 财务部门；

e. 生管课。

④ 填表人员：物料人员

⑤ 使用说明

a. 每月由物料人员统计存放在仓库超过半年未异动的材料和成品资料，填于"呆料滞品处理单"（参阅图表4-25）。

b. 由生管课课长于生产协调会中提报，并讨论处理方式后填于本单上。

e. 处理单位依处理方式参考本单资料进行处理。

⑥ 字段说明

a. 最后异动日期：指上次异动账卡日期。

b. 呆料滞品原因：写明造成存放过久的原因，如订单取消、变更设计等。

c. 处理办法

Ⅰ. 暂存；

Ⅱ. 转用；

Ⅲ. 转卖；

Ⅳ. 修改；

Ⅴ. 作废弃品出售；

Ⅵ. 其他。

图表 4-26 呆料滞品处理作业流程图

物料组	处理单位	其他单位	财务单部门	说明
填呆料/滞品处理单 ↓ 呆料处理单 1－5 ↓ 生产协调会提报 ↓ 决定处理方式及填入处理单 ↓ 呆料处理单 4	处理 ↓ 呆料处理单 1 ↓ 下次生产协调会提报	填表人核章 呆料处理单 2、3 2、业务 3、产品研究设计单位	呆料处理单 5	(一)每月一次由物料组提报存放在仓库超过半年没有异动的材料资料。 (二)在生产协调会提报并讨论处理方式。 (三)处理方式: 1．还有使用价值继续存放仓库。并要求业务优先推销该项料所制的产品,并请产品设计单位优先考虑使用。 2.报废出售。 3．转卖给适用的供应厂商或关系企业或其他公司。 4.其他。

图表 4-27 良品（未用品）退料缴库作业流程图

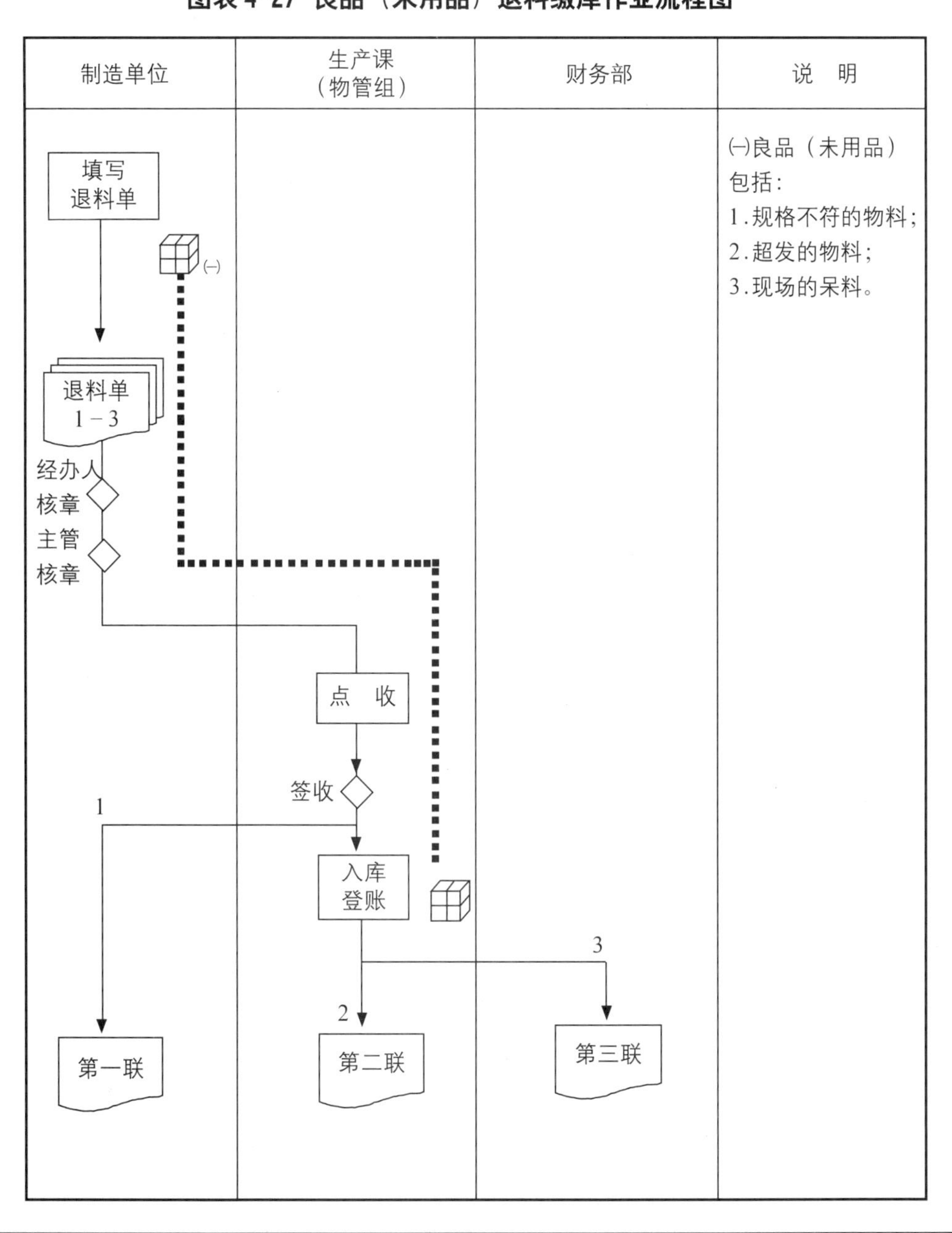

图表 4-28 不良品处理单

① 机种	② 名称	③ 单位	④ 数量	⑤ 不良原因	⑥ 处理方法	⑦报废金额	
						单价	总价

单 位	申请单位		品管课		经 理	厂 商	厂 长
	填表	主管	承办	主管			
签 章							

第一联：申请单位存　第三联：生管课存
第二联：品管课存　第四联：送经理室

说明：⑴右上角类别栏由申请单位依财物别在下面所属空格内用“✓”注。

⑵⑥栏视财务类别由品管判定后填写处理方法填写记号 A 销毁、B 待修、C 退回厂商、D 回收。

⑶⑦栏外包品由采购填写，厂内部由生管填写。

图表4-29 不良品（已用品）退料缴库作业流程图

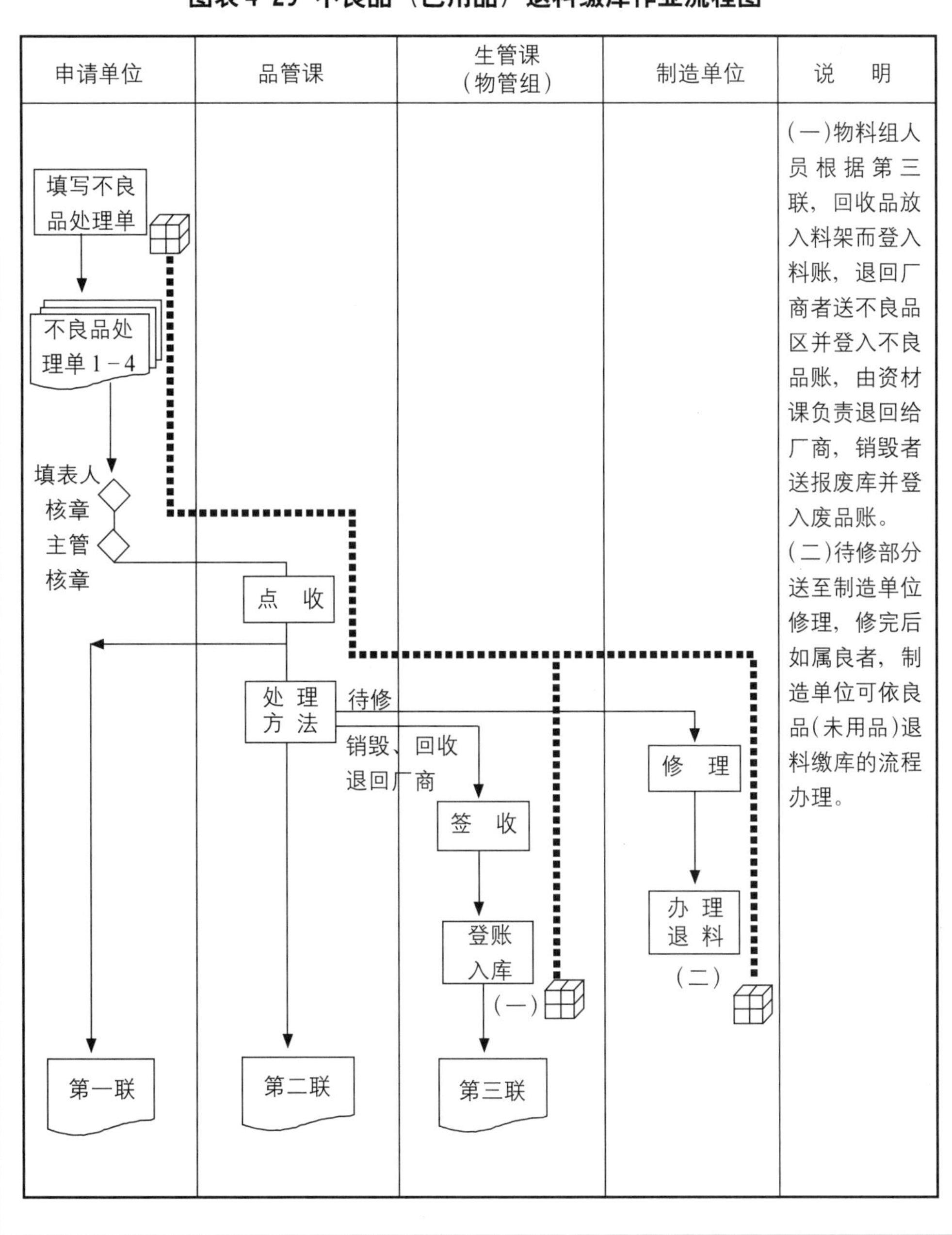

[实例九] K公司材料退库流程及退料缴库单实例

图表 4-30 材料退库流程图

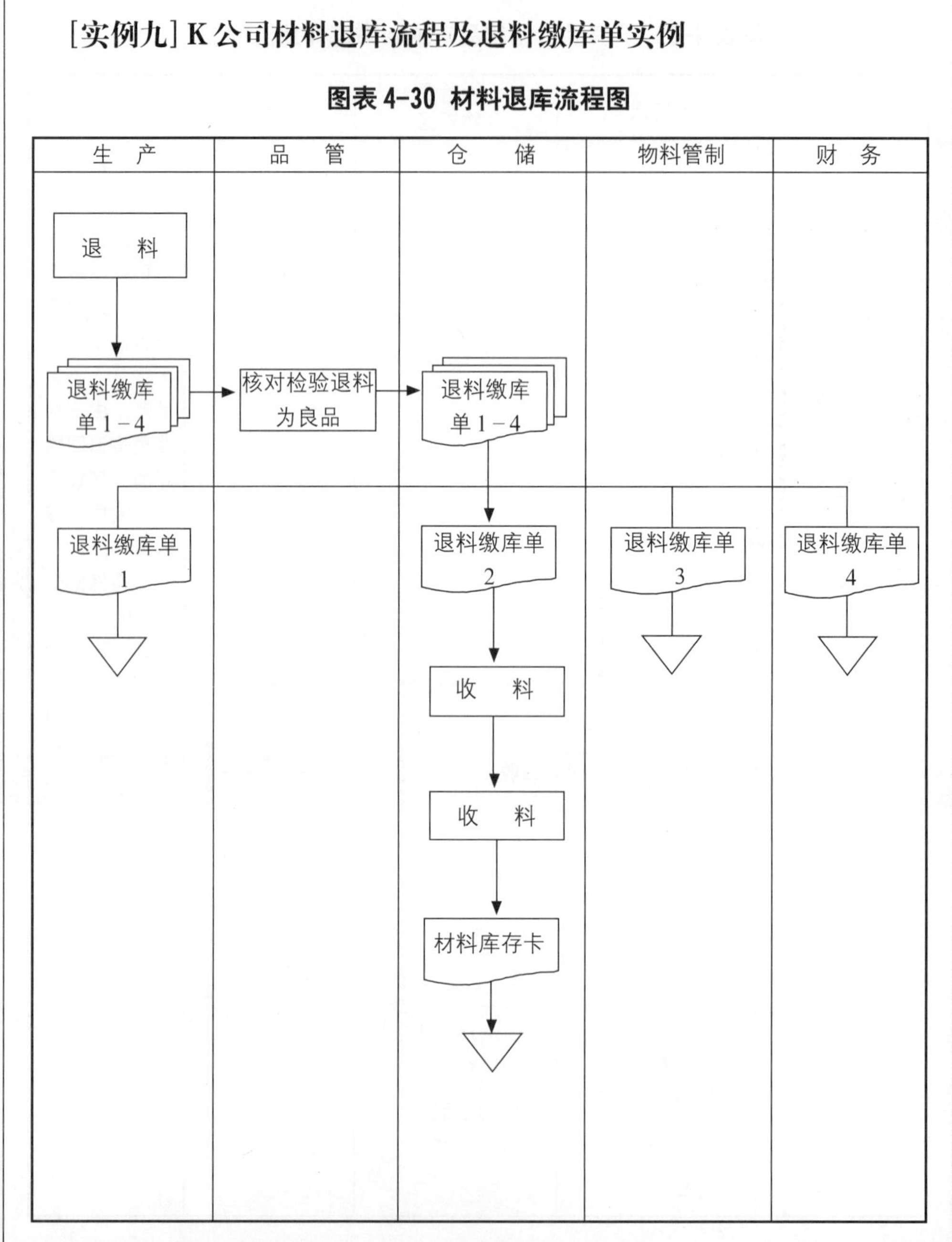

图表 4-31 退料缴库单

编号：__________

日期：__________

制令编号	物料名称	物料编号	单位	退回数量	备注

生产部：__________ 仓库主管：__________ 品管检验员：__________

填表说明：

1.一切退料缴库时，必须经品管检验员鉴定所退回缴库物料的品质。

2.一式四联分送仓库、物管、生产、财务单位。

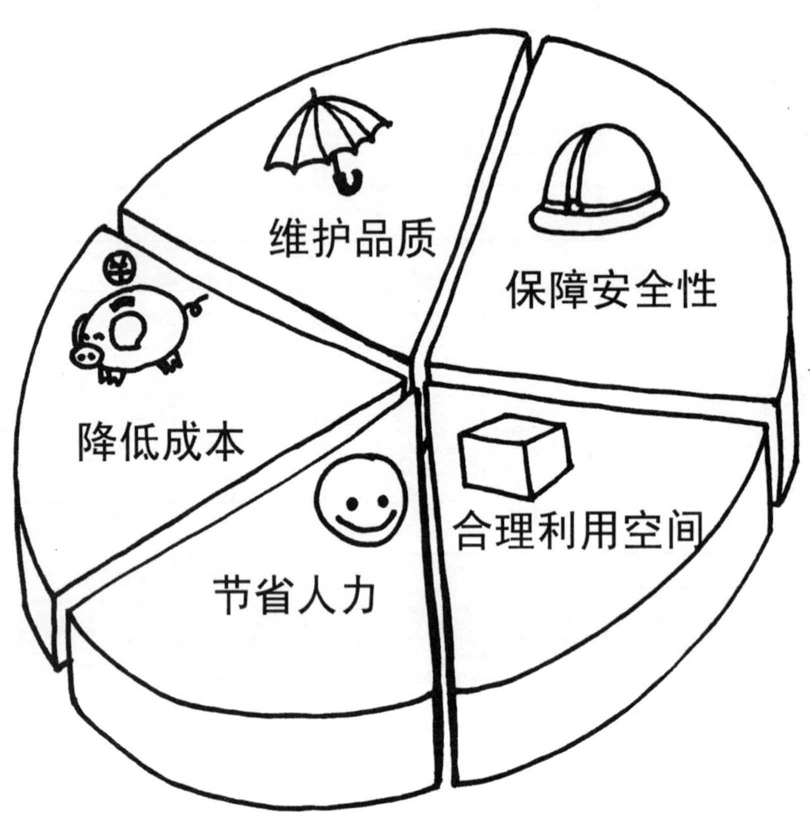

推行仓储管理的功能

第五篇 存货管理

一、企业存货

二、存货管理

三、存货管理的方法

四、存货的作业方式

五、降低存货的方法

六、存货管理的规章、办法及制度实例

最优领发料工作是使生产部门能够适时、适质、适量地获得物料

第五篇 存货管理

在企业的营运活动中，存货为总资产中变动资产的一环，因此，存货管理的好坏不但会影响企业的营运，而且会影响到产销平衡，简而言之，如何掌握存货动态，并善用存货是企业营运活动的重要手段之一。

本篇主要说明存货的含义、目的、类型、成本结构，存货管理的含义、目的、基准、方法、及作业方式与案例分析，以及企业降低存货的方法及注意事项，以作为企业管理存货及善用存货的参考。

一、企业存货

1．存货的含义

存货是指企业现有的材物料、半成品、成品等资产，具有经营价值，储存于仓库中，主要为产销平衡之用。

2．存货的类型

⑴ 依存货性质分类

① 原料

原料是指从大自然开采的物料（例如铁矿、石油、煤等）或放置工厂而尚待加工的货品。

② 在制品

原料经过加工但还未变成产品之前，又称为半成品。

③ 成品

是指公司的产品，其成本是工资、材料费和管理费三者的总和。

④ 组合件

它的来源包括自制或采购两种，组合件可区分为简单零件和复杂零件（例如马达、发电机等），以及其他零副配件等。

⑤ 间接材料

它是在生产过程中所消耗的材料，但并不存在于末级产品之中，如滑润油、机器的修理零件、清洁剂、亮光剂，及其他间接成本项目。

(2) 依存货功能分类

① 批量存货

● 成品批量存货

为节省生产成本，生产一批大于销售部门所需数量的货物所产生的存货。

● 在制品批量存货

为了节省设施准备成本或减少仓库发料的负荷，制造一批大于当时生产所需的制品所产生的存货。

● 原料批量存货

为了节省采购成本或检验成本，订购一批大于当时生产所需的原料所产生的存货。

② 需求变动存货

由于顾客需求变动或预测误差所造成的存货。

③ 供应变动存货

由于供应或购备时间的变动所造成的存货。

④ 预期存货

向国外采购的材料，由于船期可能发生变动而必须储存待用的存货，或为改换供货商未来预期需求所建立的存货。

⑤ 运输存货

将物料运到其他地区，在途中所产生的存货。

⑥ 投机存货

为了节省材料成本，在低价时大批买进所产生的存货。

3．存货的目的

① 有了存货，连续性生产的原料投入不至匮乏，以利达成生产计划的目标。

② 由于各产品建立存货，因此可进行多样化产品的间断性生产。

③ 存货能使产品的连续加工阶段化，因此，既使生产过程中间有一阶段发生故障，因有了半成品存货，亦不会使整个生产系统受阻。

④ 建立存货，可以使生产得到均衡，人员与设备有了调节。

⑤ 存货能防备未来可能因罢工、涨价或通货膨胀所造成的交货不确定性。

⑥ 有了存货的先决条件，才能获得经济批量与数量折扣的益处。

⑦ 有了存货，可以满足不同地点、不同需求的顾客，以及能够具备一定的支持能力以迎合立即性和季节性需要。

4. 存货的成本

一般影响存货的成本因素，可分为下列四种：

⑴ 购置准备成本

在购料时不但需支付购置费用，还须支付获得该项物料所必须的各种准备与处理费用，此等费用于购料时称为订购手续成本，于自行产制时，则称为生产准备成本。

⑵ 购置成本（或购买成本）

物料的购置成本是为物料成本中最重要的因素，除随市场供需关系而有时高低无法控制外，通常均以每批的购买量而定。当数量超过某一限度时，物料的单价可能随其购买量的增加而减少，但也可能随购买量的增多反而增加。

⑶ 存储成本

物料的存储须分摊仓储费用，此即存储成本，通常包括下列各项：

① 资本的利息支出；

② 保险费；

③ 损毁或跌价损失；

④ 仓储费用；

⑤ 仓储管理费；

⑥ 其他租金等。

⑷ 缺货成本

由于物料存货不足，未能满足需求所导致的各项损失称为缺货成本。通常包括下列各项：

① 停工待料的损失（包括设备与人工闲置的损失）;

② 因缺货而赶工交货所需支付的加班费用等;

③ 延期交货引起的信誉或赔偿损失;

④ 因缺货而丧失顾客的损失。

二、存货管理

1. 存货管理的含义

存货管理是指运用计划及控制方法于处理存货作业上，又称存货或存量控制，是为使物料的库存量经常保持适当的标准以免过多或过少，造成资金积压，浪费仓容，增加保管困难或供不应求，以及停工待料的控制方法。

简而言之，存货管理重在研究以最佳的方法控制原料、制品、零件、工具及用品的种类与数量，一方面配合企业内各种生产的需要，另一方面使产品保持最低的物料成本。

存货管理具有两种重大的含义:

⑴ 确保生产所需的存货，以能配合企业内各种生产进度而提供顾客满意的服务;

⑵ 设立存货控制的基准，以最经济的订购方法与存货控制方法，对企业内部所有的产销活动作最佳的供应。

2. 存货管理的目的

⑴ 财务方面:使营运资金的结构保持平衡。

⑵ 财务保护方面:

① 防止有形资产被窃;

② 使存货的价值在账簿上能有正确的记录。

⑶ 作业方面:

① 使生产与营销活动取得全面平衡;

② 使存货因变形、变质、陈腐所生的损失减至最少。

3. 存货管理的中心问题

存货管理在控制物料的存量方面，以尽量降低存储成本及充分配合生产的需要。通常存货控制牵涉到下列三个中心问题:

(1) 何时必须补充存货

即决定订购点的问题。若订货时间过早，则存货增加，增加物料的存储成本与占用资金;若订货时间过迟，则物料用尽，新料未进厂，而造成待料停工或坐失商机的损失。

(2) 必须补充多少存货

即决定订购量的问题。若订购数量过多，则存储成本增加并积压资金;若订购数量过少，订购次数势必增加，则引起订购成本大增，而且物料的供应有中断的可能。

(3) 应维持多少存货

即决定存量基准的问题。存量基准包括最低存量与最高存量。

4. 存货管理的存量基准

控制存货的重要工作，乃为制定各种物料的“存量基准”，以便物料控制者随时衡量存货的多寡，及时予以补充及处理。一般而言，存量基准可分为下列四项:

(1) 最低存量

最低存量是指在特定时期内，物料库存数量应予维持的最低界限;而最低存量可分为理想最低存量及实际最低存量两种。

① 理想最低存量

又称购备时间耗用量，当物料存量降低至此界限之时，必须即刻请购或设法补充，否则即有停工待料的可能。

② 实际最低存量

也称为最低存量，为安全存量与理想最低存量之和。

(2) 最高存量

各种物料均应制定其最高存量，它指在特定时间内物料库存数量的最高界限。此界限并非购储物料的目标，乃是限制存量的标准。

(3) 请购点

请购点为存量降至某一数量时，应立即请购补充之点或界限。

(4) 请购量

请购量为存量已达请购点时，决定请购补充的数量，按此数量请购，方能配合最高存量与最低存量的基准。

(5) 经济订购量

一次请购最经济的数量，称为经济订购量（简称EOQ），所谓最经济是指符合筹供最低总成本;因此，经济订购量就是符合筹供最低总成本的订购量。

(6) 经济批量

是指最低总成本下的批量，也称为“修正的经济订购量”。

(7) 安全存量

安全存量是指为使生产线不发生停工待料的现象，特做安全准备，事先堆积一些存量。

安全存量能否降低，在于能否掌握购置时间与物料耗用，当购置时间与物料耗用的变异小，则安全存量可降低很多，反之，则安全存量必增加。

此外，因内部管理不善，浪费的存量、呆料与废料使得实际存量超过正常的存量甚多，导致需要有安全存量(如图表5－1所示)。

安全存量必须能够达到免除因缺货而造成损失的水平，才有意义。而其计算方法有多种，现简述两种较常用的计算公式如下:

① 在定量订购制下的安全存量计算公式为

$$R_2 = \alpha\sqrt{T_1} \times \sigma_s$$

式中:R_2＝安全存量

α＝安全系数

T_1＝购置时间

σ_s＝每日（单位时间内）耗用量的差异。

图表5-1 安全存量因素图

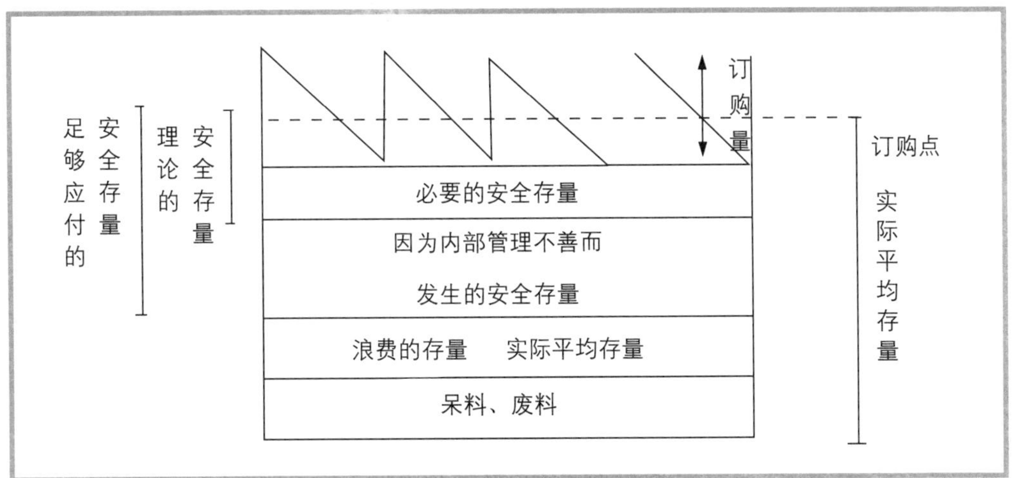

② 在定期订购制下的安全存量计算公式为

$$R_2 = \alpha\sqrt{T_1 + T_2} \times \sigma_s$$

式中:R_2 =安全存量

α =安全系数

T_1 =购备时间

T_2 =订购周期

σ_s =耗用量的差异。

三、存货管理方法

1. ABC分析法(ABC System)

存货需要控制，但并非所有的存货都需要做相同程度的控制。

存货控制第一步是先将所有存货项目建立详细的资料，每种物料的存货其重要性并不相同，因此，应采取的控制程度也有所不同。

存货的项目可归为ABC三类。A类的存货项目少，但金额相当大，属于重要的少数。C类的存货项目相当多，金额却很少，则属于不重要的大多数。B类介于A类与C

类之间，存货项目与金额大致上占有相当的比率。

ABC分析法乃伯拉图(PARETO)法则的应用，是美国奇异公司研究该公司某一工厂的库存物料所发展而成的分类法。其分析法强调对于一切工作，应有“根据其价值的不同，而有不同的努力程度，以合乎经济原则”的概念。

ABC分析法提供一套很有效的管理工具。所有存货项目分为ABC三类，可以求得ABC三类存货项目与金额的相互关系，然后对ABC三类存货作不同程度的管理。典型的ABC分析中ABC三类存货间的关系如图表5－2所示。且由图表5－2可知A类存货项目只占20%，价值却占70%；B类存货项目占30%，价值占20%；C类存货项目只占50%，价值却只占10%。若以曲线表示ABC三类存货间的关系，则可绘出一条典型的ABC曲线（如图表5－3）。

依据ABC分析法分类的物料，一般是依照下列的具体方法实施不同的控制：

(1) A类物料

① 采用定期订购的方式，对其存货必须作定期的查核；

② 严格执行盘存，并尽可能降低存货；

③ 交货期限须加强控制，在制品及发货也须控制。

图表5-2 ABC类存货间的关系图

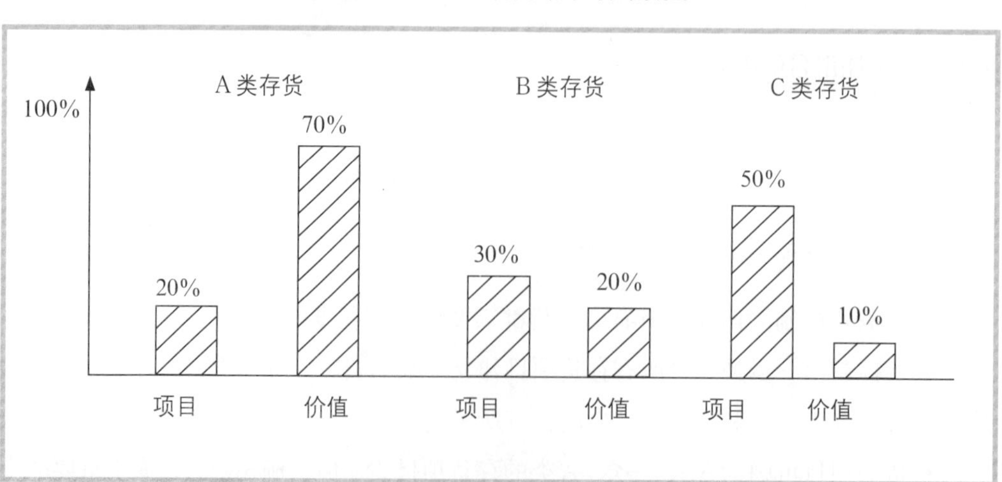

图表 5-3 ABC 曲线图

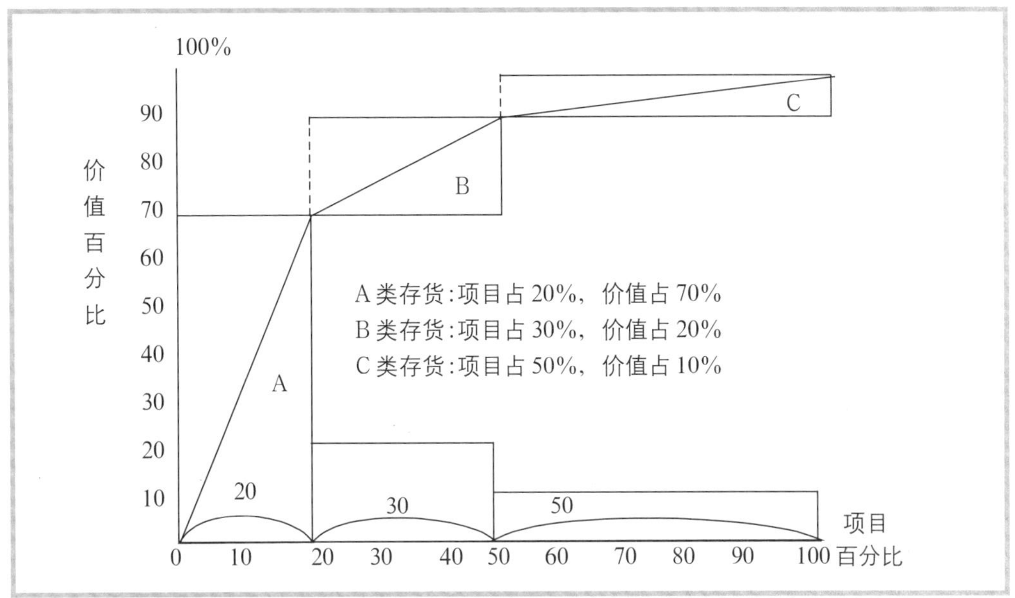

(2) B 类物料

① 仅在存货的调整期限上，可以比照 A 类办理；

② 金额较高的物料可采用定期订购或混合订货方式。

(3) C 类物料

① 采用订购点（即请购点）以求节省手续；

② 安全存量须较大，以免发生存货短缺情况。

2. **复仓制**(Two-Bin Control System)

复仓制适用于ABC分析中的C级物料的存货控制，即价格低廉而使用量多的项目(例如文具用品等消耗品)。

此方式加以改进也可叫做定量存货订购系统(图表5-4)。即预先准备两箱，最初将两箱装满采购的相同材料或零件，若库存品出库使用时，仅由其中一箱供应需求量，如此，其中一箱用完后，再使用另外一箱，同时发出订购，将用完的箱装满后储存，这样反复地连续使用。

图表 5-4 复仓制的原理

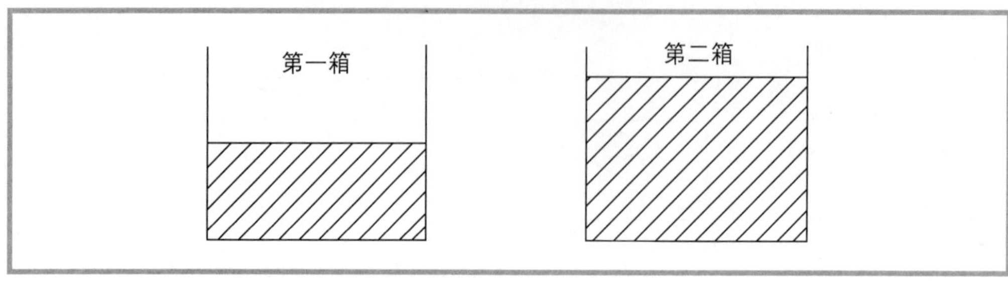

3. **定量订购制**(Fixed Quantity Ordering System)

当存货到达某一既定的水准（即请购点），便开始发出请购单以着手补充库存量，这种“请购量一定而请购时期不一定”的存货控制法即为“定量订购制”。

定量订购制的中心问题即为一次要订购多少才合乎经济原则，此即经济订购量的问题，以 ABC 分析当中的 B 类物料项目最为适用。

(1) 基本图形（如图表 5－5）

图表 5-5 定量订购制图

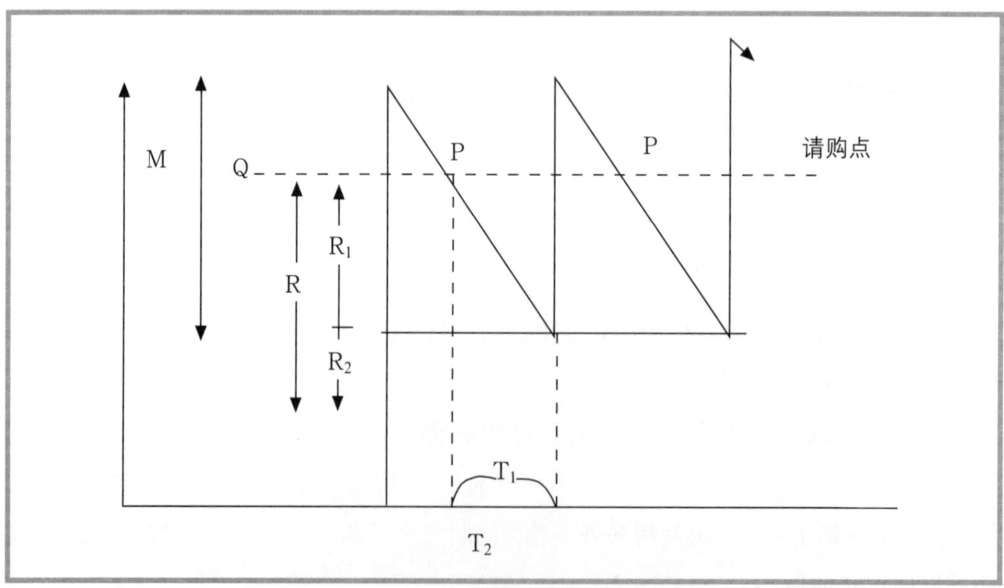

⑵ 存量基准的计算方法计算如下

① 最低存量:$R_1 = T_1S$(理想最低存量)

$R = R_1 + R_2$(实际最低存量)

$= T_1S + R_2$

② 最高存量:$M = T_2S + R_2 = Q + R_2$

(M:最高存量)

⑶ 请购点:$P = R_1 + R_2 = R$

⑷ 请购量:$Q = T_2S$

Q =请购量(即经济请购量)

S =每日耗用量

R =实际最低存量,即最低存量

R_1 =理想最低存量,即购置时间耗用量

R_2 =安全存量

T_1 =购备时间(以日数计)(Lead time)

T_2 =一个生产周期的时间(以日数计)

P =请购点

定量订购制即库存量一到请购点就可机动地订购固定数量的物料,故库存量经常保持于最高存量与最低存量之间。

定量订购制的优点是有安全存量的规定,可以防止不测之需,但有下述两项缺点:

① 在业务正常情形下,安全存量即变为呆料;

② 请购点及请购量为定量;请购量在每次请购中,均购置最高存量。

4. 定期订购制(Fixed Period Ordering System)

定期订购制即事先决定固定的期间,进行补充库存量。定期订购制适用于ABC分析中A类项目的物料,每个订购周期订购一次,而订购量是当时的存量与最高存量的差额,故订购量不一定。

基本图形（如图表5－6）及计算方法如下：

在定期订购制下，请购日既已固定，故可决定订购数量如下：

订购量＝最高存量－已购未入量－现存量

已购未入量与现存量均有资料可查，至于最高存量的求法如下：

最高存量＝（购备时间＋订购周期）×耗用率＋安全存量

定期订购控制法与定量订购控制法为存货控制法当中最重要的两种方法，一般而言，物料耗用金额较大者可用定期订购控制法；用量零星或价格低廉的物料以应用定量订购控制法较为合适，现将这两种方法加以比较如图表5－7。

5．基本存货控制法

(1) 基本图形（如图表5－8）

(2) 存量基准的计算方法如下：

① 最低存量：$R = T_1S\ (1 + X)$

② 最高存量：$M = T_2S\ (1 + Y)$

图表5-6 定期订购制图

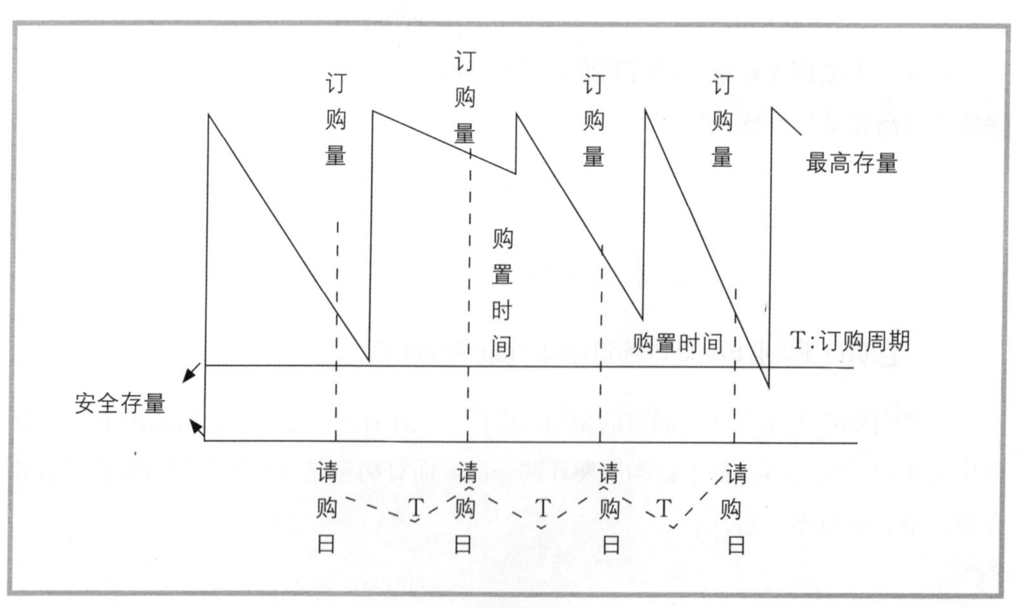

图表 5-7 定量、定期存货控制方法比较表

比较项目 \ 存货控制方法	定量订购制	定期订购制
存货价值	价值低	价值高
所需控制程度	宽松	严格
控制项目多寡	包括项数不妨极多	限于少数重要项
存货订购时间	随时（不妨为变动的）	定期（固定的）
所需安全存量	较低	较高
销用金额	小	大
用量变动	小	大
订购量	不妨为固定的	变动的
用料预算计划	经常用料预算	资本支出草案
控制基准的变通性	最好能确定控制基准	不妨酌情取舍
购置时间	较短较佳	较短较佳
销用预测	与过去相同	短期预测比较可能

图表 5-8 基本存货控制图

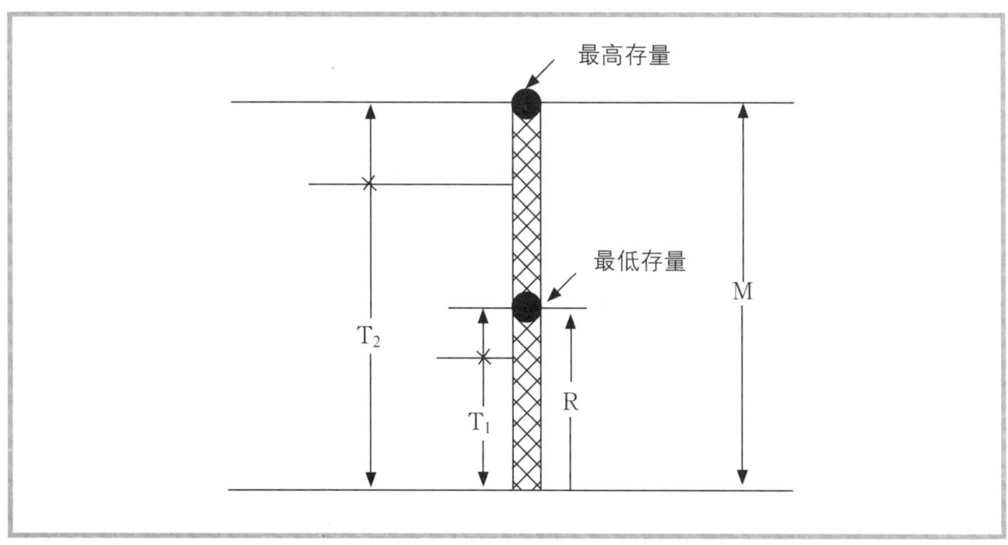

③ 请购点：请购点在最高存量与最低存量之间，可配合各项因素酌量升降，但以最低限度不低于最低存量基准为原则。

④ 请购量：请购量分最高与最少两种，视财力及需求而定

最高：请购量 = M －（A + B － C）

（M：最高存量）

最少：请购量 = R +〔R －（A + B）－ C〕

T_2 = 一个生产周期（以日数计）

T_1 = 购置时间（以日数计）

X = 购置时可能的时间延误及数量损失的百分比因素

Y = 一个生产周期中可能超出预定用量的百分比因素

S = 平均每日耗用量

A = 实存量（即在库房中的实际存量）

B = 待收量（即已订购但未到的数量）

C = 配定量（即已配定还未发出的数量）

此法的优点为：①呆料的发生机会少，可使固定投资额减少；②请购点与请购量的规定较有弹性。但此法无安全存量是其缺点，虽然有X、Y两个因素，但仍不足以应付不测之需。

四、存货的作业方式

1．存货的整理作业

存货的整理与保管为仓储管理的重要工作之一，为了确保账物一致，存货应定期盘点，日常则要注意存货的整理，并核对储位卡（图表5－9）的正确性，存货的整理作业重点如下：

(1) 分类存放；

(2) 按类目料号排列；

(3) 危险性材料应隔离保管；

(4) 易破损物品放置较低且安稳的场所并标示；

(5) 贵重材料应加锁保管；

(6) 物品堆积时应考量耐压程度；

(7) 注意物品有效日期；

(8) 注意温度、光线、湿度的影响；

(9) 照规定领料，严禁非管理人员进入仓库；

(10) 有效利用空间。

图表 5-9 储位卡

料 号： 品名规格： 储位：

日 期	入库数量	出库数量	结存量

2．存货的账务处理

为了随时掌握存货状况，且配合存货管理方式进行存货的控管，日常作业即需要依物料分类将收发状况的异动登录于账册（如图表 5－10 或图表 5－11）或输入计算机作账，以备随时查询。

图表 5-10 用料登记卡

物料编号： 存储位置： 存量基准：

日期			单据字号	进料数量	领料数量	单 价	结存数量	备 注
年	月	日						

图表 5-11 库存卡

储存位置 ____________________
最低存量 ____________________
最高存量 ____________________

卡号 ______________
单位 ______________

物料编号			物料名称		规格	
日　期	凭单编号	收入数量	发出数量	结　存	备　注	

填表说明：①本卡适用于一切储存于仓库的物料，包括原料、成品与废料。
②凭单编号是储存物料的不同，而登记不同的凭单号码：

类　别	凭单：入	凭单：出
原　料	验收单	领料单
成　品	入库单	提货单
废　料	报废单	报废处理单

③本卡以物料的编号分类。

3．存货的统计资料

定期（日、周、月、年）制作存货报表，以作为掌握存货资料的依据，并为存货规划与管控之用（图表5-12）。

图表 5-12 库存月报表

日期：

物料编号	物料名称	单位	上期结存数量	本月入库数量	本月领出数量	结存数量	备注

经办人：　　　　　　　　　　　　　　　　主管：

五、降低存货的方法

企业致力于降低存货投资,可以舒解资金调度的压力及确保预期的资产周转率;而若致力于降低销货成本与费用，则可以确保营业利益及销售边际率。因此，解决资金压力、降低生产成本、确保交货期的最好方法之一是在企业内迅速有效地降低积存过多的存货。而迅速有效降低存货的方法宜从库存材料、在制品存货、半制成品库存及制成品存货等方面着手。

1. 降低材料存货法

⑴ 从材料ABC分析表中，选出第一至第十项“A”类材料。

⑵ 查核库存资料记录表，并到仓库实际盘点该十项存量，以证明资料的准确性。

⑶ 仔细审核需要用到此十项材料的各类产品的用料计划，若有需要则与生产管理人员研究并修正。

⑷ 根据修正后的库存材料状况及用料计划，算出往后每星期的实际进货需求量。

⑸ 至采购部门查核此十项材料未交订单的交期与数量。

⑹ 由工业工程人员与采购人员依状况订出标准单位包装数量。

⑺ 对此十项材料，其采购地区、体积大小、过去交货品质等状况，逐项订出其标准存货水准。

⑻ 经由物料需求MRP的计算，重新安排未交订单到厂的日期与数量，使其在短期内达到标准存货水准。

⑼ 编绘此十项材料的存货趋势图以制定每星期的目标存货水准，由材料管理部门每星期汇报实际存货状况。

⑽ 高阶管理人员每星期审核绩效，若有异常，由材料管理部门及采购管理部门解释原因，并立即采取改正行动。

⑾ 第一至第十项“A”类材料管理纳入正轨后，再逐次推展至其他A类及B类材料，一般而言，只要控制20%的项目就可达到80%以上的材料金额。

2．降低在制品存货法

⑴ 标准存货水准的设定；

⑵ 作业水准的设定与改善；

⑶ 材料投入与产品产出的控制；

⑷ 动态制程管理技术的开发；

⑸ 管理报表的运用与绩效的审核。

3．降低半制成品存货法

⑴ 经由物料需求MRP计算出各种半成品每星期的实际需要量；

⑵ 根据降低批生产量的原则，订出标准最佳批量；

⑶ 对每类半成品订出其标准存货水准；

⑷ 编订制程，并算出每种半成品每星期的预期存货水准；

⑸ 比较预期存货水准与标准存货水准，若前者合理地接近后者，则接受此制程；

⑹ 根据每星期预期存货水准及标准存货水准，编制半成品存货趋势图，并由生产与材料管理部门，每星期具报实际存货状况，再与预期存货水准比较，一有显著差异，立刻找出原因解释，并采取改正措施。

4．降低制成品存货法

⑴ 由销售部门依据销售预测表提出成品运交计划表，详列三个月内的每星期产品运交类别及数量。

⑵ 盘点成品仓库，编订正确的成品存货状况。

⑶ 根据成品清点资料及成品运交计划表，找出存货过高项目，由销售部门与生产管理部门解释其原因，并提出立即降低成品存货的具体建议，以期迅速降低成品存货。

⑷ 依据修正的成品运交计划表与年度销售预测表，由生产管理部门重新拟订生产计划表。

⑸ 依据修正过的成品运交计划表及产出计划表算出每星期每项产品的存货状况。

(6) 由高阶主管、销售与生产管理部门共同审核成品存货预期水准，经由各部门及高阶主管认可后，责由生产管理部门编绘成品存货趋势图。

(7) 每星期由生产管理部门具报实际产出、运交及存货状况，并与预期数字比较，一有显著差异，立即找出原因责由有关部门解释，并立即采取改正措施。

六、存货管理的规章、办法及制度实例

[实例一]A公司存货管理办法

1．本公司为有效控制存货，特制定本办法。

2．本公司对存货的控制均依本办法办理。

3．库存物料为存货控制作业上的需要，应分为经常备用物料（以下简称常用料）及非经常备用物料（以下简称非常用料）两类：

(1) 常用料——凡为工程、维护及营运设备所普遍使用，必需储备安全存量以便经常领用的物料。其中领用频度较高、数量较多的装机维护用物料，另称为“定额周转料”。

(2) 非常用料——凡用料部门所要求仅用于某特定工程或用途的物料，而物料部门未能调用且无需作安全存量储备的物料属之。凡不属常用料者均属非常用料。

4．常用料应参照用料预算耗用记录及库存情形实施存货控制，并视其耗用情形与供料计划分别制定存货基准，据以筹供控制。非常用料，应依照用料预算及用料部门的估需或请料据以筹供调配，不作存货控制。

5．常用料应分别制定下列存货基准办理存货控制：

(1) 最低存量——在正常购办进度及耗用情况下为免供料短缺所需储备的存量（或称安全存量）。

(2) 请购点——库存耗用至某一限度即须请购或请补充的存量点。

(3) 最高存量——在正常购办进度及耗用情况下库存不应超过的最大存量。

6．物料依其筹购机构的不同应分为下列三类：

(1) 调拨物料——由总、分公司统一筹购后分配的物料属之。

(2) 自购物料——由总、分公司授权分、支公司筹购后收料入库列账的物料属之，如工程配合物料及本公司及个案核准的自购物料。但特殊物料一次领用且以后不再购用者，可直接从相关会计科目列支，不须列收料账。

(3) 零星消耗物料——由分公司或授权支公司筹购后，不必收料入库列账，可直接以相关的会计科目列支的物料属之，如零星物料及消耗工具。

7．各公司物料部门请购补充物料，除依据购料预算办理外，应参考物料性质、来源、用途、用量、需要时间、购办时间、仓储容量、运输情形、财务状况、资金利息等因素请购补充。

8．调拨物料中的常用料采取下列方式请购补充：

(1) 一年补充一次——凡用量较小或购办需时较长的物料属之。

(2) 定期循环补充——凡来源稳定分月分期用量较为均匀的物料属之。

(3) 定量循环补充——凡库存量降至请购点时，其请购量不超过最高存量的物料属之。

9．调拨物料中的非常用料视用料部门的需要，于用料预算范围内依其估需或请料资料随时请购补充。

10．常用料存货控制的策划与执行分下列方式办理：

(1) 全区存货控制——由总公司物料部门的供料计划部门策划、拟订、监督与执行。

(2) 各区物料库供料区存货控制——由各分公司物料库协调总公司物料部门，并依照全区存货控制计划的范围，自行策划、拟订与执行。

(3) 各支公司库号仓库存货控制——调拨料由当地库号仓库负责人与分公司物料库协调后自行拟订与执行。自购料由当地仓库负责人与当地公司物料部门协调后自行拟订与执行。

(4) 零星消耗材料的存货控制——由各公司的物料部门协调用料部门后自行拟订与执行。

11．各公司为供一般装机及经常维护，经分公司核定在一定时间内必须储备定量的特定物料，应实施定额周转料供应方式如下：

(1) 种类——由分公司物料部门制定。

(2) 周期——每半月或一个月为一周期，每一期内的领用量，由分公司物料库视物料的性质、运输、使用情形及库存状况分别、主动补足其差额。

(3) 存货水准的拟订与修正——由分公司视各支公司仓库以往耗用记录及需求状况拟订周转料的存货水准，以后并可视用料情况变化，随时检讨修正。

(4) 各分公司物料库应参照计算机列出的“定额周转料库存情形报告表”(图表 5-13) 资料，并视各用料部门需要状况按期定时主动供料补充。

12. 项目工程计划用料及开放装机可能有高峰时期者，应以每三个月用量为一期，由用料或设计部门预估，送物料部门汇总填造物料估需表，送分公司物料部门办理。此估需表仅作为筹料及分配物料的参考，并非物料的请拨。用料部门实际用料时仍应视实际需要情形，以请拨物料单向分公司物料库请拨。但已购到经分配收料者，则毋需再办请拨。

13. 除定额周转料外，各公司需用物料时，应由物料部门以请拨物料单向分公司物料库请拨。分公司物料无库存时，应转送分公司物料部门办理。分公司物料部门无法办理部分得转送总公司物料部门办理。

14. 各公司遇有紧急情况需要用料，以免影响工程、业务或通信维持时，得向分公司物料库紧急请拨物料。

15. 本办法经总经理核准后实施，修正时亦同。

图表 5-13 定额周转料库存情形报告表

库　　号:__________　　　　　　　　　　　　　　　　___字　第___号___页共___页

用料机构:__________　　　　　　　　　　　期间:___年___月___日至___年___月___日

物料编号	核对号码	物料名称及说明	单位	定额存量①	现存数量(包括A料)②	本期支出数量(待补码量)①-②=③	区库补充数量④	供应周期⑤	备注

第六篇　盘点管理

一、盘点的含义

二、盘点的目的

三、盘点管理的功能

四、盘点管理的原则

五、盘点的方法

六、盘点的实施步骤

七、盘点管理的方法及要点

八、盘点管理的规章、办法及制度实例

存货管理作为变动资产重要一环，小则影响产销平衡，大则攸关企业营运

由于收发料的人为作业疏忽、计算机输入资料错误、仓储不当造成废料等因素，均会造成物料存量不正确及账料不一致的现象，甚至影响供料及生产进度，因此，重新盘点并更新存量记录是一项无法避免的仓管工作。

盘点主要目的是更新存量记录、评估仓储管理绩效、确认损益。选择盘点方法、熟悉盘点步骤、认识造成盘盈亏原因，可以减少盘点的误差。对于盘点结果进行统计分析并做适当处理，可以增进库存量的正确性。

本篇主要说明盘点的含义、目的、功能、原则，以及盘点方法、实例，作为企业实施盘点作业及管理的参考，以确保存货的账物一致性。

一、盘点的含义

盘点是指将仓库内现有原物料的存量进行实际清点，以确定库存物料的数量、状况及储位等，使实物与信息记录相符，以期提高仓储作业效率，并提供仓储的材物料管理上正确而完整的资料。

简而言之，盘点就是查核库存物料的实际数量与管理单位的存量账卡上所记载的数量是否相符；也是一种证实某一定期间内储存物料的结存数量是否无误的方法。

二、盘点的目的

1．检查物料与账卡的准确程度

库存物料的种类繁多，经过了长时期不断地收进发出，难免会产生差额或错误，发生的错误，若不实施盘点，不容易发现。因此，仓管部门必须常设一人或临时编组盘点小组来办理盘点工作，借以随时发现错误，并查明错误原因，以避免再次发生。

2．查核物料的耐用程度

物料储存在库内或散居各处，平时因工作繁忙无暇清理物料，疏漏之处在所难免，清点物料时，可以同时查考所放置的物料，如发现确有疏漏之处，须大力改进，使其恢复原有状态与性能。

3．核对物料储存情形

物料领发补退作业频繁，现储位置是否与现在所登记的位置完全相同，可以利用盘点的机会确认其情形，如果不符合即进行调整。

4．预防呆废料的发生

检查物料有无长期不用者，若在某一特定时期内，该物料没有任何拨发异动记录即可视为呆料，借着盘点可防止物料过期，另外对废料须做适当处理。

5．了解物料有无短缺现象

物料短缺是影响生产的一大障碍，实施盘点可提前发现以图补救。

6．揭发舞弊盗窃损失的可能性

对盘点所发现的这些误差，除了进行矫正以外，还必须分析检讨其原因，以便采取必要的各项防范措施，例如加强仓储安全作业等。

7．可以显示存货控制的各项缺点所在

例如最高存量或最低存量控制不当，造成资金冻结积压的损失，或者停工待料的产生，可借盘点察觉并改善。

8．证实库存物料的正确价值

企业损益多寡与物料库存有密切关系，而物料库存金额的正确与否实有赖于存量与单价的正确性，因此，为求得损益的正确性，便利成本的计算及作为编制资产负债等报表的依据，必须加以盘点以明确存料价值。

9．可预防差误以减少损失

一般差误的原因，有天然差误与人为差误两种，并可大致区分为八类:

(1) 登记差误;

(2) 计算差误;

(3) 编号差误;

(4) 原装差误;

(5) 放置差误;

(6) 点料差误;

(7) 保养差误;

(8) 其他差误;

如有盘点，则可以预防差误，进而减少损失。

10．可纠正差误原因以改善情况

因库存物料，难免发生差额及错误，此项差误，如不经盘点，极难发现，故仓库必须规定定期或不定期盘点，随时发现差误，并查明差误的原因，分别加以纠正。

三、盘点管理的功能

1．确定库存材料的数量，以求实物与料账一致

因存料种类多，长期不断收发，为确保仓库内实际物料存量与账上数量的一致，防止账目错误，经由盘点作业发现差异同时进行调整，以发挥正常存量管制的功能。

2．查核物料保存绩效

实地检查可发现存量控制的弱点，如呆废料过多的库存、物料保管情形等，适时采取改进措施且加强仓管人员对物料保管的责任感。

3．获得正确的存料成本，以便计算年终营运损益

企业的损益多寡与物料库存有密切关系，而物料库存金额的正确与实有赖于存量

与单价的正确性，因此，为求得损益的正确性、利于成本的计算及作为编制资产负债等报表的依据，须以盘点确认存料价值。

4．预防呆废料的发生

检查物料有无长期不用者，若某一特定时期内，该物料没有任何拨发异动记录即可视为呆料，借着盘点可防物料过期，废料亦需做适当处置。

5．防止弊端

定期性的核对账册，可防止仓管人员监守自盗、私自挪用等行为。

四、盘点管理的原则

1．配合原则

指盘点人员的配合。盘点小组常由二人配合，由一人负责点数实物，一人记录；另外其盘点与被盘点单位必须要彼此配合。

2．彻底原则

盘点时按存量卡所填的物料，逐类逐项盘点，为避免疏忽或遗漏，必须逐库逐项逐架逐柜依次清点，且对盘点过的物料做记号。

3．确实原则

凡同一种物料，不论其来源如何，必须按所有存量实物、料卡逐一盘点，如在盘点过程中发现明显的差异，应反复求证。

4．迅速原则

为不影响生产以及其他用料作业，盘点必须力求迅速，并讲求时效性。

5. 计划原则

盘点之前应先制定盘点计划，确定盘点的项目、范围、时间、储存场所、方式、执行人员及监督人员等项。

6. 回馈原则

盘点时，如发现变质或毁损不堪使用的物料应列入盘亏栏，并注明发生的原因及拟订处理方法。盘点完毕后应填制“物料盘点单”，注明盈亏原因，经确认核定后，调整账面数字。

7. 整理原则

仓储管理人员应事先将物料进行整理、排列整齐，以便盘点。并将有关物料收发单据整理入账，以确定账面结存数量。

五、盘点的方法

物料盘点的种类可依盘点时期、方法、形式与应用区分（图表6－1）有以下几点:

1. 依时期区分的盘点法

⑴ 定期盘点制

选择某一日期，全面盘点所有物料的一种方法。即在规定的日期内，将所有物料加以盘点，通常在一会计期间的期末进行。因使用工具不同，又可分为下列三种盘点方法:

① 盘点单盘点法

是以物料盘点单（图表6－2）统计盘点结果的方法。此种方法汇总记录在整理列表上十分方便，且在盘点过程中，容易发现漏盘、重盘、错盘的现象。

图表 6-1 盘点方法分类图

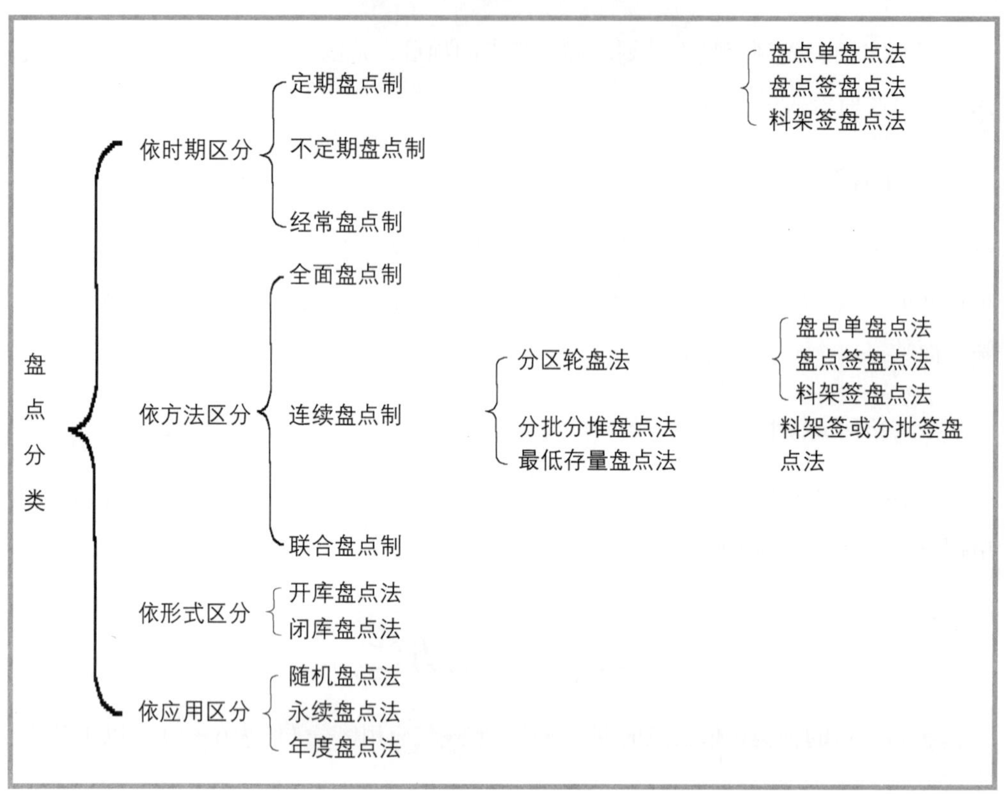

图表 6-2 盘点单

物料盘点单

______类　　　______年___月___日　　　______字第______号

差异理由	①计算错误②衡量错误③现品不符④转记错误⑤漏失⑥遗失 ⑦损耗⑧度量衡器不良⑨换算差误⑩累积磅差⑪生锈脱落										
物料编号	名称	规格	储存场所	单位	实盘数量	料架签结存数	差异数量	差异原因	单价	金额	备考

审核单位主管　　　复检人　　　盘点人

② 盘点签盘点法

采用特别设计的盘点签（图表6－3）于盘点后挂在物料上，经复核无误后取下汇总统计的盘点方法。此法对于物料的盘点与复盘的核对方便又正确，对于紧急用料仍可照发，临时进料也可以照收，核账与列表都很方便。

③ 料架签盘点法

以原有的料架签作为盘点工具，盘点完毕后即将盘点数量填入料架签内。此种盘点法有盘点的方便又可免去设计盘点签。

(2) 不定期盘点制

此种盘点制并未决定实施盘点的日期，而是在必要时随时进行盘点。

图表 6-3 物料盘点签

正面：

盘点签　　No ________

料号 ________

数量 ________　单位 ________

- - - - - - - - - - - - - - - -

No ________

料号 ________

说明 ________

____

已完成的工作 ________

____

____

数量 ________　单位 ________

储存地点 ________

计数人 ________

备注 ________

背面：

日期	计数后收料	计算后发料

(3) 经常盘点制

此制并未设盘点的时期，而是穿插在日常业务之中每日进行盘点。一般使用此法都将日常业务在上午或下午定点即设定出库限制，其后的时间用于清理或盘点。

2. 依方法区分的盘点法

(1) 全面盘点制

不管定期或是不定期，就所有物料全面进行盘点。进行全面盘点须事先制定准备计划，需要停止物料的出入库或利用假日上班进行盘点。优点是对全部的物料，可同时正确地掌握盘点，且可与会计上的终止日期一致；其缺点是为了盘点必须停止出入库或假日上班，且需要增援临时人员。

(2) 连续盘点制

又称为循环盘点制，是将仓库分成若干区，或就物料分类，逐区逐类轮流连续盘点，或某类物料存量达到最低存量时，即机动加以盘点。它又可以分为下列三种盘点方法：

① 分区轮盘法

由盘点人员先将仓库分为若干区，依序清点，经一定日期后周而复始，再从第一区起重新盘点。

② 分批分堆盘点法

将记录签放置于透明塑料袋内，挂在物料的包装上，在发料时随即记录，并将领料单副本存于该透明塑料袋内。盘点时，对还未动用的物料可认为其存量无误，将已动用的物料加以盘点，并核对记录签与领料单。

③ 最低存量盘点法

当库存物料达到最低存量或订购点时，即通知盘点人员清点仓库。盘点后开出对账单，以便查核误差。

(3) 联合盘点制

采用连续盘点制者日益增多，但单独实行连续盘点制可能失去全面总检讨的机会，有采用联合盘点制。例如实行分批分堆盘点法者，同时实行分区轮盘法;实行最低存量盘点法者，一并实行定期盘点制。

3．依形式区分

一般盘点物料的形式，可区分为下列两大类:

⑴ 开库盘点法

是指物料的收入拨发照常进行的盘点。进行开库盘点时，为了免除影响作业的进行或与工作冲突，通常选在淡季;因不关闭工厂与仓库，故可以减少停工的浪费和领料的不便。

⑵ 闭库盘点法

进行闭库盘点时，须先通知所属的用料单位，并限期将已开出账拨料单提领完毕，有必要时则停工以配合闭库盘点。

4．依实务应用区分

⑴ 随机盘点法

是指物料管理部门视状况的需要随时指定某一项或数项物料，由物料保管部门报告现有的存量，累总并计算出差异以作为调账的依据。

⑵ 永续盘点法

又称连续盘点制，是指物料管理部门依ABC或用量的分析，排定日程并将所有的物料分批举行盘点一次或数次。

⑶ 年度盘点法

是指公司停止生产或营业，将物料或物品置于定位，以清点物料或物品，并做出结算报告表。

六、盘点的实施步骤

1. 盘点前准备

(1) 盘点日期的决定

不论是月初盘点或月底盘点，盘点基准日确定后，在盘点日期前须确定已记录存货的原始凭证单号（如入库单、领料单等）。其注意事项如下：

① 待验收物料，入库单不得记入存货账。

② 待验收数量、品质的物料，因入库单未记入存货账，故不应列入盘点量，否则会造成盘盈。

③ 已整理等待出货的物料（成品），须先确认出货单或发料单是否已记入存货账。若已记入存货账，则该物料不计入盘点量；若未记入存货账，则该物料须计入盘点量。

④ 已验收物料，须马上记入存货账。

⑤ 物料完成验收后须马上归入仓位。

⑥ 整理仓库，有利于盘点工作。

⑦ 废料或不良物料预做标记，便利盘点人员盘点数量。重复盘点会造成盘盈，原始凭证重复过账会造成盘亏，这些现象是造成盘点不准确的主要原因之一。

(2) 人员组训及任务分派

在盘点进行前，人员需依照各人平日的职务与专长，予以适当的分组。盘点程序、区域划分、负责人员的分配均应事先妥善安排，对初次参与盘点的人员，应事先予以教导和讲习。

盘点前被选定的盘点人员必须熟悉物料、盘点程序、方法、相关表单及注意事项，才能确保盘点资料的正确性。其注意事项如下：

① 教导盘点人员熟悉造成盘点误差的原因，于盘点时避免。

② 确实核对仓位上的物料编号与盘点单上的物料编号是否一致。

(3) 整理盘点区域

在盘点前，每一盘点区域均需整理得井然有序，以节省盘点时间及提高盘点的正确性。

⑷ 定义盘点范围

在盘点前，需明确定义盘点的范围，使盘点项目与非盘点项目能明确地加以区别，以免误盘。

⑸ 检定材料料号

若材料与料号不符，即料号与实物不符，则不管点数如何正确，都将发生错误，甚至会影响到两种材料的正确性，因此，在盘点前，由有经验的管理人员组队到盘点区域，在盘点进行前，先抽样检查材料与料号相符的准确程度，若发现错误，在盘点前立即加以修正。

⑹ 停止进料供应

盘点期间或盘点前若干日，除急用材料外，一般均不再收货进库，以保验收部、检验部及库房的材料有序及易于盘点，因而，在盘点前以正式信函通知所有供货厂商配合规定，除急用材料外，暂停送货。

⑺ 度量仪器的校正

除了可以计数的物料以外，磅秤是计量性物料盘点的重要工具，因此，磅秤的精确与否至为重要。现场盘点常用的磅秤计有地磅、台秤、弹簧秤等数种。依需过磅物料的轻重决定适当的规格和秤重；注意磅秤的归零；秤锤的取用要配合秤台的规格，以免错误；磅秤平时维护保养和正确使用都会影响盘点精确性。

⑻ 会点的联络

防弊为盘点的重要功能之一，因此，盘点时应由其他部门的人员参与会同，一般可由会计或管理部门等人员会同，以减少勾结的机会。

⑼ 各工程储备足够的原料

先预估盘点时间，并储备盘点进行期间足够的用量，以免发生停工待料。

2．盘点中作业项目

⑴ 冻结在制品的移动

从盘点开始，到盘点完成这段期间，应冻结所有阶段在制品的移动，以免混乱，造成重复或遗漏。

(2) 按一定路线实施

每次盘点，均按一定的路线行进，如此记载的资料井然有序，较不致发生重复或遗漏，一旦将来需要再复查，也可按此路线核对。

(3) 争取时效

对于同批的半成品，可以抽取代表性样本的方式，计算单位重量后，再乘以总数即可。

3．盘点后的统计分析

(1) 使用盘点单统计存货数量

盘点后即根据盘点单（图表6－4）统计存货数量，故盘点单上确实记录盘点状况，是确保盘点正确性的唯一方法。

盘点单内容及用途说明如下：

① 仓位区域号：借以判定所有仓位均已盘点。

图表 6-4 盘点记录单

仓位区域号　　　　仓位地点　　　　盘点日

仓位编号	料号	账上存量	包装单位	量/单位	数量	实际存货数量	待整理	不良品	废料	包装破损	备注	抽验数量

工作说明：　　　　抽验人：　　　　盘点人：

② 仓位编号:每一仓位区域中所有仓位均事先填妥,确保每一仓位编号均已盘点。同一仓位编号中有2项以上物料者，均须记录。

③ 包装单位:盘点所使用包装单位，可能为箱、盒、个、公斤等。

④ 数量:与包装单位对应。例:10箱、10盒等。

⑤ 量/单位:每一盘点单位的实际存货量。例:10盒/箱。

⑥ 账上存量:提醒盘点人，若实际盘存量与此数值差异过大，须谨慎盘点。

⑦ 实际存货数量:此数值 = 数量 × 单位 × （量/单位)。

⑧ 待整理、不良品、废料、包装破损等字段供仓储部门作为处理该类物料的依据。

(2) 运用计算机统计分析盘点单

上述盘点记录单，运用计算机统计分析，可以增加盘点的正确性。现说明如下:

① 以计算机打印出各仓位区域号中所有仓位编号的盘点记录单，以免遗漏。

② 盘点后将盘点单输入计算机，说明如下

- 确定仓位区域号没有遗漏，表示盘点单无遗漏。
- 防止仓位编号及料号输入错误。若以自黏性条形码贴在仓位编号处，以扫描方式输入，可以避免输入错误。
- 盘点单位、存货量/单位由计算机控制，减少填写错误的机率。
- 实际存货数量由计算机计算，减少计算错误的机率。
- 根据料号统计存货量，减少计算错误机率。
- 根据废料、不良品等资料统计各种状况的数量。

(3) 将统计分析结果填写相应表单

根据盘点记录单统计后可得盘点差异报告表说明如下:

① 盘点差异分析表（图表6-5)

- 各项物料的盘盈，盘亏数量、金额、总金额及差异率。
- 全部累计盘盈、盘亏总金额。
- 差异原因及处理对策。

② 呆料统计表。

③ 废料报告表。

④ 待整理物料报告表。

⑤ 盘点异动报告表（图表6－6）。

图表 6-5 盘点差异分析表

盘点日：　年　月　日

物料编号	仓位号码	单位	原存数量	实盘数量	差异数量	差异%	单价	金额	差异原因	累计盘盈亏数量	累计盘盈亏金额	建议处理对策
							合计			合计		

图表 6-6 盘点异动报告表

盘点共协报表

（依盘点日期别）

制表日期：　页数：　总累计盘盈（亏）金额

盘点日期	物料编号	名　称	盘盈数量	盘亏数量	盘盈(亏)金额	盘点前库存	盘点后库存	累计盘盈亏数量	单价	累计盘盈亏金额

4. 盘点差异原因分析

(1) 账目错误

① 登记账上错误;

② 数量计算错误;

③ 漏账登记，造成或亏或盈;

④ 对于大小物料的数量统计，在作业时发生笔误。

(2) 储存作业错误

① 接收及拨发物料时点交错误;

② 接收时未照规定开箱检验，事后才发现原装箱的数量超出或减少;

③ 储存的过程中原挂签损坏或遗失，招致物料名称及料号等资料无法鉴定，很可能与其他相接近物料混淆;

④ 编号错误。

(3) 物料本身情况发生变化

① 原装箱物料在拨发时，发现情况改变;

② 保管不良，遇到物料恶化、遗失或意外损坏;

③ 接收物料时，检验人员对于物料的规范鉴别错误;

④ 基于需要，物料类别变更，装配或拆为零件。

(4) 盘点方法有欠正确

如存在重盘、漏盘、误盘等。

4. 盘点差异的处理

凡发现差误，应提出分析意见，并实时追查，一般是先向保管人员查问，因这些人员熟悉实情，易发现不符原因，可予适当解释，立即加以纠正。若保管人员无法解释不符原因或说明正当理由，即可列为疏忽，如发现显著不符，应审查存量卡，核对各有关记录、账表，并对各种不符项目加以确实追究。现将盘存结果的处理方法列述如下:

(1) 差异

乃存料超过最高存量，或不及最低存量，应予记录并会同各有关部门检讨改进。

(2) 错误

凡发现错误，应于盘点时当场予以纠正。

(3) 变质

应详查变质原因、存储时效，必要时应会同检验部门复验，凡损坏者应在发现时立即处理，以防损害扩大，如不能利用者，即拨交呆废料处理。

(4) 盘盈或盘亏

审查确定后，即转入盘存整理准备账户抵销，并更正各有关材料账卡。

(5) 耗损

可能发生损耗，参考以往记录与经验，予以核定后调整出账。

七、盘点管理的方法及要点

1．提高盘点正确性的方法

(1) 使用计算机打印盘点单预防漏盘，并进行各项统计、控制。

(2) 在仓位上放置仓位编号条形码及物料编号条形码，可以随时取用。

(3) 盘点单上数量输入计算机后，务必复核。

(4) 每一仓位区进行抽验盘点，负责人须重新盘点。

(5) 事前详细规划盘点所须工作量及人力。

(6) 盘点前未登账、消账的单据均应结清。

(7) 人为盘点误差过高者，适度处罚，提高警觉性。

2．物料盘点注意事项

盘点的目的是为了确保存货数量正确性，以利于产销活动的顺利进行。有些公司每次盘点出来的结果造成大量盘盈或盘亏，反而不利于产销活动。如果确实遵守盘点注意事项，将可以使盘点误差减至最少。

⑴ 每一物料均有固定仓位，不得随便储放，一定须归位。物料未归位而任意放置，是造成盘点不准确的主因。

⑵ 设立仓位编号关联图，以免遗漏盘点

物料所存放仓位若已满载，则可存放于下一个仓位。

仓位关联图可使物料顺利归位及盘点，若无关联图或未依仓位归位，往往造成漏盘。

⑶ 决定物料储存方法时须考虑盘点时的方便性。储存物料的包装方式能够标准化，即可提高盘点的方便性。比如说每一包装规格相同时，其包装数量即相等。物料储放时，须依规定摆放方式归位，以免盘点时计算错误，如每层放几箱，每一仓位堆放几层均需有规定，并依规定储放。

⑷ 无法计算数量的物料以重量盘点，通过计算机自动换算数量。一些小型零配件无法计算数量，则以秤重方式输入计算机即可换算数量。对已拆封的塑料布可以秤重方式由计算机自动换算数量。必须定期校正量秤。

⑸ 事先预估盘点所须人力，盘点人力不足，又盘点时间不足，易造成盘点的不确实性。

⑹ 确立盘点基准日，避免重复计算或遗漏计算盘点基准日之前一日。已入库物料的数量须同时已计入存货账;已入存货账的物料须确定也已经入库存放，否则均造成重复或遗漏计算。

⑺ 盘点人力不足时，宜采取分类分批盘点。

⑻ 盘盈亏数量差异大者，须进行复盘。特别须注意由于物料未归定位所造成的盘亏。

⑼ 更正盘盈亏数量须经高阶主管签名确认

将盘盈亏数量以成本转换成金额，供主管签名参考。

⑽ 每次盘盈亏记录须具连续性，并计算累计盘盈亏数量

若原物料有完整的领退料记录，且输入计算机货账的数字亦均准确，且该项物料亦无遗失，盘盈亏数量仅是盘点人盘点的准确与否而已，并不会造成真正的盘亏。故累计盘盈亏数将会自动冲抵。若累计盘亏数不断增加，主要原因可能是物料或成品不

断遗失，这是公司管理上的最大漏洞；其次可能是生产线有超耗现象，但仓储部门未严格执行补领料记录；最后则可能是计算原始资料的误差。有了累计盘盈亏数才能追踪差异原因；否则随时以盘点数更正存货数，只是造成更多作业上的困扰。例如A产品第一次盘亏200个，第二次盘盈100个，第3次盘亏200个，则总累计盘亏为300个。也就是最后一次盘点数量加上300，才是原来账面上的存货数量。

⑾ 盘点出废料时应报请主管处理。

⑿ 2人以上同时盘点同一物料，当盘点数量不符，且无法进行复盘时，宜以较低的数量为盘点量。

八、盘点管理的规章、办法及制度实例

[实例一] A公司盘点管理制度实施方式

(1) 平时盘点

平时仓库管理人员得不定期抽验物料以核其实物与账卡有无确实,做成记录,通知会计部门与企划部门,依报告追查差异原因,拟订补救办法,会计部门依此报告调整账卡。

(2) 年终盘点

① 由会计部门、企划部门派人组成盘点单位。

② 总库管制的物料由分库会同监盘单位盘点。

③ 分库管制的物料由分库会同监盘单位盘点。

④ 每届年终由监盘单位排定日程,填写通知单给库房。

⑤ 库房填写盘点单一式三联(图表6-7)。

⑥ 盘点完毕将盘点单分送企划及会计部门,企划部门依盘点单追查差异原因,会计部门依此单据入账。

图表6-7 盘点单

页数__________　　　　　　　　　　填表时间:___年__月__日

__________库填表　　　　　　　　　填表人 _______________

物料编号	名额	仓位号码	单位	实盘数量	差异数量	单价	金额	差异原因	备注

盘点人签章:

[实例二]B公司物料盘点管理办法

1．本公司为对物料加以清点，以有效达成资产管理及确定资产金额的目的，特制定本办法。

2．本公司对物料盘点的目的，在资产管理方面如下：

(1) 查明各项物品、材料、固定资产的可用程度，以达到有效利用资产的目的。

(2) 利用盘点、清点物品重新妥置库存物品，使之与计数账顺序配合，达到管理的目的。

(3) 核对现有存货、固定资产等与账上记载数目是否一致，以把握公司资产的正确性。

(4) 为下期销售计划与生产计划的依据。

(5) 最低与最高存货量的把握。

(6) 不良品、呆滞品的发现。

3．本公司物料盘点，在资产金额的确定方面的目的如下：

(1) 确定各项资产的真实价值，以利成本的计算。

(2) 据以编制资产、存货的明细表。

(3) 精确计算利润中心的利润，以考核各中心的贡献实绩。

4．本公司物料盘点的实施范围包括

(1) 存货

材料、在制品、半成品、成品、包装材料、工程材料、副料文具用品。

(2) 财产

机器设备、工具及铸型、生产器具、运输设备、杂项设备。

5．物料盘点的负责承办单位，分别由各中心自行负责实地盘点；在进行复验时，由各中心选派人员组成小组负责，财务处视实际需要会同有关单位人员协助。而督导工作由厂处长及有关单位主管组成委员会负责。

6. 物料盘点订于每年6月30日及12月31日各实施一次，并于实施盘点之日全体停工一天。

7. 各中心应先调查各类盘点卡的需要数量，于盘点日前二周送达财务处，以汇总付印。

8. 各中心负责人应在奉令实施盘点后立即召开准备会议，对盘点的时间、作业、人员等预作完备的计划及配置，并将计划表、会议记录送达财务处备查。

9. 各中心应将各项资产以同类堆置一处为原则，按各类别放置整齐，并分别将盘点数以盘点卡标示。

10. 委外加工未入厂者，以及存外的样品应指定专人负责将传票或账簿整理清楚，以便一并盘点。

11. 各期盘点悉依本办法实施，财务处得按实际需要颁发各期工作重点，其内容为

(1) 实施日期。

(2) 工作分配表。

(3) 库存资产的区分及盘点卡的颜色

资料名称	盘点卡的颜色
材料	红色
包装材料	红色
工程材料	红色
文具用品	红色
零件	红色
呆料	白色
废料	白色
半成品	蓝色

在制品	蓝 色
制成品	蓝 色
固定设备	黄 色

(4) 注意事项

① 一般事项。

② 前次发现的应注意事项。

③ 与以往有所不同的事项。

④ 其他应注意事项。

12. 准备计算机作业的各单位在棚架及盘点卡上应同时标明各物料编号。

13. 各单位主管应负责督导部属做好盘点工作。

14. 各单位于执行物料盘点时，应注意下列实施要领:

(1) 材料、工程材料及包装材料的盘点

① 材料盘点按ABC分类法进行。

② 委外加工材料应会同采购处人员前往协力厂，查对交货数量，以清点实际委外加工存量。

③ 各中心盘点时，当月份的进货一律于盘点前一日截止，未入账的材料应置于特定的地点，不得列入盘点，以资划定。

④ 外购材料经已入库而未及整理入账者应事先以“暂估应付料款科目”入账以符实际库存。

⑤ 材料盘点的结果与账面数量不符时应查明原因与理由通知会计课，以盘盈或盘亏转账，不得任意开制出库单冲转。

⑥ 材料中若有呆料应填具明细表三份，分送会计课、采购处以及自存一份，以作适当的拨用或处理。

⑦ 已经出库而未经使用的材料应办理材料退库手续，同时对委托他厂加工的材料尤应注意盘点。

⑧ 材料盘点的单价取决于账日异动平均单价计算。

(2) 半成品、在制品、副料的盘点

① 出库而未使用的材料、半成品应办理退库。

② 半成品盘点后的数量应详细查对当月份利润中心生产领用月报表的结存数，如有增减应作适当的调整转账。

③ 半成品的类别以生产月报表的 A、B 类零件为准，其余 C 类零件一律视作在制品盘点。

④ 经以制造费用入账的物料、耗用材料、小工具或按材料拨出的物料，小工具未耗竭者，不做在制品盘点，但须与仓库备忘录核对。

⑤ 副料盘点能实时处理者应造具副料出入库单送交有关单位会签办理转账，否则一律视作在制品盘存，其单价经由采购处决定，应写明希望单价。

⑥ 半成品、在制品的计价按以往的单价作为计算的基准，不得任意更改。

⑦ 受托承制零件，如仅是加工者，应将加工原料存量盘点，并在盘点卡上说明以资识别，而委托单位应前往查明实际委外加工存量。

⑧ 半成品（A、B 类）一律设账，其处理方法与成品处理同。

(3) 成品的盘点

① 成品仓库盘点当天，应将未入账的入（退）库单或发货单列册（注明单据号码、产品、规格、数量）交复检人员备查，若不列册经查对在库成品与账面数量不符时，应负其失职之责。

② 中途运送成品，以仓库课发货单为准，应并同前项规定列册备查。

③ 凡有顾客寄存的成品及规格陈旧的成品或销货退回未办理转账者均应于盘点卡上注明以资识别。

④ 为使盘点确实、迅速，盘点期间暂停发货，等盘点完成再发货。

⑤ 为使成品入库不拥挤，仓库对盘点前的入库应事先与各中心协调。

⑥ 各中心完成的成品应于盘点日前全部入库。

⑦ 各中心成品仓库比照本项办理盘点。

(4) 文具的盘点

文具仓库应于盘点当日将库存文具分类造册并以其进货单价计算其金额。

(5) 固定资产的盘点

① 各中心固定资产应于盘点前一天下班后由各使用人员擦拭清洁，并将盘点卡附挂其上。

② 账外资产或闲置设备均应于盘点卡上注明。

③ 各中心的固定资产已失使用效能者应造具固定资产报废单向会计课办理资产报废手续。

④ 机器编号牌遗落的固定资产，应于盘点卡上说明，以便会计课补订。

⑤ 固定资产需要保养者应指定专人负责办理。

⑥ 财产管理员应于当天依照财产管理细则规定核对“财产登记卡与盘点卡”。

15．营业单位主管于盘点日应负责督导盘点，并将库存成品、零件详列明细表。

16．协力厂商盘点的实施，应注意事项：

(1) 协力厂商盘点日为配合公司实施实地盘点。

(2) 协力厂商盘点工作，由厂商负责人自行担任盘点员，承办人员为稽核员，两者均需在盘点卡上签章，以示负责。

(3) 协力厂商应特别注意托工类的存货盘点，严禁漏盘现象，请承办单位负辅导的全责。

(4) 各地区盘点卡应于次日缴回。

17．督导委员巡视时，中心负责人应将盘点明细表（只限材料、半成品数量表）缴交，以利督导核对。

18．各中心盘点完毕当天应将全部盘点卡分类，依编号顺序连同空白未用的盘点卡交由复检人员（中心负责人指派）汇交账务员整理。

19．各中心应于盘点后三日内填写盘点明细表三份，两份送会计课（造册时请按计数账、材料账编号及盘点卡顺序填写），一份自存。

20．中心负责人应将存货、资产逐项检验，若有错误或遗漏处应随时更正或复查，并通知会计课。

21．对盘点工作执行认真表现优异的单位或执行不力的单位，经报请机构奖励或议处。

22．本办法经总经理核准后实施，修正时亦同。

[实例三] M公司物料盘点管理办法

(1) 目的

(2) 范围

(3) 承办部门

(4) 实施时间

(5) 盘点实施前的准备

(6) 盘点程序

(7) 盘点时注意事项

(8) 盘点报告及事后处理

(9) 办法核定、修订规定

〔附表〕

① 盘点工作及人力配置表（图表6－8）

② 盘点单

③ 物料盘点表（图表6－9）

[实例四] 盘点管理表格实例

(1) 盘点签范例（图表6－10）

(2) 盘点报告表范例（图表6－11、图表6－12、图表6－13、图表 7－14）

(3) 盘点分析表范列（如图表6－15、图表6－16、图表6－17、图表6－18）

图表 6-8

〇工业股份有限公司

盘点工作及人力配置表

日期:___年___月__日

组别	组员		区域负责人	盘点项目	物料储位	备注
	盘点	复点				

核准	会计	物料课

图表 6-9

〇工业股份有限公司

物 料 盘 点 表

部门:________　　　　No. ________

日期:__年__月__日

项目	料号	品名	单位	账面数量	实际数量	复盘数量	单价	盘盈		盘亏		差异分析		批示
								数量	金额	数量	金额	说明	处理	
									核准	会计	复点	盘点	主管	制表

图表 6-10 盘点签

正面

盘点签 ◎ No. ______
______

料号______

数量______ 单位______

- - - - - - - - - - - - - - - -

No.______

料号______

说明______

______

已完成的工作______

______

______

数量______ 单位______

储存地点______

计 数 人______

备　　注______

______

背面

◎

- - - - - - - - - - - - - - - -

日期	计数后收料	计算后发料

图表 6-11 盘点报告表 1

仓库盘点报告表 ______区______

记数______ 复核______ 调整______

物料		料架签数量	账面原存量	补正记录	账面差异	实存数量	盘盈亏数	单价	补正实盘金额	实际盈亏金额
编号	规范									

图表 6-12 盘点报告表 2

总面______
分类______ ____年___月___日盘点 类页______

卡片	仓位				物料编号	名称	规范	单位	数量	单价	金额	备考
号码	库	行列	架	层								

图表 6-13 盘点报告表 3

盘点单位:______ 盘点日期:___年___月___日

盘点卡统一编号	品名	规格		单位	账面数量	实际盘点			合计数量	金额		单价	金额
		型别	加工程度			重量(kg)	每百个重量(kg)	(换算)数量		盈	亏		

审核: 盘点负责人: 填表人:

图表 6-14 盘点摘要报告表

填写日期:___年___月___日 第___页

单位名称		负责人	
报告摘要			
建议事项			

图表6-15 物料盘点分析表

日期:___年___月___日　　　　　　　　　　　　　　　　　　第__页

物料编号	物料名称	单位	上期盘点			本期收料		本期盘点			全期回转率	供应不继率	标准购料单价	本年购料平均单价	购价差异原因	备注
			数量	单价	金额	数量	金额	数量	单价	金额						

审核单位主管　　　　　盘点复检人　　　　　盘点分析员

图表6-16 物料盘点分析表

分类　　　　　　　　　　　　　　年　月　日整存　　　　总页　　类页

物料编号	名称	规范	上期盘点			本期盘点			本期发料			本期盘点			最高存量	最低存量	标准单价	超过最低存量数	低于最低存量数	全期回转率	实际存料单价较标准单价		全期发料次数	供应不继发生次数	说明
			数量	单价	金额	数量	单价	金额	数量	单价	金额	数量	单价	金额							超过	低于			

图表6-17 盘点汇总分析表

_____年___月___日

类别	上期盘点		本期收料		本期盘盈(或增价)		本期发料		本期盘亏(或减价)		本期盘点		标准存料金额	标准与实际盘点相较		金额回转率		呆料		说明
	项数	金额	项数	金额	项数	金额	项数	金额	项数	金额	项数	金额		超过	低于	标准	实际	项数	金额	

图表6-18 盘点盈亏及价格增减更正表

物料编号	名称	规范	单位	账面			实存			数量盈亏				价格增减				差异原因	责任归属
				数量	单价	金额	数量	单价	金额	数量	金额	数量	金额	单价	金额	单价	金额		

第七篇　呆废料管理

一、呆废料的含义

二、呆废料管理的目的

三、呆废料的管理程序

四、呆废料的处理方法

五、呆料管理

六、废料管理

七、呆废料管理范例

八、呆废料管理的规章、办法及制度实例

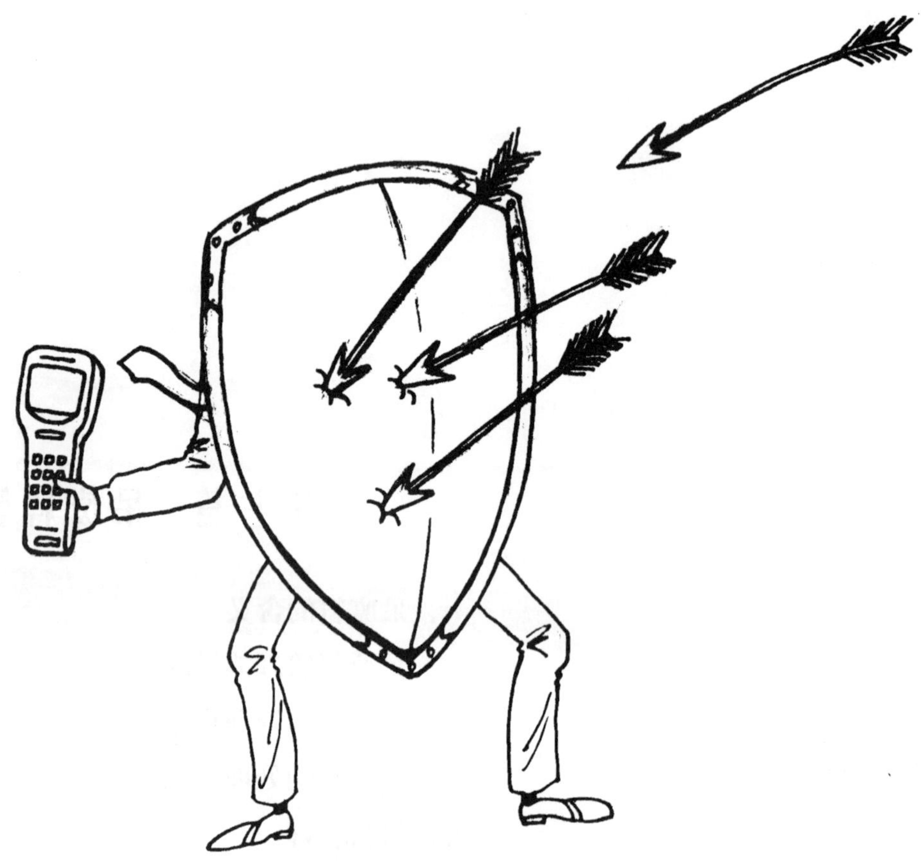

盘点是盗窃舞弊行为的防护盾

物料管理的目标是适时、适质、适地的供应企业各部门所需适量的物料，在满足需求的过程中，由于生产计划变更、技术的进步等因素而产生呆废料，呆废料会造成企业资金成本的积压及仓储空间的浪费。因此，在物料管理上，应防止呆废料的产生，同时对已产生的呆废料应善加处理，以实现物尽其用的目标。

本篇主要说明呆废料的的含义、发生原因、预防与处理方法，以及呆废料管理的目的、程序、实例，作为企业预防及降低呆废料的参考方法，以降低企业存货成本。

一、呆废料的含义

1．呆料

即物料存量过多，耗用量极少，而库存周转率极低的物料，此料偶而耗用少许，很可能不知何时才能领用，甚至根本不可能再领用。呆料是具备原有特性或功能的可用物料，只是呆置在仓库中，很少领用而已。

2．废料

是指报废的物料，即经过使用且本身已残破不堪或磨损，甚或已超过其寿命年限，以致失去原有的功能而本身无利用价值的物料。

3．残料

是指在加工过程当中，所产生的物料零头或边料，虽已丧失主要功能，但仍可设法加以利用。

二、呆废料管理的目的

呆废料的价值已下降，而仓储管理费用并不因为物料价值下降而减少，因此，以同样的仓储管理费用保存价值急剧下降的物料，显然并非经济之道。呆废料管理的目的如下：

1．物尽其用

呆废料闲置于仓库中而不能加以利用，久而久之物料将锈损磨蚀，降低其价值。

2．减少资金呆滞

呆废料闲置在仓库而不能加以利用，若能适时加以处理，即可减少资金的呆滞。

3．节省人力及费用

呆废料在未处理前仍需有关人员加以管理，因而会产生各种管理费用。若能将呆废料加以处理，则上述人力及管理费用即可节省。

4．节省仓储空间

呆废料日积月累，势必占用庞大的仓储空间，可能影响正常的仓储管理。为节省仓储空间，呆废料应适时予以处理。

三、呆废料的管理程序

1．呆废料信息建立与确认

信息包括依公司所订呆废料政策类别的材料、成品、半成品等收发记录与统计报表、盘存记录表等。

2．呆废料处理计划

由信息所区分确认呆废料之后，即由各资材单位详细列示各呆废料的名称、规格、数量及金额，再提报给处理小组或专人进行分析及研拟对策并列出处理计划表。

3．呆废料处理执行

处理计划表拟好之后，交由处理单位执行，由各有关单位如工务、销售等配合执行。

4．呆废料管制

管制负责人为处理小组或专人，但管理阶层应定期实施追查考核，以确知执行的成效。

四、呆废料的处理方法

物料仓库应将所存的呆废料随时或定期执行处理，视呆废料种类及呆废程度决定处理方法，说明如下：

1．退厂退库

各部门所产生的呆废料均应退缴物料仓库集中处理。

2．整理

依种类及性质分别存放整理。

3．整修

自行加工修复，恢复其使用价值。

4．留存

预估将来还有使用机会，而此项物料无法再取得，且其储存成本不高，物料非腐蚀性，则可加以留存。例如已经宣布废止不做的产品形式，仍需保留其特殊需要零件，以备客户送修维护之用。

5．调拨

原存置的单位不适用，但企业的其他分支机构如有此类物料的需求，则可用调拨方式加以处理。

6．组装维修

将许多呆废料组装维修，使其成为耐用的物料。

7．拆零利用

将报废的产品，还属完整的零件拆下应用，当然该零件应具备再利用价值。

8．赠予

赠予合作的教育机构做训练教学用。

9．交换

退回原制造厂以交换耐用的材料，或与其他机构交换。

10．出售

以较低价格出售、标售呆废料。

11．销毁

无任何价值者，予以销毁掩埋。

五、呆料管理

长时间均未耗用或是耗用量极少的物料称为呆料。至于多久未耗用才属于呆料，由企业自行决定。

1．呆料发生的原因

呆料是库存周转率极低、耗用量极少的库存料，它是正常可用的物料，只是呆置在仓库中，很少使用。呆料即存量过多的物料，反映了资金无谓的积压，同时也浪费仓库空间及管理人力，因此，需探讨呆料成因并防止呆料产生，一旦发现呆料应及时善加处理。

形成呆料主要有下列原因：

(1) 生产计划错误。

(2) 产品设计变更。

(3) 订单更改致使物料的用量减少。

(4) 机械设备本身报废而剩余的备用物料。

2．呆料的预防对策

呆料一旦产生，便会带来价值的贬损，为避免此种损失，宜在事前采取有效措施，以防止其发生。呆料的防止，固然是物料管理单位的责任，然因其产生原因很多是其他部门造成的，故要防止呆料，必须要销售、设计、生管、生产、物管、采购、品管等相关部门共同配合、注意，才能有效达成。

防止呆料的发生，可采取下列预防措施：

(1) 把握产销计划的正确性，尽量减少计划及订单的变更，以减少呆料发生的机会。

(2) 设计工作应力求确实，测试工作完成后经少量试作检讨无误后，再准备量产所需的物料，以免物料准备错误而形成呆料。

(3) 新产品推出的时机应考虑到原有产品物料库存的消化。

(4) 加强存量管制，以防止呆料的产生。

3．各部门的呆料预防措施

以各部门为例，呆料的预防措施如下：

(1) 就设计部门而言

① 减少设计错误机会

教导设计人员防止设计错误的工作注意事项。

② 减少设计变更机会

进行设计时应考虑未来的可加工性及市场的可接受性，设计完成时须经完整试验后才可采购所须物料；可能变更设计部分，谨慎考虑物料采购量。

③ 经市场调查或参考销售部门意见后才进行设计。

④ 设计新产品时须考虑新物料的最低采购量及金额。

⑤ 设法应用已变为呆料的物料来设计新产品。

(2) 就销售部门而言

① 须使用特殊物料的客户，应要求其最低订购量，并防止其取消订单。

② 寿命周期将至的产品，应谨慎预测未来销售量并考虑物料的最低采购量。

(3) 就生管部门而言

① 对销售部门所预测的销售计划，进行耗料评估，避免产生呆料。

② 滞销品应与销售部门做好产销协调，避免产生呆料。

③ 借由计算机统计呆料种类及数量，给予适当处理，转而生产其他产品。

(4) 就物料管理部门而言

① 确实做好收料、发料、领料及退料工作，确保存量的正确性，即可减少呆料。

② 物料确实依仓位进行归位，即可减少因找不到物料而形成呆料。

③ 做好物料品质的保存工作，即可减少品质不良的呆料。

(5) 就采购部门而言

① 建立品质验收标准，可减少因品质不良而成为呆料。

② 适量、适质的采购，可减少因库存过多而成为呆料。

③ 建立各类物料最低采购量的基本资料，提供设计及生管部门参考。

④ 缩小采购批量，减少变成呆料的机会。

(6) 就生产部门而言

生产技术或设备有所更新，导致原来物料无法使用时，应提前告知采购及生管部门，加强采购批量控制。

4．呆料标准的确立

呆料的确定若缺乏具体标准，仅凭主观的判断，则其目的不易达成，且其衡量标准视各企业机构的物料性质而异，因此需先确定每种物料的标准存货周转率及周转天数，若超出此标准，则可将其视为呆料。

5．呆料的处理

为了避免呆料演变为废料，应迅速统计呆料种类及数量，并给予适当处理，处理对策如下：

⑴ 每月由计算机统计各项呆料数量（图表 7－1），提供设计、生管及采购部门参考。

图表 7-1 呆料月报表

日期： 年 月 日

物料编号	物料名称	未使用月份(1)	累计耗用 $(7)	存量(2)	存货金额(3)	累计存货金额(4)	占总存货%(5)	累计(6)

说明：
1.依未使用月份(1)由大至小排列或依累计耗用 $(7)由小至大排列。
2. (3)／(7)>(6)者或未使用月份>(6)者均印出。
用　　途：供开发、生管及采购部门参考，设法使用。
使用部门：总经理室、开发、生管、采购部门。

⑵ 设计部门设计新产品时，设法应用呆料。

⑶ 生管部门参考物料的可替代性，调拨其他产品使用，设法消耗呆料。

⑷ 出售给原供货商，或与供货商交换其他可用物料。

⑸ 有些呆料经加工或拆解后，部分可供使用。如纸张规格不符，则经裁剪后即可部分使用。

6．企业呆料处理作业标准实例

⑴ 呆料的含义

目前不再使用的材料或无法销售的成品，称为呆料。

⑵ 呆料产生的原因

① 因工程变更致使更换下来的材料不能再使用于原产品或其他相关的产品上。

② 试作产品因品质或单价的因素，不再使用的材料或成品。

③ 淘汰产品，所剩余的材料不适合目前产品使用者。

⑶ 呆料的管理和处理原则

① 呆料应独立于正常仓库外且该呆滞品存放区应建立管制卡，避免与良品混淆。

② 呆料也应注意摆放整齐，并注明料号、名称、数量。

③ 良品仓库一有呆料发生，应立即通知物管人员其料号及数量，并把呆料移入呆料存放区。

④ 仓管人员应随时提供呆料清单予物管人员或采购人员，以做必要的处理（例如:转卖或报废)。

⑤ 呆料的转卖或报废经项目呈核后，转卖由采购单位负责，报废由总务单位负责。

六、废料管理

1．废料发生的原因

⑴ 锈蚀

机器设备有一定耐用年限，无论如何妥善保养，终有锈蚀报废的一天，尤其是保养不良，或露天搁置的机械设备，锈蚀更快，当其丧失原有功能时，自然成为废料。

⑵ 陈腐变质

物料若长期储存于仓库而未加使用，即可能日趋陈旧腐坏，失去原有的价值，不得不将它当作废料处理。

(3) 因技术革新而遭淘汰的设备或物料

由于科技不断发展，工业技术日益精进原有的机器设备可能因为新式设备的高效率低成本而自然淘汰，成为无多大价值的设备。

生产方式的变更，或原料配方的改进，也可能使原使用的物料被其他物料所取代，原有的物料就可能成为毫无价值的废料。

(4) 建厂时所留下的余料

建厂时，所需要的各种材料，在工厂竣工之后，或多或少总剩下部分材料，或半截、短头残料，已无多大价值，而变成废料。

(5) 裁剪边料

塑料、布匹、钢料、电线、皮革等，加工或裁剪后必会产生边料零头，而无法再发挥其原有的功能，不得不以废料处理。

(6) 拆解的产品或机械设备

不良的产品或无用的机械设备，当其拆解时，必定会产生许多已无利用价值的零件或材料，即成为废料。

(7) 废弃的包装材料

包装原料或机械设备的包装材料，如麻袋、塑料袋、纸袋、木箱、铁带等，拆解后已无价值而成为废料。

2．废料的预防对策

废料虽仍可低价出售，但其所获得的收入与先前高价购入相比，损失很大，因此，为避免此种不良损失，宜于事先加以预防，其方法如下：

(1) 依物料的性质，采用不同的存量控制方法，并依其性质来决定储存方法与设备，防止物料的变质。

(2) 验收时力求细心，防止不合格物料的混入。

(3) 妥善储存物料，防止物料损毁，注意预防保养，提高设备效率，增长设备的寿命。

(4) 剪裁需事先设计，务使零头边屑减至最少。

(5) 拆解的包装材料，尽量想办法利用。

3．废料的预防措施

综上所述，物料成为废料的主要原因为仓储管理不良、陈腐、锈蚀或加工不当等，故加强加工技术与仓储管理是最好的预防措施，包括：

⑴ 追踪废料的责任归属，具有警惕作用。

⑵ 根据报废申请单（图表 7－2）及统计资料（图表 7－3），公布每年产生的废料金额及废料率，具有警惕作用。

图表 7-2 报废申请单

报废部门　　　　　　　　　　　　　　　　　　　　年　月　日

名 称	规格、尺寸编号	单位	数量	单 价	金 额	报废原因

<table>
<tr><td rowspan="3">备注</td><td rowspan="3"></td><td rowspan="2">总经理</td><td rowspan="2">会签部门</td><td colspan="2">报废部门</td></tr>
<tr><td>(副)经理</td><td>经　办</td></tr>
<tr><td></td><td></td><td></td><td></td></tr>
</table>

图表 7-3 废料月报表

印表：　　年　　月　日

物料编号	物料名称	单位	单价	废料数量	本期废料金额	累计废料金额	累计废料率	产生废料原因	责任归属

(3) 改善加工技术，力求降低产生废料的机率。

(4) 加强机器设备的预防保养，降低产生不良品废料的机率。

(5) 改善仓储管理技术，了解物料的保存方法与期限，防止物料因陈腐、锈蚀、虫咬等仓储不当而变为废料。

(6) 采用先进先出的发料制度，防止储存过久，造成废料。

(7) 预防自然灾害造成废料。

4. 废料标准的确立

库存应当报废的原物料由专人确认后登入废料表，送请主管复核，若认为应当报废时，再送请领用部门或检验部门做最后的查核，如均认为确属不能应用者，则正式列为废料处理。

5. 废料的处理

废料即为公司的损失，故如何降低废料率为重要的工作。一般处理方式有：

(1) 出售

废料出售前填写报废申请单，经主管签准，避免因鱼目混珠或舞弊而造成更多损失。

(2) 分解再利用

如铜、铝、钢等原料均可分解后再利用。

废料出售前须填写报废申请单，经核准后方能报废。

七、呆废料管理范例

[范例一]企业报废作业标准范例

1．定义

下列物料均视为报废料品，以报废处理。

(1) 生产单位在制程中所产生的不良品，经品管检验确为不良，且无法修复者。

(2) 原材料不良，经生产单位剔出，品管单位确认为不良，退料后会同原供货商确认原材料不良，且同意本公司代为报废者。

(3) 本厂已不再生产的产品，因锈蚀毁损，且已失去修复价值者。

2．报废权责

(1) 生产单位报废品必须经过部门主管签认后，再经由品管检验确认后始可报废缴库。

(2) 陈设呆滞不良品或其他非生产单位的报废价值超过￥50000以上者，需项目报告经核准后始得报废缴库。

3．废品处理

(1) 废料账由仓管员分开登记，不可与一般物料账混淆（例如：废品应移至废品库待处理，保税废品与非保税废品应分开放置）。

(2) 每月月底由仓管员填写废品统计表清单一份，分送财务部、生管课、物管课、保税室。

(3) 保税品报废需经保税室项目报呈海关核准后于海关监督下破坏或销毁。

(4) 完成报废手续后的报废品应交由总务单位处理，完整的报废处理流程如图表7－4所示。

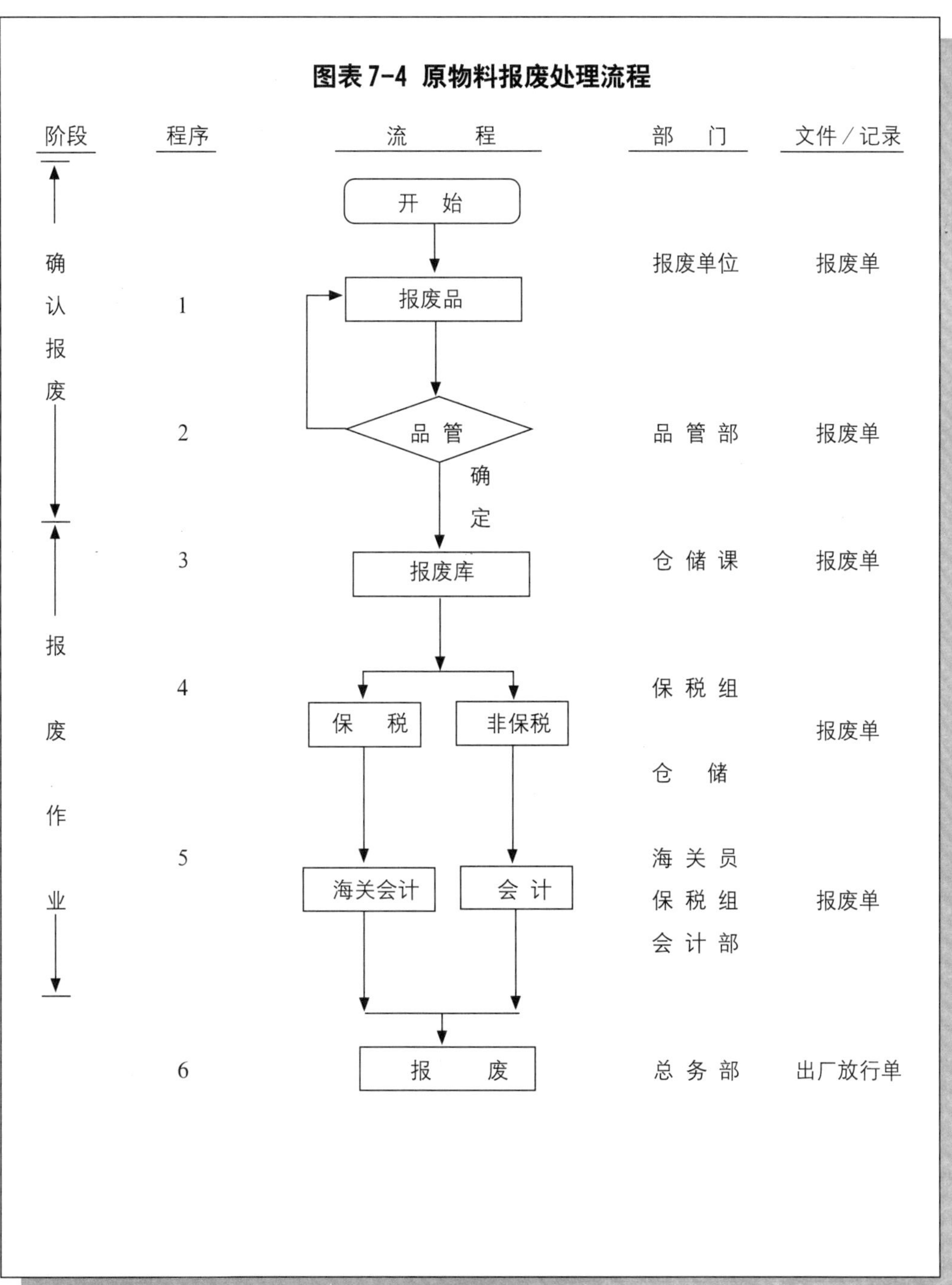
图表7-4 原物料报废处理流程
阶段
程序
流 程
部 门
文件／记录
开 始
确认报废
1
报废品
报废单位
报废单
2
品 管
品 管 部
报废单
确定
3
报废库
仓 储 课
报废单
报废作业
4
保 税
非保税
保 税 组
仓 储
报废单
5
海关会计
会 计
海 关 员
保 税 组
会 计 部
报废单
6
报 废
总 务 部
出厂放行单

[范例二] 某纺织公司的范例

1. 呆料

(1) 呆料的处理现况与缺失

目前公司对呆料的确认未有任何客观标准，仅由物料仓库的管理人员依其经验判断物料是否为呆料，报经有关主管（依物料的使用单位）核定，再转送业务部门，将呆料拍卖。其最大缺点为用料单位对呆料的含义不了解，无法判断是否为呆料，因此，只要物料仓库一提出呆料名单，用料单位几乎全部同意其为呆料。

(2) 呆料处理的改进办法

为避免上述的缺点，呆料的认定与处理程序改进如下：

① 每届年终盘点时查看存量卡，算出上次领料到盘点日的时间。

② 凡物料在6个月内未曾需用者，一律将此物料由库房人员负责登记于呆料报告卡(图表7－5)。

③ 企划人员依呆料报告卡追查呆料原因，确定是否为呆料。

④ 确定为呆料后交由业务部门拍卖。

⑤ 业务部门处理后将其资料送会计部门。

⑥ 填具呆料报告卡。

图表7-5 呆料报告卡

页数__________ 日期:___年___月___日

物料编号	规格	名额	数量	单位	单价	金额	发生原因	审核结果	备注

企划经理: 企划员: 填表人:

2．废料

(1) 废料的处理现况与缺失

① 由废料产生单位（物料仓库或生产部门）填写废料卡一式两份。

② 经废料产生单位主管核定。

③ 将核定后的物料送至业务部门，由业务部门拍卖或销毁。

此方法的缺点为废料的产生单位往往不会珍惜物料，又图操作迅速方便而产生不应该产生的废料。

(2) 废料处理的改进办法

① 由废料产生单位填写废料报告书(图表7－6)一式三份。

② 经废料产生单位主管核定。

③ 将核定后的单据送企划处，由企划处审核。

④ 企划处审核后，再将废料送至业务部门处理。

图表7-6 废料报告书

填表日期:____年____月____日

填表单位:__________　　单据号码:________________

废料		数量单位	原购买的单价	发生原因	备　注
名称	编号				

企划员:　　单位主管:　　填表人:

八、呆废料管理的规章、办法及制度实例

[实例一]A公司呆料的处理实例

1．含义

呆料是指物料存量过多且耗用量极少，其库存周转率极低的可用物料。

2．发生原因

(1) 业务课

① 客户临时取消、更改订单，或L／C的修改，生产工厂来不及调整物料计划而产生大量的呆料。

② 业务部门接受订单时，没有弄清客户对产品的要求、条件及其他订货内容，或销售人员未将订货情报传递给生技人员，致使产品被客户退货。

③ 生产计划变更而物料计划未随之修正，造成生产线停工待料的现象与呆料的增加。

(2) 生管

① 产销协调不良，引起生产计划变更频繁，则易造成呆料。

② 生产计划错误，产生呆料。

③ 生产线管理不良，对于生产线物料的发放、领取及退料入库不确实，而造成生产线呆料的发生。

(3) 物料管理

① 材料计划不当，易造成呆料的产生。

② 料账不一致，盘点不确实。

③ 采购不当，如交期延误、品质变异、数量过多等。

④ 对代理工厂辅导不足，使代理工厂在品质、交期、数量、规格等方面不易配合，而易于发生呆料的现象。

⑤ 仓库管理不良及存量控制不当，呆料因而发生。

3．呆料的预防与处理

(1) 业务课

① 加强生产计划的稳定性，对生产计划的变更要能迅速处理。

② 顾客的订单应确实把握，尤其是特殊订货，不宜让客户随意取消，由被动转为主动掌握客户。

③ 消除顾客优先主义，设法降低顾客变更规格的机会，否则会造成更多的呆料。

④ 业务人员应确实把握接受的订货内容，务必将详实的订货内容传至生技人员。

(2) 生管

① 加强产销的协调，增加生产计划的稳定性，减少呆料的产生。

② 生产计划的拟订应合乎现况，生技人员要发挥其功用，协助现场处理问题，减少呆料发生。

③ 生产线应加强领发补退料的管理。

(3) 物料管理

① 妥善的用料计划。

② 物料的订购须分析其最经济的采购量，及最适当的订购时间。

③ 永续盘点，使其料账一致，进而掌握其库存信息。

④ 呆料转请其他单位设法利用。

⑤ 存货卡需确实记录，使业务部能将剩料转售其他厂商。

⑥ 无法出售，或调拨利用的呆废料，应依其类别分别销毁。

⑦ 对代理工厂实施辅导，使其品质、数量、交期、规格都能达到要求，以防止呆料发生。

[实例二]B公司呆滞料处理办法

本公司工程部为使呆滞料获得适当处理，特制定本办法。

1．呆滞料定义

本公司存放于材料库、成品库、半成品库及生产线上的材料、成品、半成品及各项零件经1年未曾动用者，称为呆滞品。

2．处理办法

(1) 生产线上呆滞品：填具“呆滞料转拨单”（图表7－7）经单位主管签核后送品管课、设计课后再送缴仓库，物管人员直接据此单转入呆滞料账。

图表7-7 呆滞料转拨单

No．＿＿＿＿＿　　　　＿＿年＿月＿日

<table>
<tr><th>项次</th><th>请购单位</th><th>料 号</th><th>品名规格</th><th>数量</th><th colspan="3">呆滞原因</th><th>备 注</th></tr>
<tr><td></td><td></td><td></td><td></td><td></td><td colspan="3"></td><td></td></tr>
<tr><td></td><td></td><td></td><td></td><td></td><td colspan="3"></td><td></td></tr>
<tr><td></td><td></td><td></td><td></td><td></td><td colspan="3"></td><td></td></tr>
<tr><td></td><td></td><td></td><td></td><td></td><td colspan="3"></td><td></td></tr>
<tr><td></td><td></td><td></td><td></td><td></td><td colspan="3"></td><td></td></tr>
<tr><td></td><td></td><td></td><td></td><td></td><td colspan="3"></td><td></td></tr>
<tr><td>收料部门</td><td>主管</td><td colspan="2">收料</td><td>品管</td><td>发生部门</td><td>主任</td><td>主管</td><td>经办</td></tr>
</table>

(2) 仓库内的呆滞料：物管人员填具“呆滞料转拨单”送品管课、设计课并经生管课长核章后，一联存于物管员，从料账销除并转入呆滞料账，另2联各送会计课、设计课。

(3) 搬移清理：每季（3月、6月、9月、12月）由物管员填具“呆滞料统计季报表”（图表7－8）经生管课长拟妥处理方式后送财务课计算金额，工程部主任及总经理签核后影印分送生管、财务、设计、工程部主任及总经理后立即将仓库内呆滞品移至呆滞品库。

图表7-8 呆滞料年度统计季报表

年 月 日

料 号	品名规格	单位	结存			入料日期	请购部门	滞存原因	处理方式	批示
			单价	数量	金额					

总经理: 主任: 课长: 经办:

(4) 比价招标:存放于呆滞品库达3年者,每年招标处理一次。由工程部会同总务负责并填具“呆滞料标售比价表”(图表7－9),经总经理批示后由出价最高厂商得标,由总务代表公司与其签订合约。

图表7-9 呆滞料标售比价单

No.________ ____年___月___日

项次	料号	品名	规格	单位	出售数量	账面		滞存时间(年)	比价记录			账面与最高单价差异%(损)
						单价	金额		1厂商	2厂商	3厂商	
									单价	单价	单价	
1												
2												
3												
4												
5												
6												
7												
8												
批示	总经理		主任			处理部门	1.拟标售□ 2.□订合约 □无合约 主管: 经办:					

(5) 厂商提货:物管员必须填具“呆滞品明细表”(图表7－10)一式三联,由工程部会同总务、物管、财务人员,根据“呆滞料明细表”实际点数称重后逐项填入呆滞品明细表,经各执行人员签章后分送财务课、生管课及厂商。

图表7-10 呆滞品明细表

年 月 日

项次	代号	品名规格	单位	数量	单价	金额	备注
厂商		会办人员				主任	主管 经办

3．注意事项

(1) 设计课设计新规格时,应优先考虑呆滞料的利用。

(2) 过多的呆滞品由生管委请设计课研究使用的可能性,或促请营业课推销。

(3) 已淘汰产品造成的呆滞料必须维持必要数量时,库存量须由生管课与营业课会商决定。

(4) 为防止呆滞料的发生,生管课长及工程部主任于核定请购单时,应特别注意请领数量,对于即将淘汰的产品尤应注意。

(5) 呆滞料账应随时登记于原账册内。

(6) 本办法经总经理核准后实施修正时亦同。

[实例三]C公司呆废料管理办法

1．本公司为使呆废料获得适当处理，特立本办法。

2．凡公司已不再生产的产品其尚存的材料、零件、成品、半成品及仓库内的模具、治具均须转入呆废料账(如图表7－11)。

图表7-11 呆废料处理事务流程

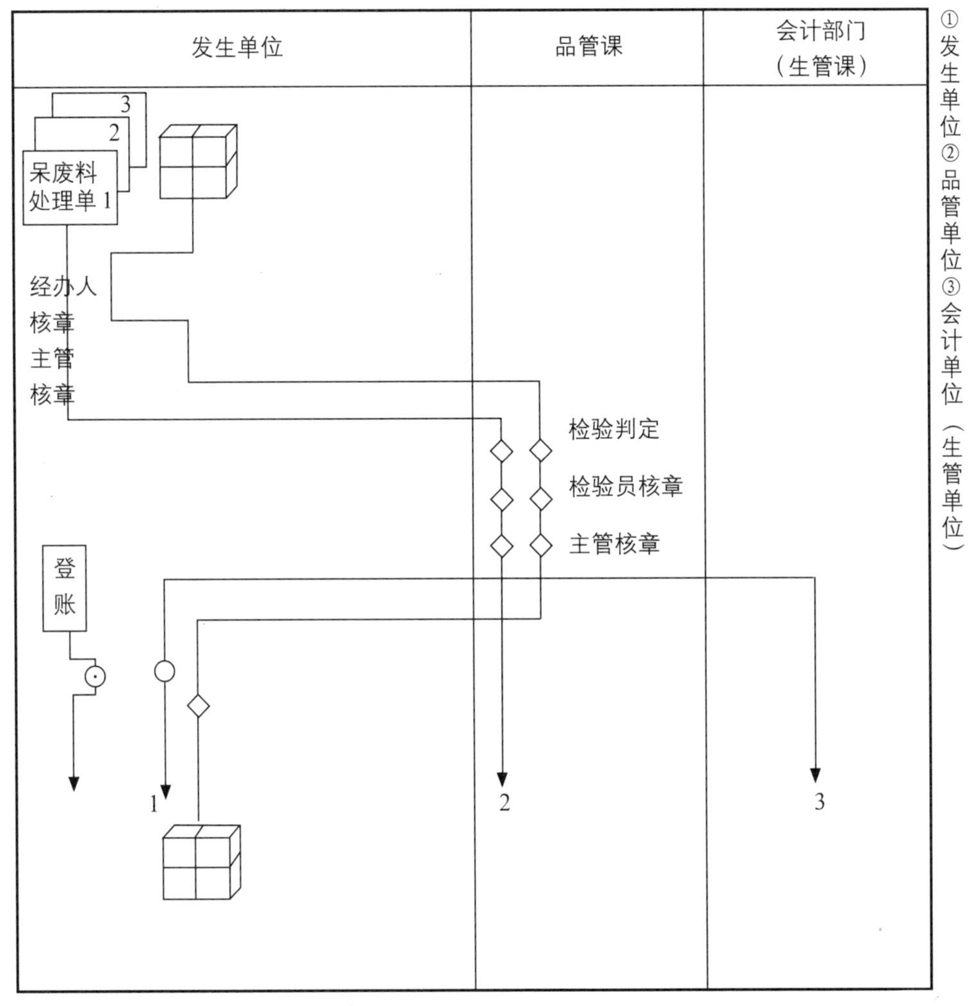

3．生产单位的呆废料以退料缴库单送缴仓库后，料账员直接据此单转入呆料账。若发现仓库内有呆废料，请料账员填具“呆废料处理单”（图表7-12）一式三联，经物管主管核章后转送品管单位，委请品管单位检验判定，经检验员及品管主管核章后，一联发生单位存查，一联品管单位存查，一联送会计部门。料账员从料账消除并转入呆废料账簿。

图表7-12 呆废料处理单

单位:________ ______年__月__日 No.________

件 号	件 名	单位	数 量	报废原因	检验制度

①发生单位自存 ②会计单位存查 ③品管存查

品管主管 检验员 主管 填表人

4．呆废料亦应妥善保管，并于每月月底，由料账员填具“呆废料统计月报表”（图表7-13），经主管核章后转送厂长审定核章后呈 总经理核示后处理。

5．“呆废料统计月报表”一式四联，一联自存，一联主管存查，一联厂长存查，一联呈总经理。

6．对于已淘汰机种所造成的呆废料，视情况维持必要数量的零件。

7．为防止呆废料的发生，厂长于核定请购时应特别注意请购数量，对于即将淘汰的产品尤应注意。

8．生产线上报废品，必须经品管检验认可后方准报废。

9．呆废料账由料账员分开登记，不能与一般物料账相混。

10．呆废料应由总务课负责请厂商比价，总经理核示后出售。

11．本办法经呈总经理核准后实施，修正时亦同。

图表 7-13 呆废料统计月报表

_______年___月___日

项目	件　号	件(规格)名	单位	数 量	报废原因	备　注

总经理　　　　　　　　厂长　　　　　　　　主管　　　　　　　　填表人

[实例四]D 工厂呆废料处理办法

1．本公司厂务部为使呆废料获得适当处理，特订立本办法。

2．本厂已不再生产的产品及还存于生产线的材料、零件、半成品、制成品以及仓库内的该产品特用材料零件均须转入呆料账。

3．生产线的呆料以退料缴库单送缴仓库后料账员直接据此单转入呆料账。若发现仓库内有呆料，请料账员填物料转拨单一式三联经物料课长、品管课长核章后，一联存物料课从料账销除并转入呆料账，一联送成本课，一联送品管课。

4．呆料也应妥善保管，并于每月底由料账员填写“呆废料统计月报表”

一式五联，第一联物料课自存，二至五联送成本课计算金额后，第二联送财务部，第三联由厂务部经理存查，第四联呈总经理，第五联送开发部。

5．开发部设计新产品时应优先考虑呆料的利用。

6．对于存量过多的呆料得由厂务部委请开发部研究利用现在有机种使用此呆料或为现行使用零件的代用品的可能性。

7．对于已淘汰机种所造成的呆料必须维持必要数量的修护零件。

8．淘汰旧产品时应有完善计划以尽量避免呆料的发生。

9．为防止呆料的发生，厂务部经理于核定请购单时应特别注意请领数量，对于即将淘汰的产品尤应注意。

10．生产线上报废品必须经品管检验认可后方准缴库报废。

11．废料账由料账员分开登记，不能与一般物料账相混。

12．每月月底由料账员填写呆废料统计月报表一式五联，第一联物料课自存，二至五联送成本课计算金额后，第二联送财务部，第三联由厂务部经理存查，第四联呈总经理，第五联送开发部。

13．报废品原则上一年招标处理一次，由厂务部总务课负责邀请旧货厂商比价，经总经理批示后，由出价最高厂商得标，厂务部总务课代表公司与其签订合约。

14．厂商提货时料账员必须填写报废品明细表一式三联，由厂务部总务课承办人会同旧货商人、物料课人员、成本课人员根据报废品明细表实际称重量后将其逐项填入报废品明细表，经各执行人员签章后第一联送成本课凭证账簿，第二联由物料课存查，料账员凭此在废品账除账，第三联让厂商携回。

15．本办法经总经理核准后实施，修正时亦同。

第八篇　仓储管理制度规划与推动之实例分析

一、管理制度的含义

二、仓储管理制度的工作职责

三、仓储管理制度的规划

四、仓储管理制度的推动

五、仓储管理制度规划与推动之实例分析

呆废料是“黄金”

第八篇 仓储管理制度规划与推动之实例分析

企业若能建立一套合适的仓储管理制度，并据以执行仓储作业，同时，运用管理方法及手段进行仓储日常作业与管理的改善，对企业营运而言，一方面既可以发挥仓储管理的功能，另一方面也可以由仓储管理效率化来提升企业竞争力。

本篇主要以实务的案例说明仓储管理制度规划与推动对企业营运的含义、重要性，仓储管理制度的规划与推动的原则、方法，以及仓储管理制度实施与推动方式等内容，作为企业建立与推动仓储管理制度的参考。

一、管理制度的含义

1．管理制度的定义

管理制度是一套系统化的作业流程、方法，是企业为有效整合组织内外各部门的作业，实现组织目标所建立的各项标准作业程序、规定、规则、章程、规范、办法等的总称。因此，所谓管理制度就是指将“规划”、“组织”、“用人”、“领导”、“控制”、“协调”等管理程序的做法予以书面化、条文化，编制成“管理手册”或“管理办法”，以供各级主管及从业人员在执行作业时共同遵守。

由于管理制度的规范化特性，使得组织内的一切运作、组织内各部门间职责及工作程序较明确，但也显示了它的弊病即易僵硬化，因此，规划管理制度应讲求规范与弹性兼备。

2．管理制度的特性

为维持企业组织的营运顺畅，管理制度必须具备如下特性：

⑴ 稳定性

制度应具有稳定性，以利定期目标的实现。

⑵ 持续性

制度应具有持续性，以确保目标及策略的实施。

⑶ 适应性

制度应具有适应性，以能对外部环境的变化及组织内部的变革，作适当的配合。

(4) 创新性

制度应具有创新性，以使组织能在适当时机推动革新。

(5) 实用性

制度应具有实用性，以确保作业及管理的实施。

3．管理制度的制定原则

为使管理制度能够具备上述特性，以规范组织的行为，引导实现组织的目标，在管理制度的规划及推动上，应依循下列原则：

(1) 提供全体成员对管理制度的资料认知及推动的支持；

(2) 鼓励各阶层参与制度的建立与推行；

(3) 衡量组织成员对制度的反应与态度；

(4) 重视组织成员对制度的改善建议；

(5) 定期检讨制度推行的绩效,并适时修正实施。

管理制度是管理及作业的依据，也是组织内各成员彼此分工合作的基础与规范，良好的管理制度能够增进组织的运作效率和效能，因此，越是复杂或者规模庞大的组织或系统，越是需要管理制度的有效运作。

二、仓储管理制度的工作职责

仓储管理就是对储存材物料的场所及其作业的管理，凡库房设置地点的选择、储存设备的设置、材料搬运设备的购置、搬运的方法与准则、入出库作业方式、料账的处理等均属于仓储管理的范畴。

仓储管理是材物料管理系统中最基本与最重要的一环，仓储管理的良莠直接影响到整体材物料管理系统的成败,仓储管理部门的主要工作职责可分为下列两大系统：

1．仓储管理的收发存操作系统

物料经品管检验部门验收通过入库、点数或称量后，选择架位或地区储放，依生产的需要在适当的时间检料、发放至工作现场的作业均属此系统。

2．料账记录和准确性的维护

进料单、发料单、退料单及存货调整单等的适时与准确，是这一系统的重要工作。

以下以某公司仓库管理的原则及流程来说明：

(1) 仓库管理原则

仓库在工厂内属于间接服务部门，在提供有关生产作业所需物品的收、存及发的服务时所产生的成本也在产品的间接成本中占有相当的比例。

仓库管理方面有下列几项原则：

① 加强呆废料管理，增加库存空间，降低生产成本；

② 物料存量经估算购存的库存数量能减至最低；

③ 物料购入之后，经过检验与点数手续，可确保其品质与数量，进库以后再加以适当管理，则滥用、浪费、偷窃及破损等现象，应可减至最低程度；

④ 定期检讨及调整储位规划；

⑤ 避免停工、待料的情形发生；

⑥ 提高保管及收发料的效率；

⑦ 异常的材料需适时作业反应并处理。

(2) 仓库管理表单流程图（图表8－1）

图表 8-1 仓库管理表单流程图

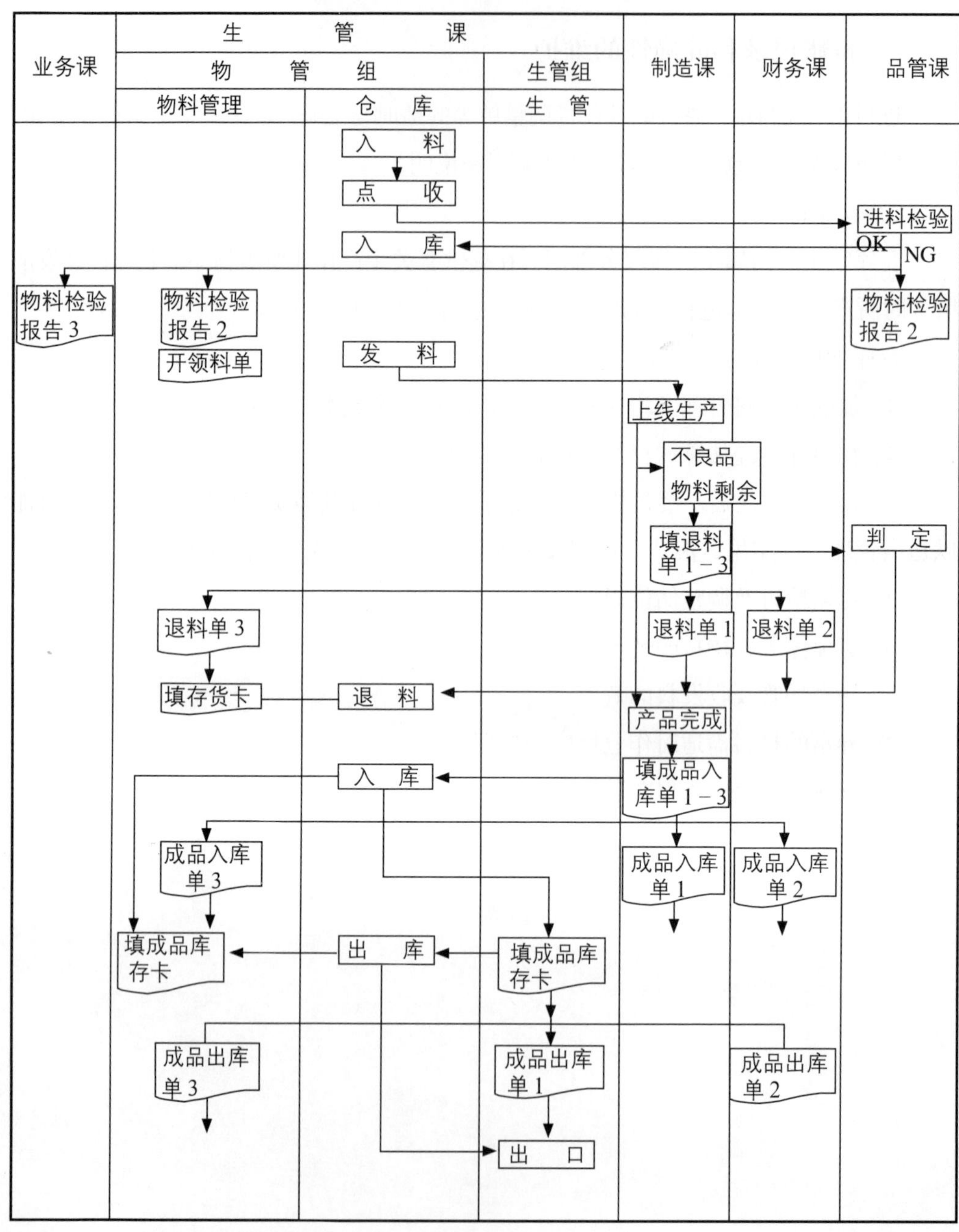

三、仓储管理制度的规划

要使仓储管理合理有效，必须有健全的制度与方法，其内容包括了组织设计、人员编组、政策、目标、程序、法规、作业要点、办法以及合适的仓储设备的配合等。

1．规划仓储管理制度的原则

(1) 具备建立仓储管理制度的条件与观念

企业应重视并利用仓储管理制度以提高作业效率，借此降低存货及提高材物料的利用率而增加仓储管理的投资报酬率。建立仓储管理制度时，必须具备下列各项配合条件与观念：

① 制定仓储管理制度的规划与推动的权责与分工；

② 高阶层人员必须了解仓储管理制度是一种重要的资源；

③ 一套健全的规划及成功的仓储管理制度的运用，需要所有人员的参与及事先妥善的训练；

④ 新组织必须考虑整体营运方式与仓储管理作业流程的配合；

⑤ 定期检讨仓储管理的推动成效以达成企业的目标；

⑥ 加强推行仓储管理方法才能保持预期的效果。

(2) 划分仓储管理部门及其人员的权责

仓储管理必须确定操作系统的建立以促进有效能的组织，划分仓储管理人员的权责，任命专责人员，使同一部门内人员可以协调配合，也可与其他有关部门相互协调配合。图表8－2及图表8－3是分权式与集权式的物料与仓储管理组织形态，应视企业环境与条件作明确的划分和采用。

(3) 确立仓储管理的政策、目标及作业项目

仓储管理的政策、目标、项目及作业内容，例如存货周转率、安全存量、订购点及账物一致率等应明确规定。

(4) 制定物料的分类编号及品名规格

由于物料种类繁多，必须采用系统化的分类，并对每一物料规定统一而恰切的名称，据以进行物料编号。

图表 8-2 分权式的物料与仓储管理组织图

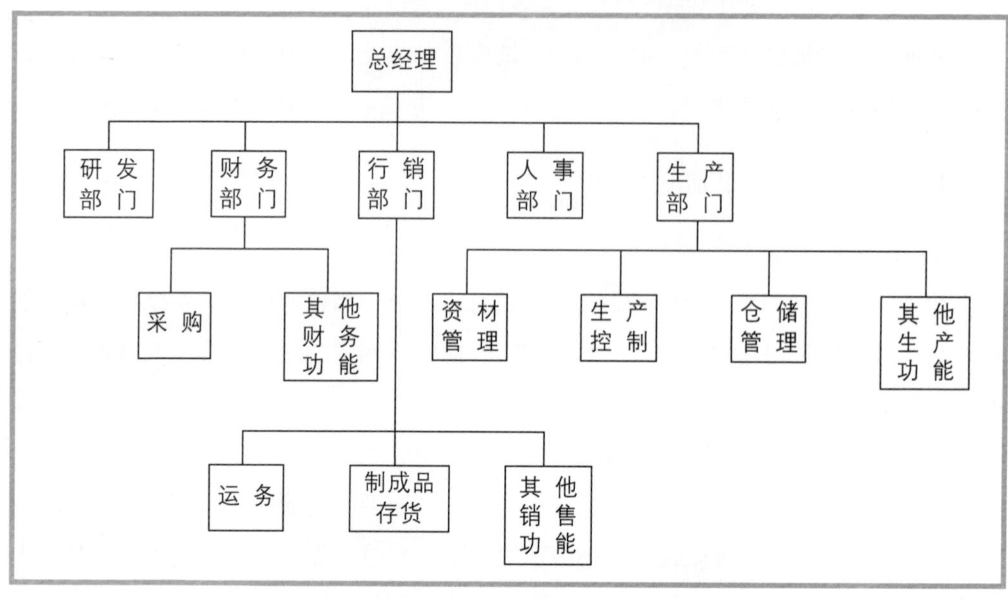

图表 8-3 集权式的物料与仓储管理组织图

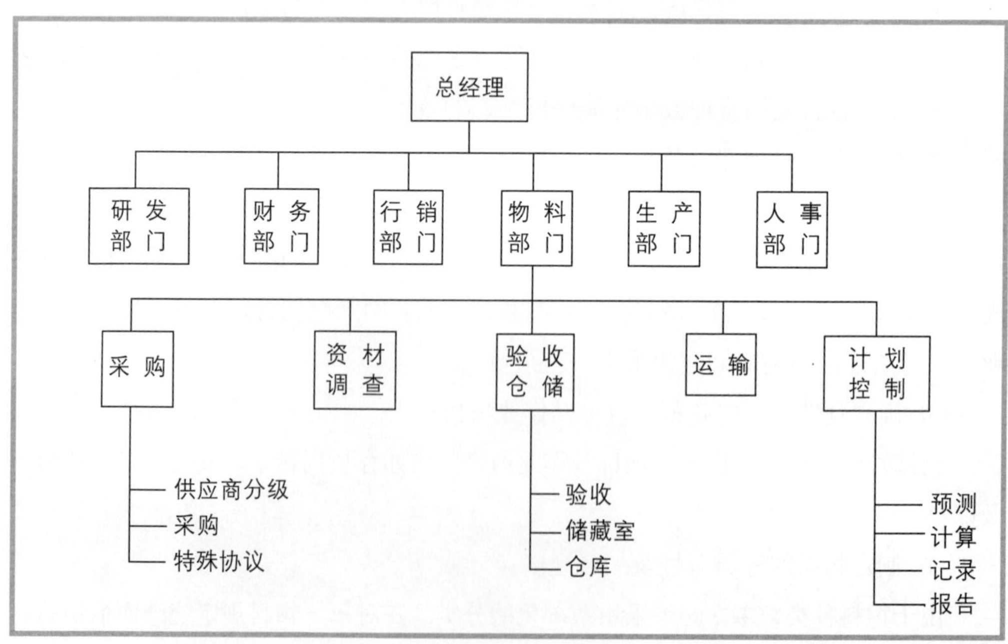

(5) 加强仓储设备的使用及管理

物料在采购之后、使用之前，必须经过储存阶段，如何保持储存中品质不变，数量不发生错误，并使领发及备料有序高效，有赖于良好的仓储设备与合理的管理方法。

(6) 加强采购作业与仓储管理的配合

采购作业在企业产销活动中扮演极重要的角色，良好且有效的采购作业能确保企业维持适质与适量的存货，避免重复浪费物料与设备的情形;有计划地小批量采购，不仅可以掌握有利的采购条件且降低采购成本，而且可以缩短购备时间以降低库存量。

(7) 妥善促进用料计划与仓储管理的配合

配合产销计划以估算各时期所需的物料，仓库事先备妥物料以适应实际产销的需要，建立协助各单位控制用量及节约用料的方法，主动调拨各单位库存物料以达到仓储管理的目的。

(8) 物料的标准化及简单化

为提高物料管理的功效，对于使用的物料应力求标准化，以减少物料的种类与规格。物料的标准化可减少物料积压的资金及占用仓库的面积;简单化即在管理方面力求简便。

(9) 详实的仓储管理记录与正确的报表

物料的进出记录与正确的报表，是仓储管理的基础。物料的记录应包括:现存量、存放地点、已订量、可用量、过去的采购及使用记录、单位成本、最低及最高存量、标准订货量、请购点或购备时间等资料。

(10) 仓储管理人员的训练与培育

仓储管理制度必须由从业人员来推动，因此必须训练一批从事仓储管理的人员，并培养其尽忠职守，具有责任感，而训练的重点包括计算机账务数据处理、仓库各项作业方式、流程、物料供货商分级、物料的特性等。

(11) 加强品质管制与仓储管理的配合

厂商进料品质的控管应落实，自制配料及产品进库前也应由品检部门进行检验，验收合格再办理收料手续。

(12) 有计划地预防及处理呆废料

呆废料的发生仍难避免，因此，应有计划地处理，以便腾出空间储存其他物料，活用其所占用的存货资金。

⒀ 建立仓储管理稽核评估制度

对物料的采购、验收、领发、储存及存料记录应予以评核复查，定期进行盈亏分析，妥善运用内控制度提出稽查报告，作为改善仓储作业与管理的参考。

2．规划仓储管理制度的方法

⑴ 确认仓储管理在企业营运管理中的定位

仓储作业与管理工作包含于物料管理中，物料管理可以包含整个广义物流的范围，也可以只局限在生产物流的部分，不但应用于制造业，也同时适用于服务业。物料管理相关作业就是进一步探讨有关仓储管理、物流管理、运筹管理、实体配送、供应链管理等相关管理课题，仓储管理与物流作业、物料管理工作互相支持及配合(如图表8－4所示)。

图表8－4 物流与物料管理架构

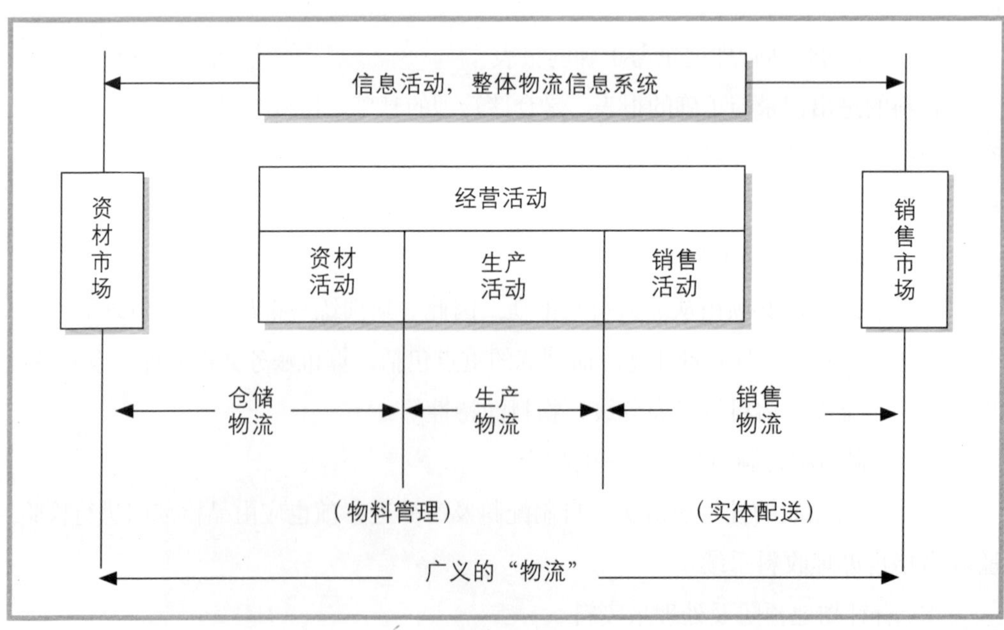

⑵ 确认仓储管理部门组织及工作职掌

生产与物料管理部门通常可区分为生管、物管、采购、仓储等工作单位，其主要作业项目如下：

① 生管单位

生产预测、生产计划、产能分析、派工、生产管制等。

② 物管单位

物料计划、存货管制、请购、用料控制等。

③ 采购单位

物料采购、询比价、议价、进货跟催、供货商开发及管理、价格管理等。

④ 仓储单位

验收、物料及成品的搬运与储存、领发补退料、账务处理、盘点、呆废料预防与处理等。

企业由于产品各异、规模大小不同，其作业流程与组织规划的构想及方法也会有所不同，因此物料与仓储管理组织形态也不同，应依管理目标、组织规模、内部控制、内部协调特性加以制定。

典型的物料与仓储管理组织形态分为集中式与分布式两种类型，说明如下(图表8-5、图表8-6)：

图表8-5 集中式物料及仓储管理组织图

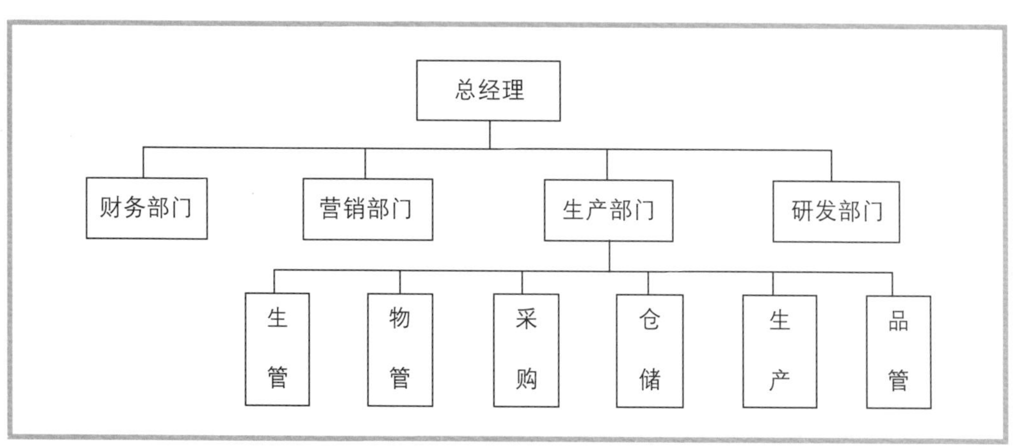

图表8-6 分布式物料与仓储管理组织

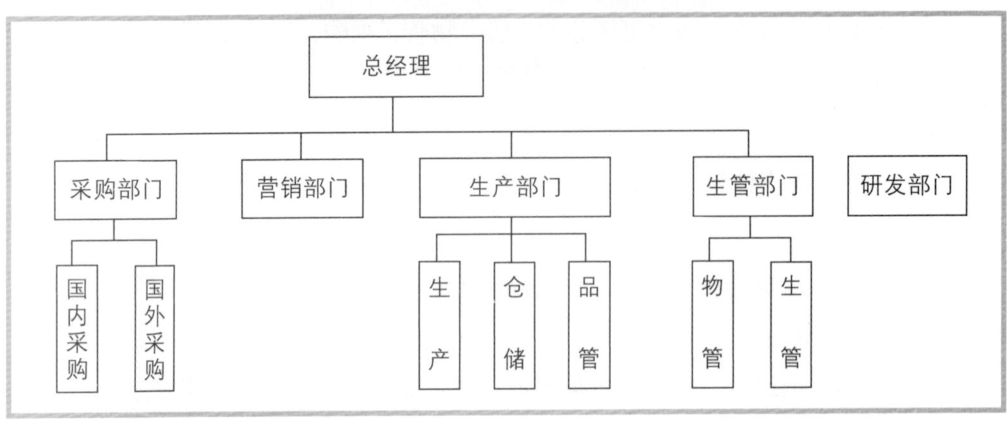

a．集中式物料与仓储管理组织

适用于中、小型规模企业。其优点为负责生产的部门主管统筹所有物料与仓储管理作业，协调性高，容易发挥绩效；缺点为生产的部门主管负责生管、物管、采购、仓储等单位，内部控制功能较弱，易生弊端，宜由财务部门或相关部门加强内部稽核作业。

b．分布式物料与仓储管理组织

适用于中、大型规模企业，尤其是物料成本比较高或具有多点生产及多工厂的企业。其优点为仓储管理与采购作业分属不同部门，集中采购可降低采购成本，充分掌握市场情报以开发供料来源，采购独立于其他物料与仓储管理作业具有防弊功能，仓储作业与生产制造同一部门易于配合；其缺点为组织规模过大，间接人员管理控制不易，沟通协调流程过长以致作业较不具弹性。

⑶ 制定仓储管理的相关流程及规章

仓储管理制度的内容涉及各项作业及管理项目，依据各项作业及管理项目的流程、作业要点、注意事项、权责分工、文件格式、表单等制定，并汇编成办法规章。仓储管理制度在实务上较重要的作业及管理项目如下：

① 仓库管理规定；

② 验收管理办法；

③ 库存账务处理要点；

④ 领发料管理办法；

⑤ 成品入库管理办法；

⑥ 出货管理办法；

⑦ 盘点管理办法；

⑧ 呆废料管理办法；

⑨ 其他相关办法及规章，例如退货管理规定、仓库5S活动章程、供货商管理办法、库存数据管理规定等。

有关订货、出货作业，以及物料与仓储作业流程与相关表单的关系参见图表8-7、图表8-8。

图表8-7 订货及出货作业与管理基本流程

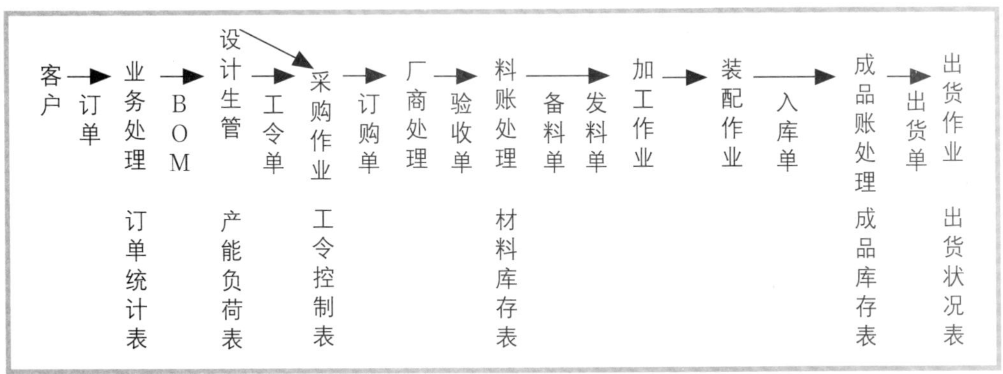

图表8-8 物料及仓储作业与管理基本流程

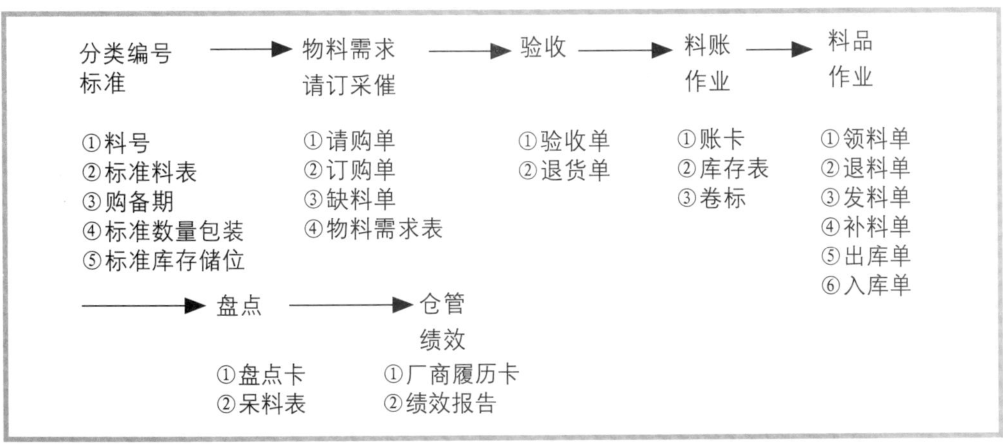

四、仓储管理制度的推动

1．仓储管理制度推动前的准备工作

(1) 确认仓储作业计划

在仓储作业计划上，除了要做好仓储物料的库存计划外，还要配合物料需求计划以补充因购料时间太长而导致产销活动不顺的情形。

(2) 确认仓储作业的实施计划

在实施前利用制度说明会加强宣导并培训仓管人员需运用的作业流程及方法。

(3) 确认仓储作业的定料分析资料并加以运用

在仓储作业分析上，应做好物料成本分析、物料供应与库存分析，以及呆废料的预防与处理。

(4) 确认仓储作业的执行与控制方式

作业控制内容包括物料请购、采购、验收控制、存货控制、仓储作业控制、盘点控制，以及催领发退料控制等。

在仓储作业执行与控制上，应力求信息流、文件流、物料流三者之间的相互配合，以及仓储处理作业的简化。

(5) 确认仓储作业的绩效方式

仓储作业绩效的内容应包含验收、领发补退作业、账物一致性、呆废料处理状况、存货周转率、存货成本控制等。

2．仓储管理制度的推动方式及注意事项

有关企业的仓储管理制度设计，一方面要符合上述仓储管理制度的规划原则及方法，另一方面，也要配合各企业现行仓储管理组织结构以及物料流程作最适当的调整与安排。

各类型企业的仓储管理制度在本书各篇节均有实际案例，在此不多赘述。

培训仓管人员学习仓管制度的内容及方法，是推动仓储管理制度的首要工作，运用组织的力量确实依制度逐步实施是基本的工作态度，因此，人员与制度的结合应成为仓储管理制度推动的重点。

五、仓储管理制度规划与推动之实例分析

[实例一]A工厂仓储管理办法

1．本工厂仓库管理方式依本办法办理。

2．仓库应视实际需要将其内部划分为若干储存区域，并制定明显标志。

3．物料的储存可按产品别或相似零件别加以区分。

4．每一物料建立一张储位卡(图表8－9)，除标明该物料的名称与储存位置外，还可依卡的颜色区分为A、B、C类。物料的领发与收拨情形应在储位卡上入账与除账。

图表8-9 储位卡

料号：　　　　品名规格：　　　　储位：

日　期	入 库 数 量	出 库 数 量	结 存 量

5．储位以W－A－Y－Z方式来表示。W代表该物料的储存区域代号。X代表料架的横列的代号。Y表示该料架上纵行的编号。Z表示该料架上排的编号。YZ的交点即为该物料的储存处。

6．仓管员应将仓库内储存区域与料架分布情形绘制成平面图置于物料仓库明显之处。

7．每一物料的储位应填入存量管制卡，任何储位出现调整，仓管员应立即通知料账员修正。

8．仓储中的物料应适时检查，易于破损、变质、锈蚀、震动及虫蛀、

鼠咬者，均应妥善防护。

9．物料不得直接置于地上，必要时必须垫以板台。

10．走道、通道严禁储放物料。

11．仓库内物料非经请领或借用手续不得擅自领发。

12．任何凭证，如有手续不全者拒绝受理。

13．仓库内部严禁烟火。

14．禁止非工作人员擅入库房。

15．仓库内应定期检查消防设备及电线绝缘是否良好。

16．呆料、废料必须分开储存。

17．仓管员平时除注意库房的整洁堆置外，应随时利用时间对存量较少的物料进行盘点。

18．本办法经核准后实施，修正时亦同。

[实例二]B工厂仓储管理办法

1．本厂物料以集中仓库管理为原则。

2．仓储单位除保管物料外，对于常用物料必须确实拟订最高及最低库存量标准，送厂长核定实施，每半年应重新审查，酌情调整。

3．物料的储存保管依下列规定加以办理：

(1) 未经验收的物料不得存于仓库内。

(2) 物料应依其种类、性质、体积、重量及流动性等排列整齐，放置于适当处所，以便领用及查点。

(3) 有危险易燃物品应特殊储存，并应与其他物料隔离。

(4) 仪器及特别贵重的物料，应储存于箱内并予加锁。

(5) 物料储存处所应保持清洁干燥，以免物料污染或受潮。

(6) 物料的发放或领放，依照本厂规定办理，无关人员不得任意进入仓储区域。不按本厂规定手续办理者，物料不得出库。

(7) 仓库不得携人任何易燃物品，并禁止抽烟。

(8) 仓库内外附近，应备有消防设备。

(9) 仓库应加强防卫，以防盗窃。

4．违反第三条第六项及第七项规定的人员，仓储人员应立即予以制止，否则仓储人员有失职的行为。

5．各种物料储存依第三条第二项规定存放，应将物料的种类、编号、名称、最高存量、最低存量记载于“物料登记卡”上，逐批登记物料动态，以利迅速出货及易于盘查。

6．储存的物料，若不能使用或久存而不用者，应由仓储人员每6个月清查一次，呈报物料管理单位主管，以便设法利用或拍卖。

7．物料于保管期间或于购入移转时遇有损失者，应按其情节分别按下列规定处理：

(1) 由于经办采购、运送或仓库人员营私舞弊而引起者，应依法移送司法机关办理。

(2) 由于经办采购、运送或仓库人员过失而引起者，按其情节轻重予以议处或责令赔偿。

(3) 由于通常的损耗所引起者，应呈报有关主管核准，若属于保管期内损失者，以盘存亏损处理；若属于购人、退还、运输、移转损失者，酌情将其损失加人各材料成本之内计算，以求精确计算产品成本。

(4) 由于失火、盗窃或其他意外事项所引起者，应呈报单位主管核准后，以非常损失处理。但有投保者应在受赔偿金额抵押后呈报。

8．材料保管人员应严加注意材料的妥善保管，如有损坏或短少应填写“库存材料报损单”，除呈准报损坏者外，应由材料保管人员负责赔偿。

9．材料于内部运送或运输途中发生损耗时，承办单位应填写“材料运损报告单”经核准后交由会计单位列账。

11．本办法经总经理核准后实施，修正时亦同。

[实例三]C工厂仓储管理规章

1．本工厂仓库的管理依本规章办理。

2．仓库应视实际情况划分储存区域，且须以鲜明的标志注明。

3．物料应确实按类别分区存储。

4．每一物料建立一张存量记录卡，登记物料的名称、编号与存储位置，该物料的收拨情形应在存量记录卡上入账与出账。

5．储位编订原则以数字与字母交互使用。如5A3B代表第5号库房内A区3号料架B层。

6．仓储人员应将仓库内存储区与料架分布情形绘制成平面图，置于物料课明显之处。

7．每一物料存储位置应填入存量记录卡，任何存储位置的变动都应及时反映到卡片上位置一栏。

8．未经验收的物料不得入库。

9．物料必须排列整齐以便查点，怕潮湿的物料必须存放在垫板上。

10．危险易燃物品应与其他物料隔离存储。

11．仪器及特别贵重物料应存储于加锁箱柜内。

12．通道严禁储放物料。

13．仓库内物料非经请领或借用不得擅自领发。

14．任何手续不全的凭证，拒绝受理。

15．物料必须公开存储。

16．先入库的物料先拨发。

17．库房内物料每六个月盘点一次。

18. 禁止非工作人员擅入库房。

19. 消防设备置于适当处所，仓库内严禁烟火。

20. 下班前应将电路切断、库房门锁好。

21. 本规章经总经理核准后实施，修正时亦同。

[实例四]D公司物料与仓储管理制度

第一章 总 则

第一条:目的

为使本公司材料的请购、采购、验收、领料、退料保管及产品的入库、运送有所遵循，特制定本办法。

第二条:材料目录及产品目录由会计组会同各部门编订(图表8-10)，如有变动，各部门应事先协调会计组修订。

第二章 请 购

第三条:请购单开立的事务处理流程(图表8-11)，事务流程符号须依规定绘制(图表8-12)。

(1) 常备材料

① 请购员依材料存量卡于库存量接近请购点时开立请购单。

② 最高存量、安全存量、请购点、请购量由权责主管核定。

(2) 非常备材料

① 非常备材料的请购，由各使用部门根据“生产进度表”及“制造通知单”开立请购单。

② 紧急请购应于请购上加注“紧急请购”以示急件卷宗，依请购单及请购流程呈核处理。

第四条:请购单位的请购控制

请购单位应建立控制表(图表8-13)，以作为请购的稽催与控制。

第五条:询价、批准及订购

(1) 采购人员接到请购单第二、三、四联后，应按案件的急缓决定询价进度，每天检视作业的进展。

(2) 采购的批准权限，依公司规定。

(3) 请购单经批准后，除采购自存一联外，其余退还料库单位，记录于“请购控制表”中“单据返回日期”和“交货厂商”栏内。

(4) 采购如有异常，采购人员应通知请购员，并列入记录，请购员应将催办情形列入记录。

第六条:交货控制

(1) 厂商交货完毕，仓库人员应将请购单按流水号码装订整理。

(2) 分批收料时，须在请购单、收料单上注明分批收料状况。

(3) 采购员于每年一月填写“原物料采购期间表”送交请购单位。

第七条:统计

各部门对于每旬主料的收发存量状况，于每月五、十五、二十五日列表呈报总经理，以汇编本公司主料的收、发、存量状况，作为采购政策的参考。(图表8－14)

第三章 验　收

第八条:检验部门

(1) 工具

原则上品保课或使用单位检验，如有必要，则需会同有关单位检验。

(2) 材料

由品保课检验。

(3) 制造中品质检验

物理及化学性能一律由品保课检验，官感部分由各部门自行检验、品保课抽验。

第九条:检验规范

由品保课邀请各部门设计，技术单位协商制定。

第十条:检验

(1) 根据“检验规范”或“合约书”检验，如有异常须检附“检验报告表”一式三联，一联自存、一联送仓库单位、一联送采购，凭此处理。

(2) 官感检验部分应于收件后两日内完成，理化试验部分，应于收件后五日完成，因故未能完成者，须连络相关单位，并做成记录。

第四章 收 料

第十一条:数量点收

(1) 收料事务处理流程(图表 8－15)

(2) 材料到厂时，由料库人员会同点收，并于检验合格后办理收料手续。

第十二条:交货异常

(1) 超交处理

以退回为原则，但生产常用料，计量部分超交5%内者，经请购单位主管同意后，在收料单上注明超交情况，始得收料;超过5%(含)时，如属生产需要，应补办请购手续，注明原请购单号并依原该批进货总额权限核准。

(2) 短交处理

以补足为原则，计量在5%内经请购单位同意后，则免补足。超过5%(含)时，如有需要，已送货品暂缓付款，待补足后再付款。

(3) 收料时发现差异，料库人员应填写差异通知单，通知采购单位处理。

第十三条:现场会同收料

原物料存放于使用单位者，料库人员应将原物料送至各使用单位，会同请点数量后签认，料库人员应随时清查。

第十四条:急用品收料

(1) 使用单位因当日急用，须在下班时间进料者，应事先通知料库人员留守。

(2) 无法事先通知而在下班时间进料者，须经值夜班人员签认后，方可进厂，并应纳人值班记录，由人事课通知料库人员，料库人员应于翌日办理收料手续，注明补办原因。

第十五条：厂内调发、厂商借料、外包加工料

(1) 厂内调拨事务处理流程(图表 8－16)

(2) 厂商借料应出具借函，先经经理级以上权责主管同意后，再依事务处理流程(图表 8－17)办理。厂商交还借料时，料库及警卫人员须核对原借物出门证并核章。

(3) 外包加工料依外包事务处理流程办理。(图表 8－18)

第十六条：暂收加工料

客户来料加工，对照第十二条办理，如订有合约，应送一份至会计组。

第五章 领 料

第十七条：一般领料事务处理流程(图表 8－19)

(1) 使用单位根据生产计划用料开具领料单，一式三联，第一、二联送会计组，第三联发料单位存查。

(2) 发料单位应将主料的数量换算成重量。

第十八条：设备以外器具物品的以旧换新

(1) 待换物品的更新标准，由料库主管会同使用单位的主管判定，其项目应列表管制(图表 8－20)。

(2) 料库人员应将以旧换新的残体，按月会同修护人员视有无修复价值分别处理。

(3) 修复后的耐用器具物品应记卡，并优先拨发使用。

第六章 退 料

第十九条:退回料库

(1) 领料规格不符，余料、废料、退回料库事务处理流程(图表8-21)。

(2) 成品改造回炉事务处理流程(图表8-22)。

第二十条:退回厂商

(1) 未办收料，退回厂商事务处理流程(图表8-23)。

(2) 已办收料，退货再换料事务处理流程(图表8-24)。

第七章 盘点及滞废料、下脚品处理

第二十一条:盘点

盘点办法依公司另订的盘点办法实施。

第二十二条:滞废料及下脚品处理

依公司规章实施办理。

第八章 半成品、成品的入库、发货、退货、退换调整

第二十三条:入库

(1) 半成品自用者

料库单位须填写收料单一式三联，第一、二联送会计组，第三联自存。

(2) 制成品、半成品出售者

经检验合格始可包装，制造部门填具“入库单”一式四联，第一、二联送会计单位，第三联送料库单位，第四联自存。

(3) 由品保课检验，必要时会同现场技术部门检验，合格后，才能办理入库或收料手续。

(4) 成品入库事务处理流程(图表8-25)。

第二十四条:发货

发货事务处理流程(图表8-26)。

第二十五条:产品退货及退换调整

(1) 成品退货事务处理流程(图表8－27)。

(2) 成品退换调整事务处理流程(图表8－28)。

第九章　滞料、滞存品

第二十六条:滞料与滞存品处理

(1) 滞料分析

原物料滞存三个月以上时，料库经办每月五日前，填“滞料分析表”一式二份，一份呈总经理、一份自存。

(2) 滞存品

成品、半成品库存三个月以上时，料库经办须在每月五日前填“滞存品分析表”一式三份，签核后，一份呈总经理、一份送营业组、一份自存。

第十章　附　　则

第二十七条:保管规定

(1) 未经验收、验收中及验收后的材料，应分别存置。

(2) 材料、制品应按类别排列整齐，标明名称、编号。

(3) 易燃易爆物应与其他物品隔绝，并标明严禁烟火。

(4) 贵重材料应特别储存，并加锁。

(5) 未按规定办妥手续不得收发，易变质的材料应先进先出。

(6) 非仓库有关人员，不得擅入仓库。

(7) 仓库人员应严密防盗、防窃，并备置消防器材。

第二十八条:考核

由会计组每月五日将“单据凭证处理不当统计表”(图表8－29)出三份，分别送呈总经理、有关各部门和自存。

第二十九条:公布实施

本办法经总经理核准后公布实施，修改时亦同。

附件一览表：

图表 8－10　材料及产品目录(略)

图表 8－11　请购事务处理流程图

图表 8－12　事务处理流程图符号说明（简图）

图表 8－13　请购控制表(略)

图表 8－14　主料收、发存量旬报表(略)

图表 8－15　收料事务处理流程图

图表 8－16　厂内调拨事务处理流程图(略)

图表 8－17　借出厂外事务处理流程图(略)

图表 8－18　委托加工单(略)

图表 8－19　一般领料事务处理流程图

图表 8－20　以旧换新项目表(略)

图表 8－21　退回料库事务处理流程图

图表 8－22　成品改造回炉事务处理流程图

图表 8－23　退回厂商事务处理流程图

图表 8－24　退货再换料事务处理流程图

图表 8－25　成品入库事务处理流程图

图表 8－26　发货事务处理流程图

图表 8－27　成品退货事务处理流程图

图表 8－28　成品退换调整事务处理流程图

图表 8－29　单据凭证处理不当统计表(略)

图表 8-11 请购事务处理流程图

使用单位	料库单位	采购单位	会计组
非常备材料 A_{1-4} 请购单	常备材料 A_{1-4} 请购单 B 材料存量卡 请购控制表 A_1 期及交货厂商 登记单据返回日 $A_{2,3}$ $A_{2,3}$ 接受料事务理流程	注：如需付现者，填写付现通知单，并送呈权责主管核决。 权责主管 发记询价 核章 A_4	

图表 8-12 事务处理流程图符号说明（简图）

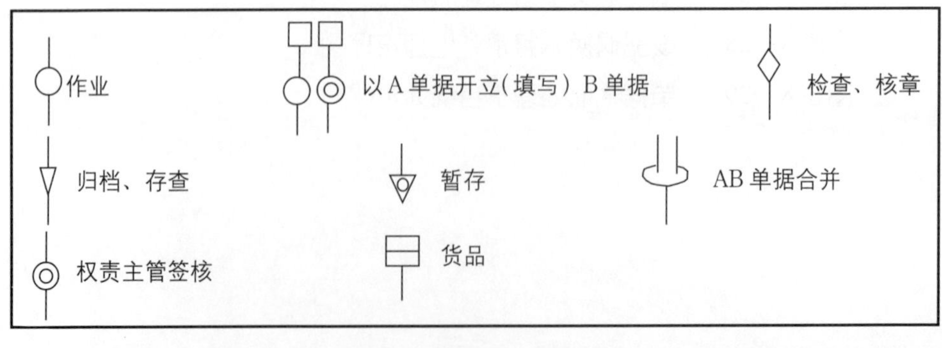

图表 8-15 收料事务处理流程图

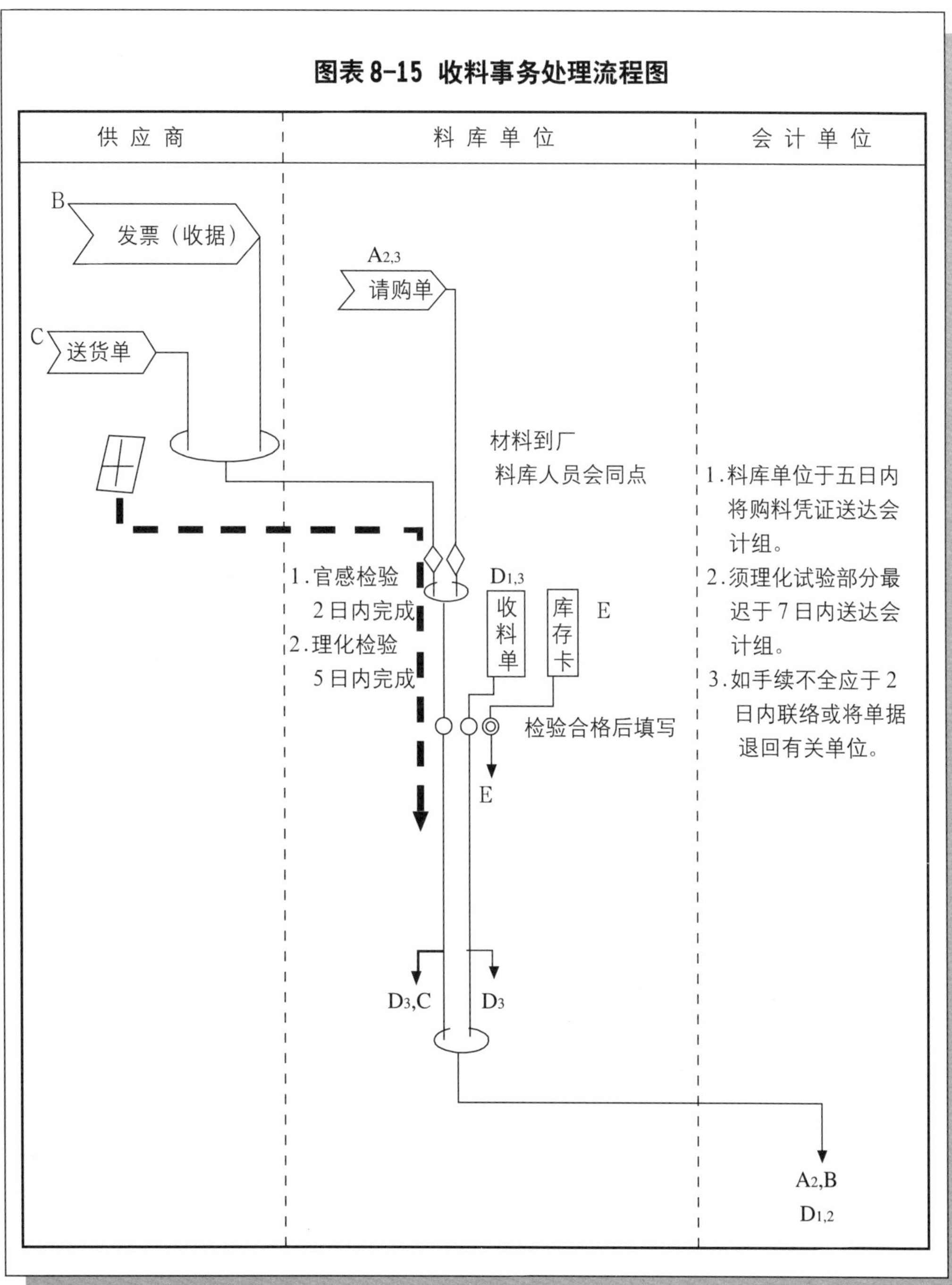

图表 8-19 一般领料事务处理流程图

图表 8-21 退回料库事务处理流程图

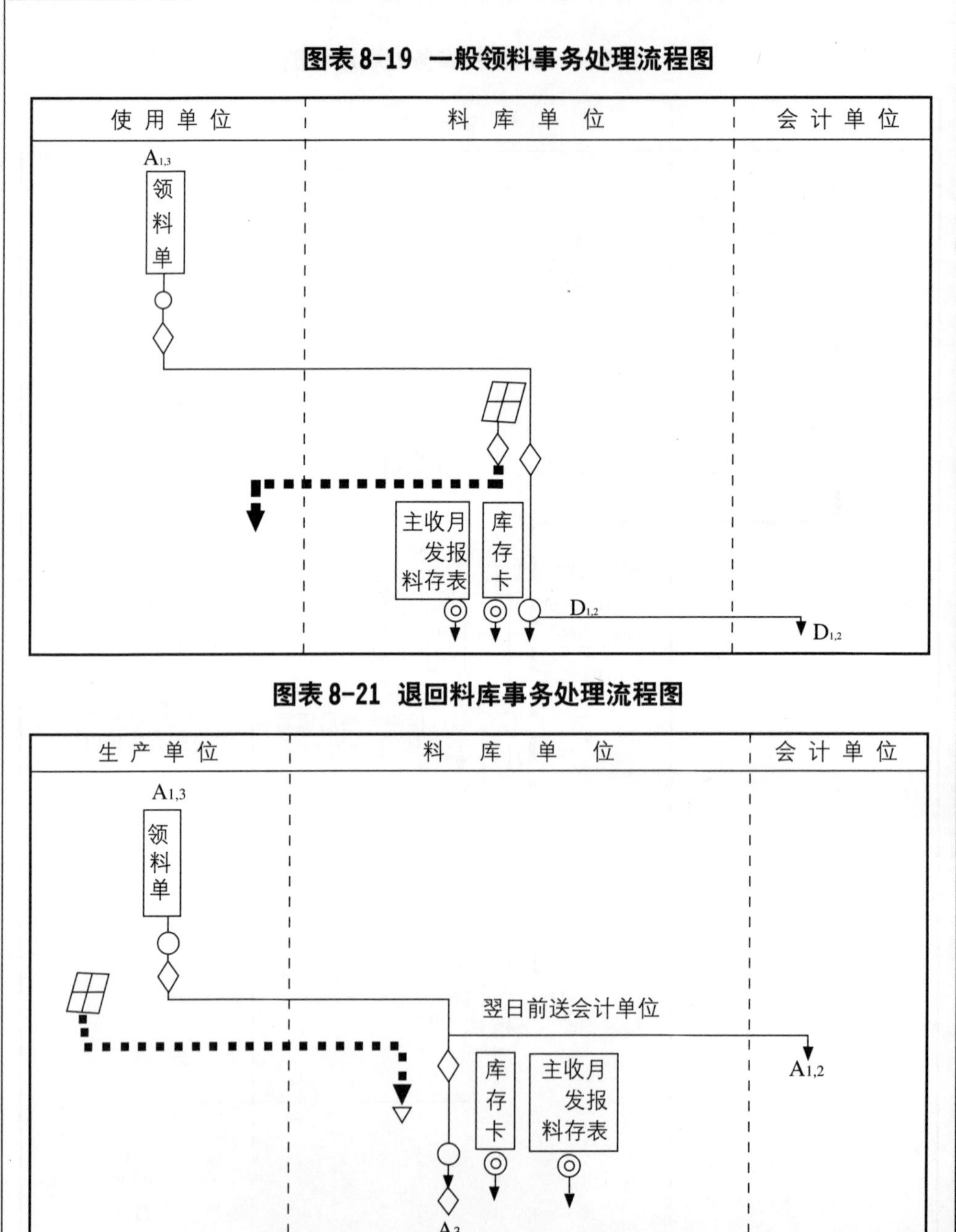

图表 8-22 成品改造回炉事务处理流程图

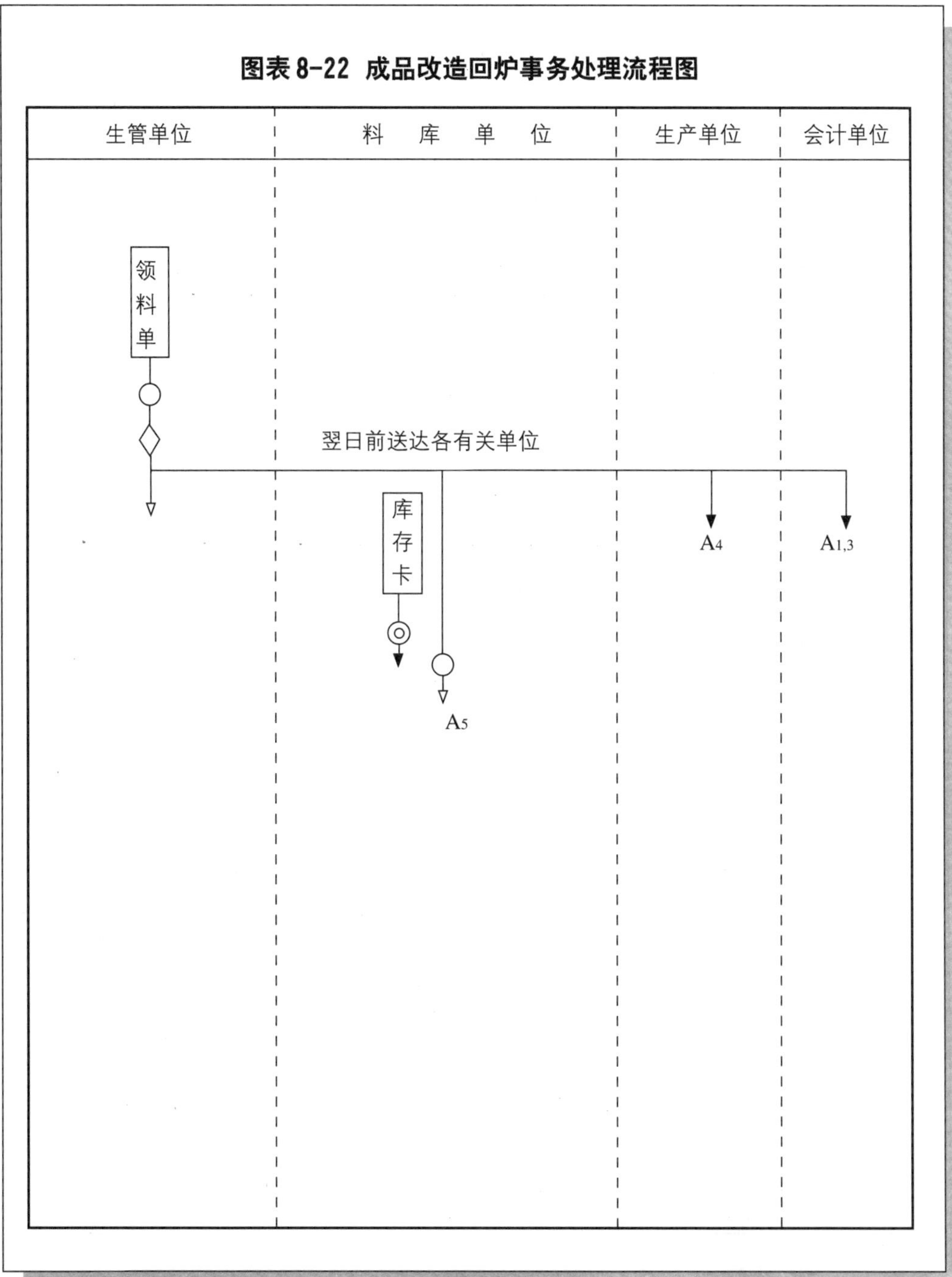

图表 8-23 退回厂商事务处理流程图

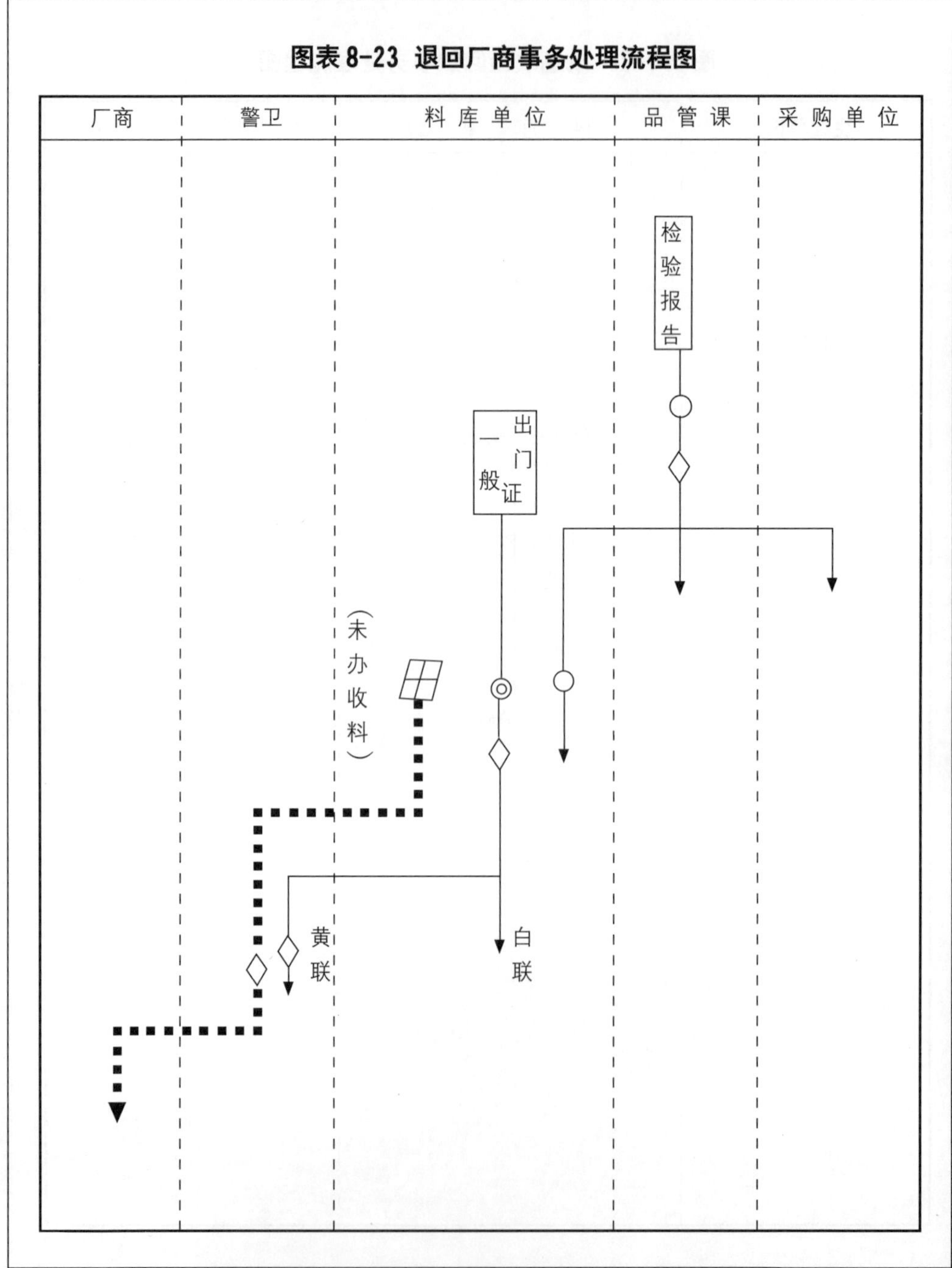

图表 8-24 退货再换料事务处理流程图

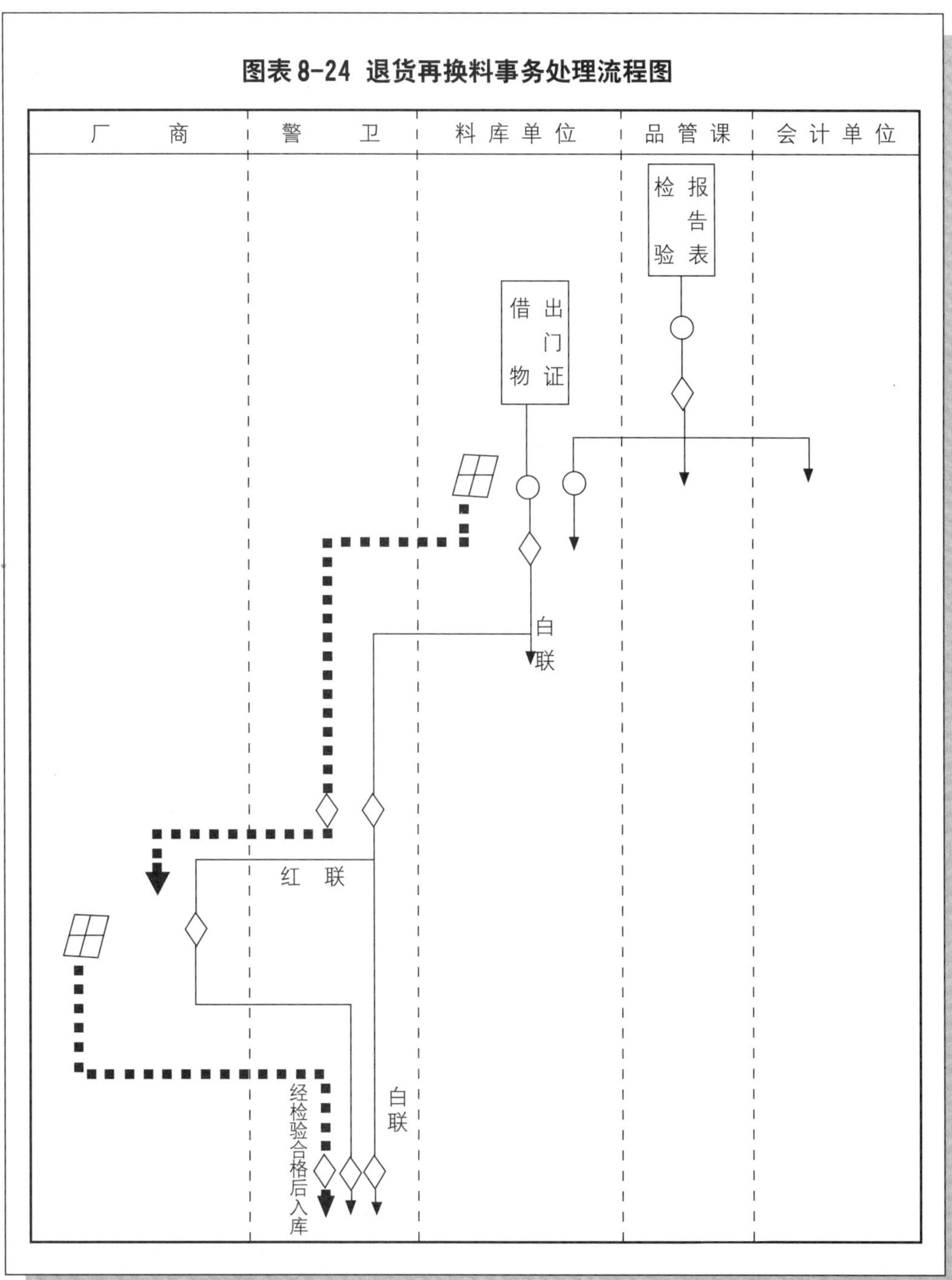

图表8-25 成品入库事务处理流程图

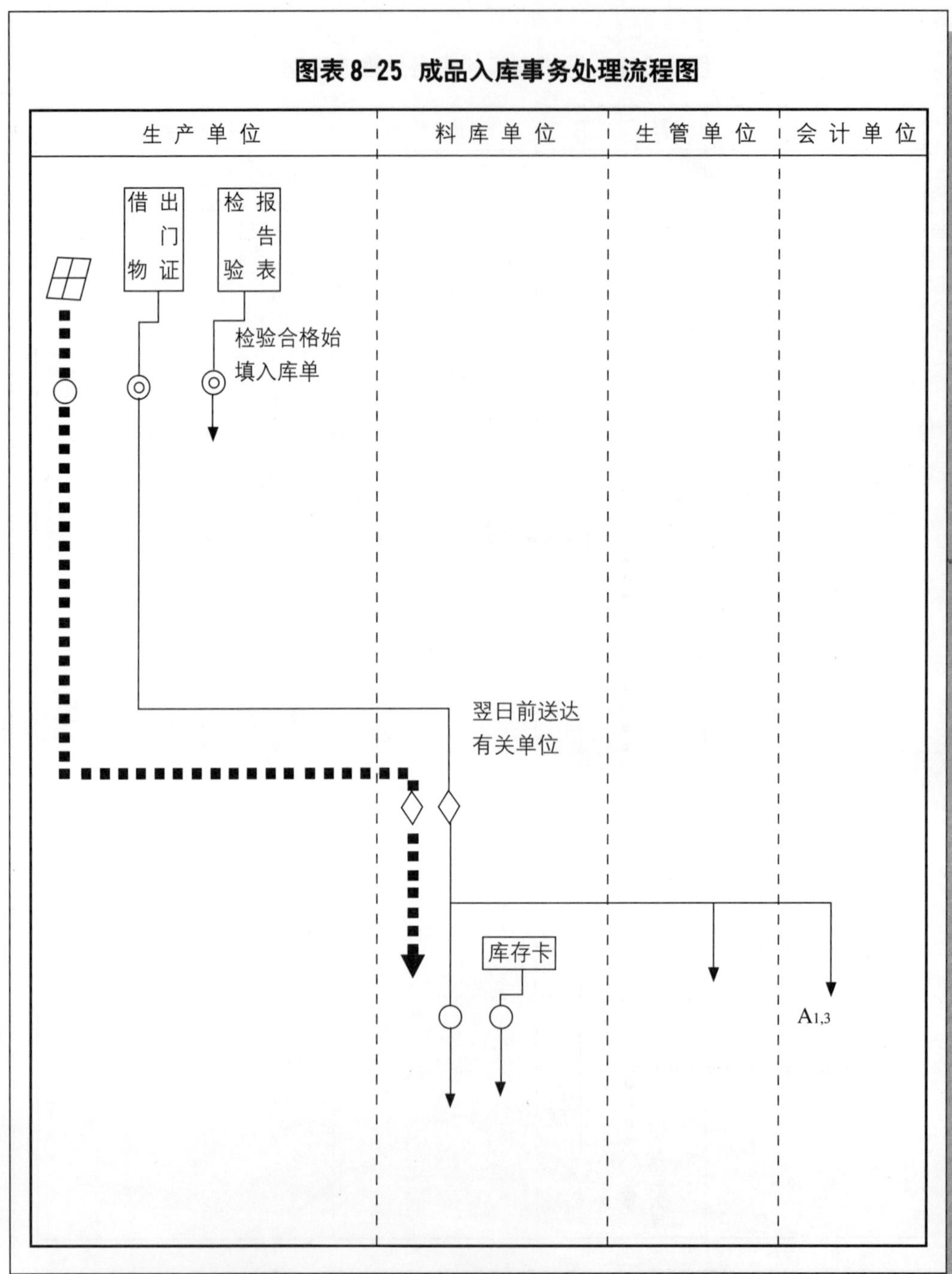

图表 8-26 发货事务处理流程图

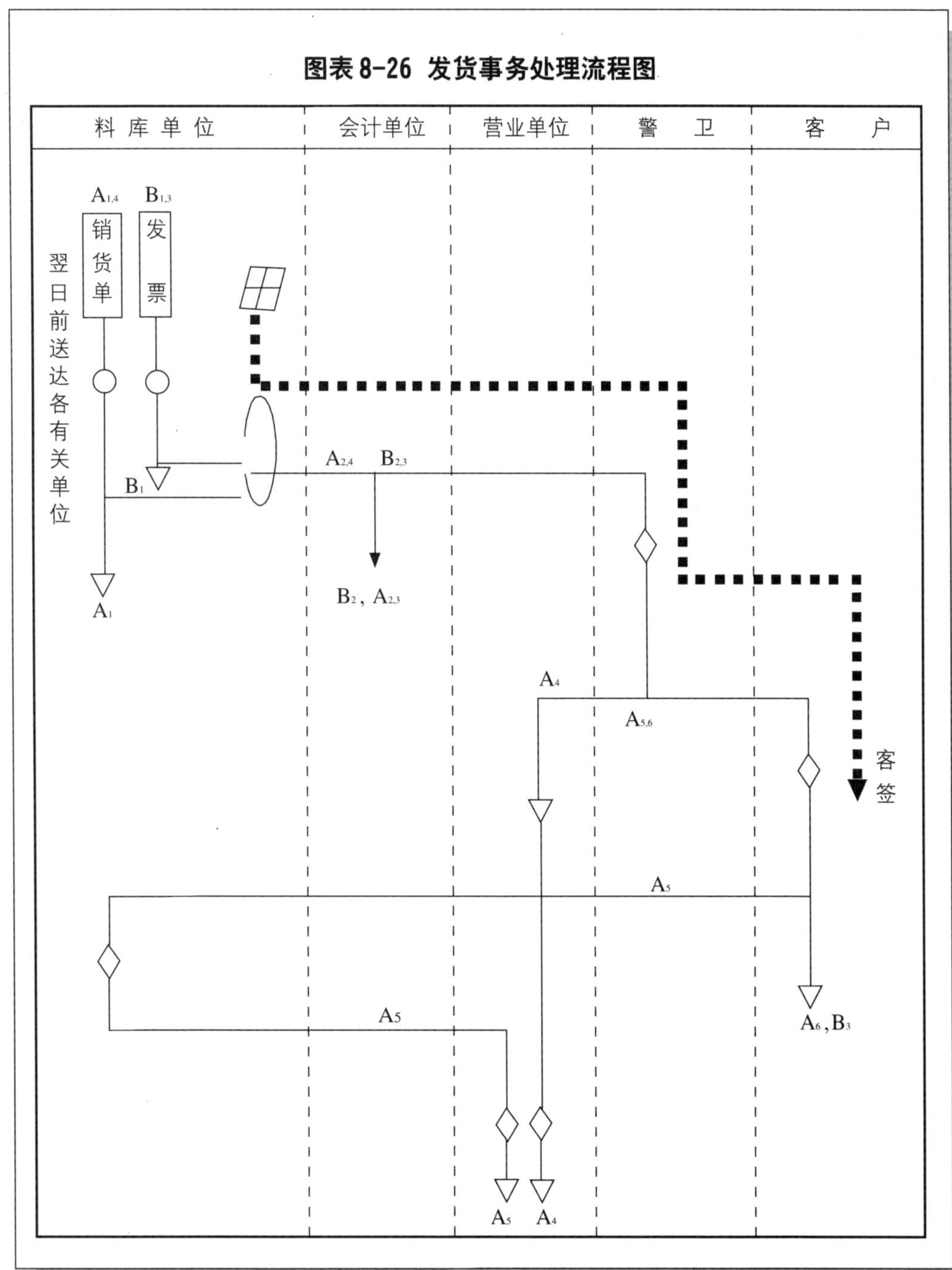

图表8-27 成品退货事务处理流程图

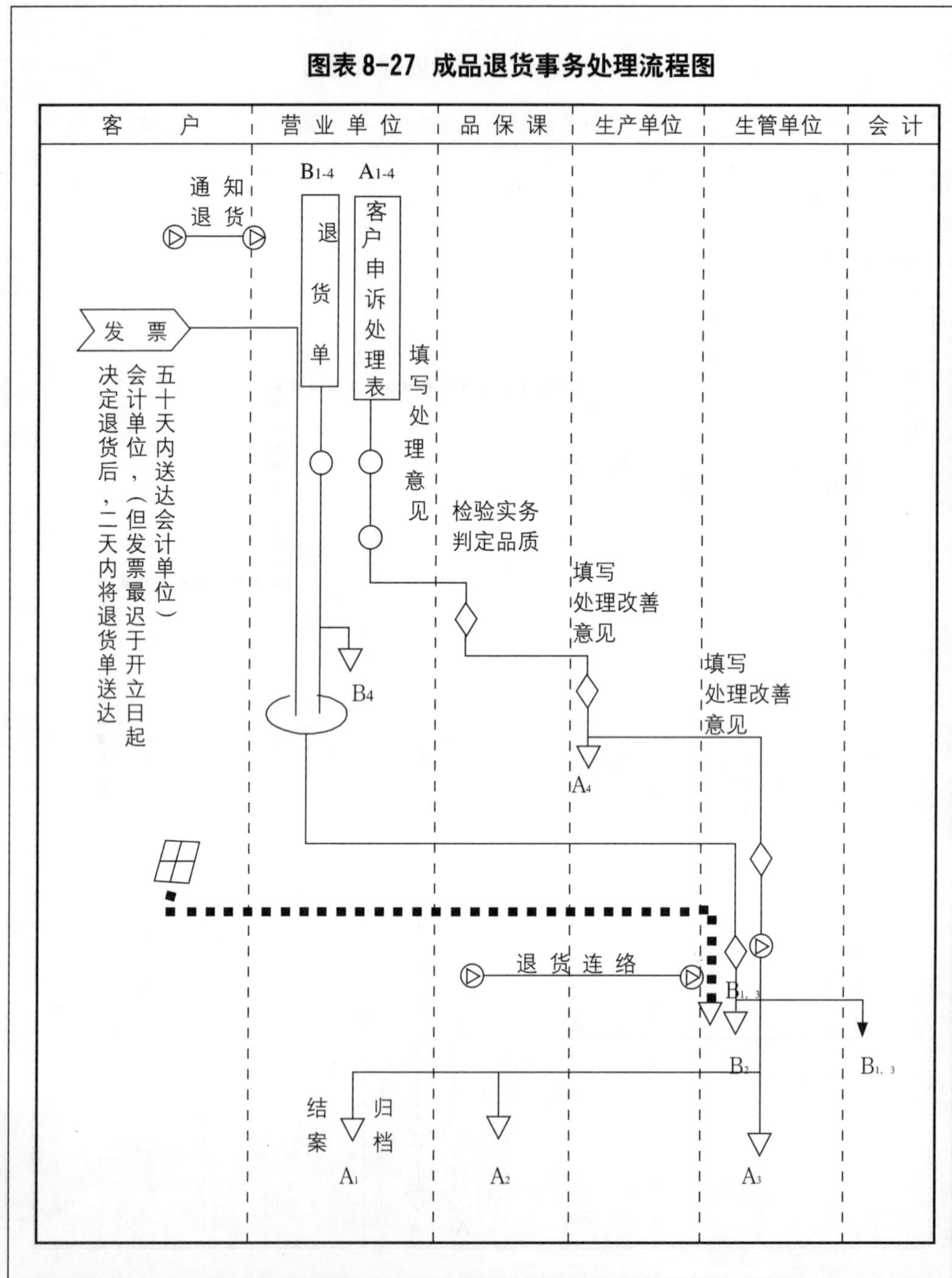

图表 8-28 成品退换调整事务处理流程图

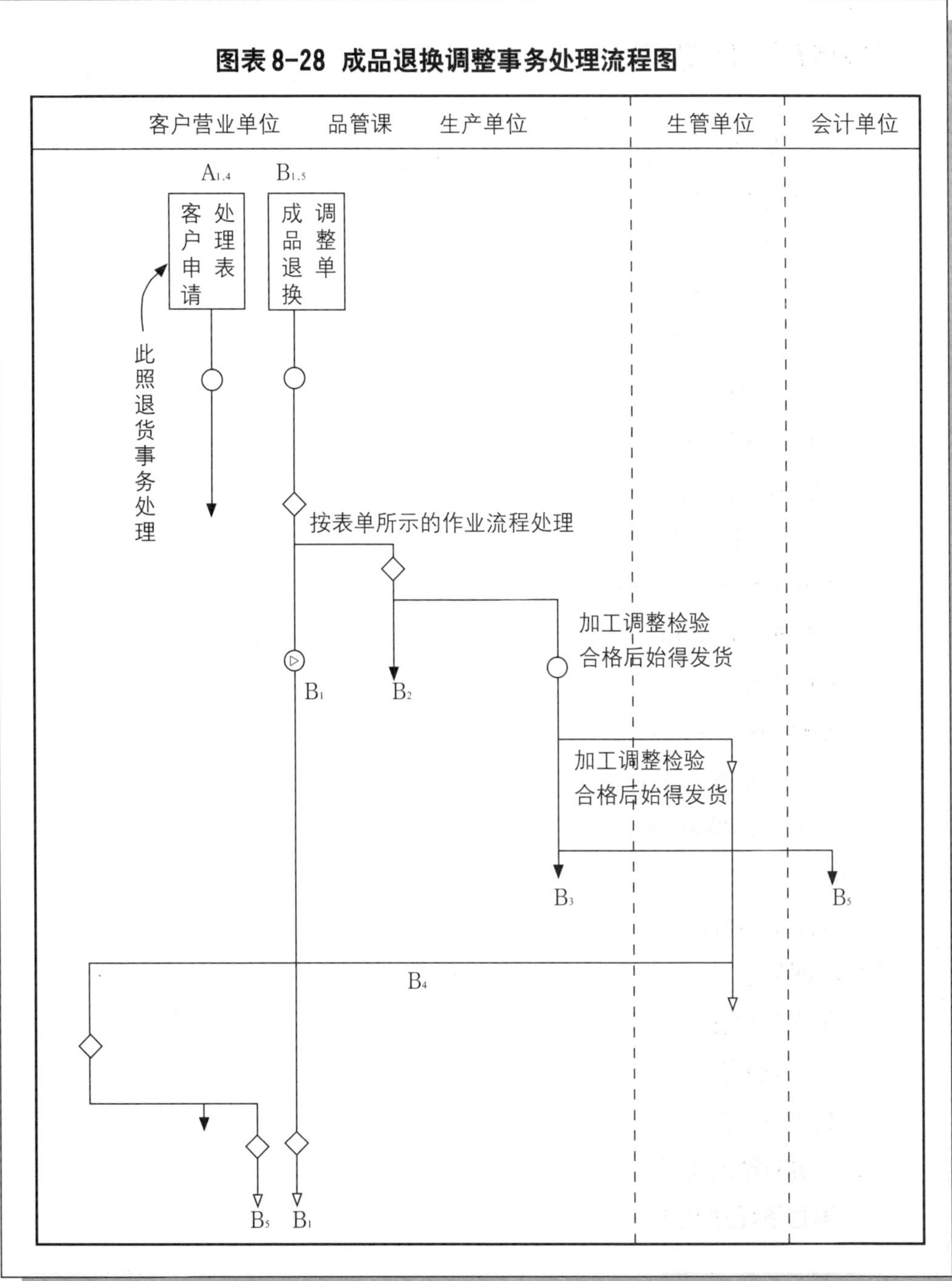

[实例五]E公司物料管理制度

第一章　通　　则

第一条:本公司为加强材料的采购、修造、收发、保管、登记、报核及废品处理等管理事项，除另有规定者外，其他都遵循本办法规定。

第二条:本办法所称各机关，是指下列单位

(1) 各事业部门管理机构;

(2) 各生产工厂;

(3) 各矿区产场;

(4) 各分支机构(例:营业所)。

第三条:本办法所称材料

(1) 原物料流动资产

指原料(包括残废料)、物料、包装材料及其他储存品的流动性。即财物部在会计单位以原料、物料科目所处理的财物。

(2) 消耗品

指燃油料、一般公用物品等经使用即失去原有效能或价值的物料。即在会计单位以制造、营业、管理等费用科目处理的物料。

第四条:采购的决定，由课长以上人员核准，其权责的划分由各公司自行决定。

第五条:各项材料应有统一的译名、单位分类编号，由各机构配合实际需要详细制订。

第六条:凡各种材料的采购、验收、保管、登记，应指定专人分别负责办理。采购保管人不得兼理料账及事务，采购、保管更不得由一人兼任。

材料仓库视实际需要，酌情派驻仓库会计人员办理有关材料价格的核算、账册的登记及报表的编制等事项。

第七条:各种材料的价格，应包括原价、运费、保险、税捐或约定由买方负担运搬中的破损损失。

第八条：各种材料领用时的单价计算，采用加权平均法或其他通用方法以各批材料的数为权数。

第九条：材料管理单位应与会计管理单位随时取得联系，对于材料综合账与明细账以及材料登记卡、所登记的实际收发、盘存数额必须随时核对互为勾稽以免歧异，如有歧异即应查究原因，必要时应将查明结果报告核办。

第二章　请　　购

第十条：各种经常使用的一般性材料，应参照核定的储存最高及最低量，由仓库管理单位依照规定办理请购手续，其余的材料由有关单位请购，并以整批采购为原则。

第十一条：凡属各公司能共同使用或大宗的材料，应由总管理处资材室依照实际需要，统筹订购配拨。

第十二条：请购材料应由请购单位填写请购单，送呈单位主管审核认可，并依材料的性质分别送有关单位后再送采购单位询价。

第十三条：各种材料的负责请购单位的原则

(1) 经常使用的一般性材料由仓库管理单位负责；

(2) 原料由生产管理单位负责；

(3) 事务用品由总务或有关单位负责；

(4) 消耗品由总务或有关单位负责；

(5) 宣传材料由企划或营业单位负责；

(6) 赠送品由总务或营业单位负责；

(7) 包装材料由生产管理或营业单位负责。

第十四条：请购单位于请购前应查明库存情形，再办理请购手续。

第十五条：请购单应记载品名、种类、规格、品质、数量、厂牌、用途、期限，必要时得另附图案、说明书或样品。如属自料委托者，应记载委托加工材料名称、加工方法、成品规格、用途及验收标准等事项。

第十六条：请购单位分送处理

(1) 国内采购

请购单应将请购询价收料并为一单一式共五联，一联由请购单位存查，其余四联送采购单位，经收料后采购单位依照请购单联别，分别存查及分送会计、仓库、总管理处资材室等有关单位。

(2) 国外采购

一式七联，由请购单位存一联，其余六联由关务或采购单位自存二联及分送会计、总管理处资材室各二联。

第十七条：国外采购的材料、主管请购单应参照其交货运输时间及储存品使用情形规划请购时期。

第十八条：机械器具的制造或修理应事先拟订预算，经核定后办理。预算必要时应附图案、说明书或可供说明的参考文件。编拟预算时，对于所需材料单位得事先查估，但对整套机器的估价，应征得采购单位的同意。

第十九条：上述预算内应记载下列事项

(1) 品名；

(2) 规格、性能、品质；

(3) 数量；

(4) 单位；

(5) 金额；

(6) 付款条件。

第三章 采 购

第二十条：采购单位接到请购或修理制造单后，应立即依照单列记载事项办理采购，其询价、决价、订购等手续另定。

第四章 验收及收料

第二十一条：采购单位于材料到达时将其数量、金额，连同杂费等一并填写收料报告单交仓库及有关单位会同会计单位派人员验收。

第二十二条：验收是为确认所购的材料是否符合订购当时所约定的条件或图样及原样品的品质。

第二十三条：验收应依下列顺序进行

(1) 非经请购订货品或不是曾经主管核定的请购或修造者，不予验收，但机构主管指示不在此列。

(2) 虽有曾经呈准的请购或修造单，但有下列事项者，仍应拒绝验收并通知采购单位后，按照主管的指示作适当的处理：

① 超过交货期限过久者；

② 与原约定、契约条件或图样及原样品不符者；

③ 交货单与现品差异者；

④ 破损、变质、损毁及其他瑕疵者；

⑤ 其他显著的异常者。

第二十四条：同类的大批财物，要以一定的标准抽样验收。

第二十五条：因特殊情形一时无法将应验收的事项全部确认者，要先进行捆包，将包装的个数、重(数)量、包装情形等作预备验收后，于3日内将应确认的全部事项验收完毕。但可能发生债权纠纷者，作预备验收。

第二十六条：所购材料应作品质化验，待化验结果后再得验收。

第二十七条：验收的材料有下列事项者，应请有关单位派人员办理：

(1) 关于结构，性能及其他技术性者，应请设计使用或技术等有关单位派人员办理。

(2) 购置材料是由货运业者搬运而发现异常者，数量不足或品质规格等与原约定条件不符或有损毁及其他瑕疵等，应请该运送业者出具证明文件。

如是国外采购者，应请公证机构公证并请其出具公证文件。

上项手续办妥后，应即连同文件通知采购单位向供应厂商交涉补足及退换或依契约条件索赔，其责任如属于运送业者或保险业者则由采购单位向该业者索赔。

第二十八条：分批交货的材料，仍应于每批办理验收手续。

第二十九条：验收期限以不得超过两天为原则，如材料品质须待化验或须严格验收及有特殊情形者，不在此列。

第三十条：各级主管认为有必要时，得指派专人将已验收的材料予以复验，经复验后，如发现与初验情形不符者，应即查究原因并视其情节将有关人员作适当的处分。

第三十一条：凡购置的材料到达后，而原始凭证等因故迟缓，依上述本案各条的规定先行作预备验收、收料，事后再作补正的手续。

第三十二条：验收完毕的材料应缴入仓库保管，在急用时得直接交由请购单位，但在验收时应请仓储单位派人员办理。

第三十三条：外购材料收料报告单一式五联，一联存关务或采购单位，其余四联由该单位依照收料报告单联分别送请购、会计、收料、总管理处资料室。上项收料报告单得参酌实际需要情形，增加副本分送有关单位。

第三十四条：收料应有下列几项：

(1) 已请购的材物；

(2) 验收合格品；

(3) 验收不合格的一时保管品。

第三十五条：收料报告单应经下列人员的签章：

(1) 采购单位的主管及经办人员；

(2) 收料单位的主管及经办人员；

(3) 有关单位指派的会办人员；

(4) 事业机构的主管或其授权人员。

第三十六条：验收数量超过订购数量者以退回为原则，必要时得追加采购手续。

第五章 保 管

第三十七条：材料的保管以集中于仓库为原则。

第三十八条：材料主管单位，对于各种经常所需的材料，应参照实际需要会同有关使用单位，拟订最高存量及最低存量标准，报请机构主管核定实施，但应视实际情形每半年重新审查调整一次。

第三十九条：各使用单位对于由材料仓库经常储存供应较宜的材物，得随时拟订最高最低存量标准。报请机构主管核定后，交用仓储单位办理。

第四十条：材料的储存保管应依下列规定办理：

(1) 未经验收的材料不得出材料保管单位，存放于材料储存场所；

(2) 不便仓储的材料，而露储不致于材料遭受损害者，露天存储；

(3) 材料应依其种类、性质、体积、重量及流动性等排列，放置于适当处以便于领用及查点；

(4) 凡危险易燃性者，应与其他材料分别隔离保管；

(5) 凡属仪器及贵重的材料，应储存于箱内并予加锁；

(6) 材料储藏处所应保持清洁、干燥以免材料浸蚀毁损；

(7) 材料领发须经材料保管人员在场监视办理；

(8) 未按规定手续办理不得领材料出库；

(9) 仓库内不得携入任何引火危险品及违禁品并禁止吸烟；

(10) 仓库内及其附近应备置消防设备；

(11) 仓库应防卫严密以防盗窃；

(12) 非仓库人员不得任意出入仓库。

第四十一条：各种材料的存储依前条第三项规定存放，应按其种类编号，并将编号名称、种类、单位、号码，最高最低存量记载在材料登记卡上、悬挂在该材料存放处所，逐批登记动态以利出货迅速及易于盘查。

第四十二条:材料仓库须备有经标准局检定合格的度量衡器具，并应随时校准以免发生收发不符情形。

第四十三条:储藏材料，如因故不适使用或久存不用者，应由仓库管理人员，于每六个月清查一次，报经材料主管单位通知有关使用单位设法尽量利用。

第四十四条:材料于保管期内在购入或移转时遇有损失者，应按其情形分别依下列规定办理:

(1) 由于经办采运或仓库人员营私舞弊所致者，应依法送司法机关办理。

(2) 由于经办采运或仓库人员过失所致者，按其情节轻重予以议处或责令赔偿。

(3) 由于通常的损耗所致，应呈报机构主管核准，其属于保管期内损失者，酌情以盘存亏损处理，其属于购入、退还、运输、移转损失者，酌情将其损失加入各材料成本之内计算，以求计算产品成本的精确。

(4) 由于失火盗窃或其他意外事项所致者，应呈报机构主管核准后，以非常损失处理。但有投入保险者，以受理赔金额冲抵后再呈报。

第四十五条:材料保管人员应严加注意材料的妥善保管，如有损坏短少，应填写材料报损单，除呈准报损者外，应由材料保管人员负责赔偿。

第四十六条:材料于内部运送及运输途中发生损耗时，承办单位应填写材料运损报告单，经核准后交由会计单位列账。

第六章　领　发

第四十七条:各单位需用材料应填具领料单，说明用途，注明工作单位预算编号，经有关主管人员核定签章后向材料仓库办理提领。

第四十八条:领料单一式四联，一联存领用单位，其余三联送材料仓库。

办理发料时应在领料单上加盖戳记并记载实发数量，然后将领料单抽存一联，一联送会计单位记账，并汇填耗用材料汇总表交普通会计人员作为登人总账的原始凭证，一联送总务单位存查。

第四十九条：各级人员不得领用其职务以外的材物。

第五十条：非因公务不得使用专供公用的材物。

第五十一条：非经有关人员签认的领料单不得核发。

第五十二条：材料保管人员如发现领料单位不符规定应予拒绝核发，并通知有关单位查究，如有误发事件材料保管人员应予负责。

第五十三条：耗用材料汇总表由成本会计单位编造，而其每期耗用材料总数应与领料单总数减去退料报告单总数后的净数相同。

第五十四条：凡非消耗性的材料除确属第一次新领外，领用时应将原领用旧料缴回方可领用新料，否则保管材料单位应予拒绝核发。

第七章 退 料

第五十五条：各单位领到材料后应指派专人保管，其耗用应与领料单上所填用途相符，不得移作他用，如有剩余或无需使用者，应即填具退料单办理退料手续，退料单内务必注明原料单号码，以使会计单位查核冲办原用料的成本。

第五十六条：材料保管单位，接到退料时经查明验收后，即在退料单上加盖戳记，注明实收数量，除抽存一联外，一联退还退料管理单位，一联送成本会计单位汇填耗用材料,总表交普通会计单位作为过人总账的原始凭证。

第五十七条：各单位所有残旧木材或废料应依第五十五条规定手续，缴交材料保管单位。

第五十八条：所有旧料或废料，应由主管单位会同有关单位，每三个月或半年整理一次，凡可修改利用者应修理备用并估定价值列单通知会计单位办理转账手续，拨出使用时仍照正式发料手续办理，不能利用的旧料或废料得由材料主管单位会同有关单位拟订处理办法，报请机构主管核准后执行。

第八章 记 账

第五十九条：各种材料除会计单位设置总账及材料明细分类账登记外，仓库管理单位仍应设置存货备查簿登记材料出纳及盘存盈亏等的实际情形，并将核定的最高最低存量，记载于该存货簿各相关栏目上，以便随时注意补充或作适当的处理。

第六十条：材料存货备查簿、材料明细分类所记载数量应随时核对为勾稽以免歧异，如有差异应查明原因。

第六十一条：材料保管单位应按月编造材料收发月报，一式五份，一份存查，一份送会计单位，一份送材料管理单位备存，一份送资材室，并应于该月最后一周内填报。

第九章 盘 存

第六十二条：储藏材料每三个月至少需有一次盘存或抽样，每年至少应有一次以上总盘存，其原则如下：

(1) 期末盘存

应将所储藏的材料全部盘存。

(2) 季末盘存

应将所储藏的材料全部盘存，但得视情形为分种类分区别盘存。

(3) 月末盘存

以分种类分区盘存为原则。

(4) 抽查

由执行单位视情形，临时决定全部盘存或部分查点。

第六十三条：第六十二条第一项至第三项的盘存，由材料管理单位主持办理，但盘存时应会请会计单位或签请机构主管指派人员监盘。至第四项的实施应由会计单位或机构主管认有必要时随时实施盘查。

第六十四条：盘存是调查储藏材料的数量及其价值的增减，作为会计记录的调整资料抽查是临时盘查储藏品的保管状态，以期健全管理。

第六十五条：盘存应在实地以实物逐一盘点，绝不能只依靠账册记载。而其数量应以材料账为依据办理。

第六十六条：盘存实施应依下列原则进行：

(1) 盘存以前应将仓储单位的存货备查簿与会计单位的材料分类明细账，相互勾稽查明无误后办理。

(2) 盘存应在储存处所一端开始顺序进行至另一端，以免混乱以求正确。

(3) 盘存期间应停止进出作业。

(4) 盘存时应随时逐一记录在盘点清单上并汇编盘存表，会请有关单位核章后呈报。

(5) 盘存后应填写材料盘存盈亏表并将其盈亏原因等填明于备考内，呈请机构主管核准后，以营业外收支处理并向税捐机关报告。

(6) 盘存时如发现故障品者，应将其列具清单并将其故障情形注明呈报处理。

第六十七条：盘存后如发现巨额盘亏，应查究责任，必要时责令仓库管理人员负责赔偿。

第六十八条：储存品应由会计单位依会计法或税法的规定予以评定价值。

第六十九条：期末盘存的结果应为该期决算的依据，从自盘存至决算期间的增减变化，应当以账面记载。

第十章 其 他

第七十条：本办法经总经理核准后实施，修正时亦同。

[实例六]F公司物料管理规则

1．本规则是依据本公司办事细则的规定制定。

2．物料指生产、修理、保养、营缮等所需的一切材料。

3．物料管理为生产工厂的重点工作，适时供应适当的材料，不得有欠缺、损失、浪费等事件，使工厂的生产得以顺利进行，不致有停顿或延误生产的现象，以达到增加生产、提高品质、降低成本的目的。

4．本公司物料管理采用ABC分析重点管理方式，并期达到计算机化管理。

5．本公司物料管理的物料分为下列4大类

(1) 一般使用物料(共享)；

(2) 原动使用物料(专品)；

(3) 纺纱使用物料(专品)；

(4) 织布使用物料(专品)。

6．本公司物料管理程序分为下列10项：

(1) ABC分析重点管理

① 项目：项目数少，而金额较大者

以采取零库存或减少存量为原则，但外购品因国外进口，手续繁杂时，须统一办理采购。

② 项目：项目数与所占金额比例均属于A与C之间者

以订购点为管理方式，并作为A或C项的缓冲作用。其管理效用的高低决定于订购点、订购量、购备时间或安全存量与存量管制等有关各要素的正确性。

③ 项目：项目数多，但其所占金额比例甚少者

采用简化管理方式，使其作业制度化、例行化。除了部分采用订购点管理方式外，此项物料采用复仓法，即将物料置放于两个容器内，当一容器物

料用完时，立即请购该容器的容纳量；或用标志法，即在堆积物料的某处放明标志，待物料耗用到此标志以下时，立即按照经济批量请购。

(2) 物料编号

物料编号照本则第五条分为：一般使用物料、原动使用物料、纺纱使用物料、织布使用物料等四大类，分别编号，并考虑计算机化管理，其原则如下：

① 采用十进制制度。

② 每大类有大、中、小三个编号位，大编号位及中编号位均以三个位数为原则，小编号位在一般及原动是代表规格，而在纺部与织部则代表原制造厂商目录上的零件编号，使原有目录可继续使用。

③ 大、中、小编号位其结构表示如下

大编号位	中编号位	小编号位
XXX	XXX	XXX

④ 有关各编号位结构说明如下

● 大编号位 XXX，其三位表示如下

第一位 X，表示大分类：

a．代表一般使用物料；

b．代表原动使用物料；

c．代表纺部使用物料；

d．代表织部使用物料。

第二位 X 乃第三位是在一般及原动使用物料时代表的类别，其分类自 01～99：例如一般的(01)表示工具类、(03)表示五金类、(14)表示轴承类等。例如原动的，(02)变压器类、(10)电线类、(15)照明器类、(56)控制器类等。

纺部与织部的用料第二位以制程别表示，纺部由清花、钢丝、并条、粗纱等顺序编订。织部由准备织机、整理等顺序编订。第三位以工作别或机别表示，纺部由清花，钢丝、并条等工作与机器顺序编订，织部则由准备、织机、整理等工作与机器顺序编订。

● 中编号位XXX，其三位的表示如下：

第一位X，一般用料以原料分类，如五金类科目有铜、铁、锡、铅、铝等。

第二位X，一般用料以颜色分类，如白、红、黄等。

第三位X，一般使用物料以形式分类，如圆型、平型、三角型、平头、圆头等。

纺纱用织布用料其中编号位第一位至第三位以源目录代号或零件号码表示。

原动用料第一位至第三位表示料别与型别等。

● 小编号位XXX，其三位的表示如下

第一位X，一般使用物料其第一位至第三位均为表明规格的位置、尺寸，普通用料以英制较多，故以此原则来表明规格，如有公制尺寸，为了区别起见，在规格前面加－M字以示区别。

第二位X，原动使用物料，第一位至第三位均表示其规格与原编号号码。

第三位X，纺部与织布使用物料，第一位至第三位均以零件号码编号或在零件号码后面加以目录、页数，使之容易查对。

(3) 请购制度

① 外购

● 由公司采购股统筹办理，但资料由工厂仓栈股提供。

● 无库存的外购品或需整批换新时，应预先编列数目通知仓栈股，以便统筹办理。

● 耗用量的情况应参考过去的资料来配合采购点采购。

② 内购

为提高物料管理的效率，请购手续拟分为二个方案办理。

第一案：为固定消耗，统一采购与经常库存采购点采购等。依a、b、c区分，由仓栈股自动开出请购单：

a类:项目少而其金额较大者。此项目在本厂采购状况属于固定消耗品。统一采购,如包括包装材料、煤等的经常使用消耗品。此类采购应将其品质、规格、单价、厂商等上面说明清楚,一齐呈送总经理核准后,延续采购。六个月为一期,如有变更内容时,应另行申请裁核。

b类:项目数与所占金额均属于a与c之间,且必须经常库存者,应根据请购点请购,但需呈仓栈股长核准。

c类:项目多,而其所占金额比例较少者,包括经常库存与金额少的消耗品,或部分采复仓法、标志法,如文具、螺丝、纸张、报表类等物料。此项由管理人员根据原则,视需要请购。

第二案:所需物品、新增设品、第一次请购等,其权限依金额多寡决定:

- 2000元以下由使用部门课长核准。
- 2000元以上10000元以下由厂长核准。
- 10000元以上须呈总经理核准。

③ 请购单(图表8-30)共4联说明如下:

第一联(存根联)白　色:请购部门存根。

第二联(采购联)淡绿色:采购部门存根。

第三联(送货联)淡黄色:采购部门转送厂商。

第四联(验收联)淡红色:送会计作付款参考。

④ 现场如有下列情形需开"请求单"图表8-31,经核准后,送仓栈股开请求传票

- 全厂零件还未编列者;
- 如有预拨情况,不分有无库存均须事先通知;
- 无库存者;
- 第一次请求的物料,必须附图样、规格、材质与技术上的说明。

图表 8-30 请购单

订购日期： 年 月 日　　○○纺织公司　　订购号码：

交　　期： 年 月 日　　请购单　　申请部门：

名　称	编　号	规格	数量	单位	单价	总价
交货记录		日　期	数　量	备注：		
	第一次交货	月　日				
	第二次交货	月　日				
	第三次交货	月　日				
厂商：		批准	厂长	课长	股长	主办

第一联：存根　第二联：采购　第三联：送货　第四联：验收

图表 8-31 请求单

请求日期： 年 月 日　　○○纺织公司　　请求号码：

需要日期： 年 月 日　　器材请求单　　请求部门：

名称	规(编号)格	数量	单位	单价	总价	①二千元以下由使用部门课长核准。 ②二千元以上一万以下由厂长副厂长核准。 ③一万元以上须呈总经理董事长授权核准。
备注		厂长		课长	股长	

⑤ 请购单分为两式

- 一项一张：使用于机器零件方面(图表 8 – 30)
- 多项一张：使用于同一厂商或同一品种者(图表 8 – 32)。

⑥ 一般皆使用同一厂牌的物料。如现场欲更改或欲指定厂商者，需预先写领用单并加注"备注栏"，以便仓栈股有关人员在物料卡上更改厂商。

图表 8-32 请购单

请购日期： 年 月 日 ○○纺织公司 订购号码：

交　　期： 年 月 日 请购单 请购部门：

	名称	编号	规格	数量	单位	单价	总价
1.							
2.							
3.							
4.							

备注		批准		厂长		课长		股长		主办	

第一联：存根

第二联：采购

第三联：送货

第四联：验收

(4) 采购跟催制度

① 请购与采购部门各设外购与内购两个采购跟催箱。

② 采购跟催箱订有外购16格，表示一年份，每月一格可置放。内购订有40格，表示一个月又十天，每天一格可置放。

③ 请购部门开出请购单后，从一览卡里取下物料卡片与请购单存根联（第一联白色）一齐放进跟催箱，其置放位为预定到货日期（物料卡图表8－33）。

图表 8-33 物料卡

________年 ○○纺织公司物料卡

名称	规格	单位	最高存量	最低存量	经济批量	购备时间

月	日	进	厂商	单价	出	领用部门	结存	存	请购日期	备注

尺度单位

1 2 3 4 5 6 7 8 9 10

存位：

编号：

C项为白色　B项为淡黄色　A项为淡红色

④ 管理人员每日整理当日跟催箱内的卡片是否到货，如未到货可据此卡片跟催采购部门。

⑤ 当物料购买进厂时，从跟催箱内取出卡片，登记后放回一览卡柜销案，分批交货时，未交齐者，仍放回跟催箱。

⑥ 采购部门以此原则跟催供应厂商。

(5) 验收制度

① 供应厂商在交货时，须以送货单、签收单、发票与货品一并送厂，由仓栈股验收数量、规格、品质后签章，会计单位根据发票付款，厂商凭签收单、送货单领取货款。

② 货品均以一次交货为原则，分批交货时，须待完全交货后予以签收。

③ 如是技术性者，须现场人员验收时，以通知单或验收单通知有关部门，验收以三天为限。

(6) 领料手续

① 领用单分为两式，一品一张及多品一张，经领用单位股长签章认可后，由仓栈股发料。

② 领用单需填写编号、品名、规格、数量与使用情形。

③ 领用单分为二联，一为存根联，二为仓栈联图表8－34、图表8－35。

图表8-34 一品单张式

领料:　　年　月　日　　○○纺织公司　　领料号码:
发料:　　年　月　日　　领料单　　指定号码:

<table>
<tr><td>名称</td><td colspan="2">编号</td><td>规格</td><td colspan="2">数量</td><td>单位</td><td>单价</td><td>总价</td><td rowspan="5">一存根联</td><td rowspan="5">二仓栈联</td></tr>
<tr><td></td><td colspan="2"></td><td></td><td colspan="2"></td><td></td><td></td><td></td></tr>
<tr><td colspan="9">备注:</td></tr>
<tr><td colspan="7">领用部门</td><td colspan="2">发料部门</td></tr>
<tr><td colspan="2"></td><td>股长</td><td colspan="2"></td><td>领料</td><td colspan="2"></td><td>发料</td></tr>
</table>

图表 8-35 多品单张式

领料：　年　月　日　　　　○○纺织公司　　　　领料号码：
发料：　年　月　日　　　　　领料单　　　　　　指定号码：

	名称	编号	规格	数量	单位	单价	总价
1							
2							
3							
备注：							
领用部门							
	股长		领料		发料		

④ 工具领用得依照领用规定办理，经领用部门股长签章认可后，由领用人到仓栈股填写“工具保管书”才得领用。对于经常使用工具，自然损坏不堪使用，须重新领用时，须将旧工具交出，但如果是遗失或疏忽而致损坏，应由使用人照价赔偿。

(7) 物品出入手续

① 一般物品出厂手续（图表 8－36）

图表 8-36 出门证之一

一般器材（物品）出门证

年　月　日　　　　股

○○纺织公司

品名	编号	规格	数量	单位	摘要

厂长　　厂课务长　　仓股栈长　　携带人

一、存根联　　二、仓栈联　　三、守卫联

● 现场人员填写“物品出厂单”，经单位股长签章后，转仓栈股核对物品是否相符，此单上须书明带出原因、内容。

● 物品出厂单分为三联：一为存根联（白色），二为仓栈联（淡红色），三为守卫联（淡绿色）。

② 物料借用出厂手续（图表 8－37）

图表 8-37 出门证之二

一般器材（物品）借用出门证

年　月　日　　股

○○纺织公司

品　名	编　号	规　格	数　量	单　位	摘　要

厂长　　厂课务长　　仓股栈长　　携带人

一、存根联　二、仓栈联　三、守卫联

● 借用人写妥借用单据经借用单位签办，呈厂长核示。

● 经核准后，需借用单位填写“借用出厂单”附借用单据，转仓栈股核对，呈厂长签章核准。

● 借用单据由仓栈股保管存查。

● 物料借用出厂单分为三联：一联为存根联（白色）二联仓栈联（淡红色），三联为守卫联（淡绿色）。

③ 托修零件出厂手续

● 托修工作其价格由厂长决定。

● 由现场人员开托修单（三联式）呈股长、课长核准后才能带修理。

● 托修单一律填写三联（图表 8－38）

第一联(白色)存根联:单上注明"结案后由原单位送回仓栈股以便统计。"

第二联(淡红色)托修联:单上注明"交厂商持回,交货时送回原单位存查。"

第三联(淡绿色)守卫联:单上注明:"核对后放行"。

图表 8-38 托修单

托修日期: 年 月 日　　○○纺织公司　　托修号码:

需用日期: 年 月 日　　托修单　　托修部门:

名称		编号	规格		数量		单位	估计费用			
								单价		总价	
验收	月 日	数量	单价		总价		仓栈股	验收员		验收结果	
备注			厂长		课长		股长			主办	

一、存根联:结案后由原单位送回仓栈股以便统计

二、托修联:交厂商持回,交货时送回原单位存查

三、守卫联:核对后放行

(8) 一览卡制度

① 采用一览卡片为资料卡。每次购进与领出物料皆直接记录在卡片上,不另设账簿。

② 一般使用物料、原动使用物料、纺纱使用物料、织布使用物料均分别设一专用一览卡片柜分类记账。

③ 一览卡片分为三种颜色:A类为淡红色,B类为淡黄色,C类为白色,以资区别。仓库物料存放架上的存放标志纸,须与各该项物料一览卡片同颜色以利配合有效应用(图表 8-33)。

④ 于各卡后面另放一张"物料耗用统计表"记载每年、每月平均使用量与价格,其资料为导入计算机化管理之用(图表 8-39 略)。

⑤ 每张物料一览卡片上记载"名称""规格""最高存量""最低存量""订购点""订购量""购备时间""单价""厂商""编号""存放位置"及每

日进出物料记录栏，卡片下面有一透明塑料部分，印有数量尺度，并以颜色标示“最高存量”和“最低存量”，再配上活动标志，可随时移动表示实际存量情形。

⑥ 当一览卡柜内某项物料达到采购点时，从一览卡柜内将该项卡片取出，并根据所记载资料请购后，放入跟催箱内。但为了以后查阅方便，另设采购标志卡“请购中”置于该卡的位置，以便查阅该卡时得知正在请购中的信息(图表8－40)。

图表8-40 物料消耗残存月报表

○○纺织公司 年 月 日份
物料消耗残存月报表

厂长		副厂长		课长		股长		课长	

编号	品名	规格	单位	单价	上月残存		本月收入		本月发出		本月残存		备注
					数量	金额	数量	金额	数量	金额	数量	金额	
合计													

(9) 表格设计与权限

① 根据各项事务作业流程，设计各种表格，并确立各层的权限。

② 表格均采取C.N.S.J.种纸张使用，以期整齐划一。

③ 表格内容力求统一，名称、位置均有一定标准与格式并以颜色区别。

④ 按照目的需要精选而减少表格张数，表格上详注说明事项以臻完善。

⑽ 盘点

① 每月底应将物料出入的状况实际盘点一次，检查是否与卡片上结存量相符合；

② 如发生差额应调查原因，并填写“物料盘存数量调整报告表”经厂长核准后转账；

③ 每月底填写“物料进出盘存统计表”，送有关部门计算物料成本。

7．本规则经总经理核准通过后实施，修正时亦同。

[实例七]G公司仓储管理条例及作业办法

1．仓储管理条例

⑴ 本公司为加强仓库的管理，特制定本管理条例。

⑵ 未经验收的零件应置于待验区暂存。

⑶ 零件入库后挂上料件识别卡，再整齐排放于料架，并在账卡上附注储位编号。

⑷ 未按发料、补料或呆废料处理手续办理的材料不得出库。

⑸ 未按进料、退料或呆废料处理手续办理的材料不得入库。

⑹ 材料异动时，应立即登账。

⑺ 库房内应保持清洁干燥。

⑻ 库房内应置消防器材，并附保养及使用说明。

⑼ 具危险性及易燃的物品应妥善放置及隔离保管。

⑽ 库房应防卫严密，以防盗窃。

⑾ 库房内不得携入任何危险品、违禁品，并严禁吸烟。

⑿ 非库房人员，未经允许不得入内。

⒀ 违反以上第10条及第11条规定者，仓管人员应予制止。

⒁ 本条例经核准后实施，修正亦同。

2．仓储作业办法

(1) 经常使用的材料，应存放于靠近库房门口处以方便材料进出。

(2) 钢管使用管理办法

① 将钢管的存放料架分成几个小区格，每一个小区格，存放的钢管数量固定，抽用钢管时必须先抽最下层区格的钢管，使用完毕后才能抽用上一格，如此能很快地清点钢管库存量，利于使用量计算和存量控制，使料账一致。

② 钢管的料账，每日由生产线的组长回报至生管课、物管组。

[实例八]H公司仓库管理办法

1．为使本公司物料的管理工作进行顺利和确实，特制订本办法。

2．本公司材料的保管以集中于仓库为原则。

3．物料的储存保管应依下列规定：

(1) 未经验收的物料不得存于仓库内。

(2) 物料应依其种类、性质、体积、重量及流动性等排列整齐。

(3) 物料储存处所应保持清洁干燥，以免物料受潮或毁损。

(4) 所领材料未按规定办理手续不得出库。

(5) 材料的领发须经材料管理人员在场监视办理。

(6) 非仓库人员不得随意出入仓库。

(7) 仓库内不得携入任何引火危险品及违禁品，并严禁吸烟。

(8) 仓库内应定期检查消防设备及电线绝缘是否良好。

(9) 仓库应严防窃盗。

(10) 呆废料应分开储存以便处理。

4．仓储管理人员平时除注意库存的整洁堆置外，并应时常翻阅物料库存卡，以便了解物料的动态，以利出货迅速，并作适当的存量管制。

5．储存的物料，若不能适用或久存而不用者应由仓库管理人员于每次盘点的同时，把超过三个月未用的物品清查一次，并呈报上级，以便设法利用或处理。

6．仓储管理人员应严加注意材料的妥善保管，以减少材料的损坏。

7．本办法经总经理核准后实施，修正时亦同。

[实例九] I 公司物料管理与仓库作业办法

1．材料请购、订购及验收作业与管理

(1) 本公司为使请购、采购及验收等手续顺利办理，并提高工作效率，特制订本办法。

(2) 凡本公司材料的请购、采购及验收入库等均依本办法办理。

(3) 本办法分下列3项：

① 请购

- 一般请购手续的流程图(略)；
- 请购单位于请购前，应查明库存情形，再办理订购手续；
- 各种经常使用的材料，应参照核定的储存最高及最低量，由仓库管理单位依照规定办理请购的手续，其余的材料则由有关单位请购，并以整批采购为原则；
- 请购单各栏均应详细登记，尤其特殊新购的材料，应将所知的厂牌、规格、品质等数据填写详细，必要时得另附图案、说明书或样品；
- 紧急的请购应于请购单的备注栏注明原因，并依请购流程优先办理；
- 请购的核决权限范围如下：

采购别	核决权限	请购部门	请购核决
常备材料		仓库	仓库
非常备材料	0~2000元	仓库	仓库
非常备材料	2000~10000元	仓库	厂长
非常备材料	10000元以上	仓库	总经理
财产支出的生产器材	0~5000元	使用单位	厂长或管理部经理
财产支出的生产器材	5000元以上	使用单位	总经理
财产支出的非生产器材		使用单位	总经理
事务用品	0~1000元	使用单位	管理部经理
事务用品	1000元以上	使用单位	总经理

● 请购单的分送处理：本单仅一联，但与收料单为一式三联统筹填写，并一律经仓库单位依序填写，经核准后送交采购办理采购事宜。

② 采购

● 采购人员接到请购单之后，应按印件的缓急情形，决定询价、议价和订购的进度，并对应交的货作进度的跟催。

● 采购人员应积极寻求新的供应厂商，并于订购前确实调查该厂商的信用程度、交货情形、供应能力、品质情况，并作成“供应厂商资料表”填妥呈总经理批示认可之后，存盘备用。

● 采购的决定原则

a．采购以最低价为原则，但考虑交货期限、付款条件、厂商的信用、品质耐久力等实质条件作为选择的因素。

b．两家以上同价时，应充分了解和分析以上的条件因素，选择较有名的厂牌或殷实的厂商。

● 交货控制

a．若须分批收料时，应于请购和收料单上注明分批收料状况。

b．厂商交货完毕时，将收料单连同厂商的送货单或统一发票，按流水号码装订整理。

c．采购人员每年一月填写“原物料采购期间表”送各有关部门以供参考。

● 统计与整理付款

a．每月十五日前，采购人员将所有购入材料的账单填写于“应付凭单”上，先交厂长审核，之后转交会计单位。

b．会计单位根据应付凭单填写转账传票，开立支票申请付款。

③ 验收

● 供应厂商于送交物料时必须填写送货单一式二联，详细写明送货内容，连同统一发票与所送的物料送到工厂的收料处。

● 各种经常使用的一般性材料由仓库管理人员办理验收的手续，其余的材料则会同有关单位共同办理验收的手续。

● 收料人员应核对送货单、统一发票及请购的内容，并对送交的物料作数量和品质的检验，合格后在送货单一式二联上签收并留存一联，另一联退还厂商作为送货的凭证。

● 收料人员根据留存的送货单填入收料单共二联，一联留存，一联则连同送货单和统一发票转送采购整理付款。

● 若有超交的情形或混有其他物料的特殊情形，以退回为原则，但得以让厂商寄存，而不作进料验收的处理。

● 若有短交的情形以补足为原则，于收料单上注明并通知采购办理催交或扣款。

● 如因品质不良而予退回的物料也要在收料单上注明，并开具出库单一联送采购人员凭单办理。

● 料账人员根据收料单内良品总数转记入库存卡入料数量栏，并在填具入库日期与收料单号码后，即整理进料金额连同发料金额，呈送总经理批阅核示。

2．物料区位划定作业与管理

(1) 目的

为使仓库的物料便于存放、取料和管理，特将仓库的库存空间划分区域，并制定明显的标志。

(2) 范围

凡登记验收入库的一切资材均依本办法实施。

(3) 办法

① 物料的存放按材质或使用目的相近者加以划区。

② 区位编定原则

● 区位以一位英文字母和四位阿拉伯数字组合而成，其基本形式和含义表示如下：

A	1	2	3	4

区域——A

料架——1 2

层别——3

项次——4

- 区域分类:

  a:料架上所有的物料

  b:薄纸类

  c:厚纸类

  d:呆废料

  e:账外保管

③ 若原物料因故必须将位置更动或有其他的新物料或代用品时，仓管人员应通知领料人员。

④ 若因一时存料过多以致占用编定以外的位置时，仓管人员可以选相近的编号代替，而于代号旁加注符号用以区别。

⑤ 本区位编号为存放、取用及管理方便而设。

⑥ 为使纸料易于辨认材质、尺寸、数量，可利用库存的呆料色纸印成识别签，夹于每一托板上的纸料中以便于识别及盘点，其格式如下：

票 签	
	进货日期:
材质:	
尺寸:	
重量:	
数量:	制 造 单:
组别:	交 期:
备注:	

⑦ 存放纸料托架的标准化：存放于仓库的纸料以目前的标准用架放置，而不标准的托架则于现场或供领料之需。

3．仓库领料、发料、退料作业与管理

(1) 本公司为使领料、发料及退料的手续顺利办理，并使账物确实相符，特制订本办法。

(2) 凡本公司材料的请领、拨发及退料等均依本办法办理。

(3) 本办法分下列两项分别办理

① 领料

● 一般领料手续流程（略）

a．纸料方面：领料人员依“制造单”至仓库领料，由仓库管理人员代填领料单而将纸料发至使用单位。

b．物料方面：由领料人员填领料单而领用。

● 领料人员核对物料数量、规格与领料单相符之后在领料单上签收，并交还仓库管理单位，由料账人员据以记录料账及核计。

● 本单为便利分析成本分下列 3 项分别填写

a．纸料方面：采用一料一单式，必须根据预算及实际耗用量请领。

b．一般物料方面：将油墨和其他物料分开填写。

c．文具用品：按部门填具领用物品。

● 领料时间：

a．分三段时间分别领用：

Ⅰ 早上：07：30－08：30

Ⅱ 中午：11：00－12：00

Ⅲ 下午：15：30－16：30

b．特殊的急件应注明原因作为统计及检讨改善之用。

● 仓管人员在备料及发料时应按其缓急情形，分优先次序发料。

● 若有超领物料的情形，领料人员应填写超领原因，并签名以示负责。

● 在备料的过程中，若发现有物料短缺或待料的情形，仓管人员必须立即通知采购人员催货，待短缺物料已进厂，经验收合格后，送往制造部门。

● 设备以外的工具等，则需填具工具领用及借用表，若工具因故不能继续使用而须报废更新时，应将旧料缴回仓库，始可再领料。

● 委外加工而需由本公司供应材料时，则由仓管人员填具出库单办理。

② 退料

● 退料手续流程(略)。

● 制造部门的退料内容包括：

a．多领的物料；

b．省料所余的物料；

c．规格或品质不符的物料；

e．品质不良的物料；

f．停止使用的物料；

g．报废的物料。

● 上列物品经现场主管汇总之后填写退料单，办理退料缴库的手续。

● 仓管人员根据退料单，将所退的物品分成良品、不良品与报废品3种，良品放入料架登账继续使用，不良品则登入不良品账准备退还厂商或与之交换，报废品则登入报废品账并处理。

● 如是纸料则应携同制造单办理退料手续，以利会计组查核重办成本。

● 制造部门在退料缴库前后须再办理领料手续者，则依前项的领料办法办理。

4．原物料盘点作业与管理

(1) 盘点的目的

① 查明各项物品、材料、固定资产的可用程度，以达到有效利用资产的目的；

② 核对现有存货、固定资料与账上记载数目是否一致，以把握公司资产的准确性；

③ 利用盘存、清点物品时，重新妥置库存物品，使之与计数账顺序配合，以达管理的目的；

④ 减低由于料账不一致所导致库存提高；

⑤ 余料与呆废料的发现与处理；

⑥ 据以编制资产、存货的明细表，确定各项资产的真实价值，以计算成本。

(2) 盘点的范围

① 存货

材料、在制品、半成品、成品以及工程材料、副料、文具用品等。

② 财产

机器、器具、运输等设备，以及杂项设备等。

(3) 盘点的方式及实施期间

① 方式

定期盘点与最低存量盘点的方法一同实施，以达到适当调节的效果。

② 期间

● 定期盘点——每两个月由会计组会同仓库做例行的盘点，而每年六月及十二月则各实施较完全的盘点，盘点日期则由公司视情况而定。

● 最低存量盘点——当库存的原物料达最低存量或订购点时，则由仓库人员自行盘点，并迅速补充适量、适质的原物料。

(4) 盘点的实施

① 有关盘点的事务流程。

② 盘点的准备

- 盘点日期应配合会计的决算，由会计组发出盘点通知。
- 有关的报表或表格应事先准备并印妥。
- 仓库的清理

a．将代理工厂的自来料与公司的原物料分开，避免混淆；

b．将呆料、不良原物料及废料及早处理，若来不及处理则应分开存放，以利处理；

c．将所有单据、账卡整理就绪，未登账、销账者均应结清；

d．妥善放置库存物品，使之与计数账配合，以利盘点和管理。

- 生产现场的清理

a．在例行盘点时，各部门主管应将所有的原物料分成原物料、在制品、半成品以及成品（未交业务者），一并列入盘存表。

b．6月及12月份的正式盘点则于盘点当日视实际需要停工半日，除了如上(a)项的处理外，并顺便清理工作的环境和保养机器。

- 委外加工及存放在外厂的所有物品应指定专人负责将传票或账簿整理清楚列入盘存表，以便一并盘点。
- 业务单位应尽早联络客户尽量将成品送出，如未能送出而存放于仓库或寄放于外包厂商者，需列入盘存表。应付的货款及各项费用应列好清单，所须请领的费用则应填妥支付凭证。

③ 盘点实施要领及注意事项

- 仓库方面

a．盘点当日所有物品之出、入库，均应及时入账或销账以符实际。

b．全面核对账上与实物的数量，若有不符者，应查明原因，并以盘盈或盘亏转账，不得任意开出库单冲转。

c．材料盘点的单价取决于账载的平均单价计算。

d．呆料、不良品或废料，应造具明细表，分送采购、厂长、总经理并自存一份，以作适当的拨用或处理。

e．运用盘点对库存的物料作全面的存量检讨与分析。

● 生产现场

a．所有领用的原物料、器具、以及在制品、半成品，未交成品一律列入盘存表详加核对盘点。

b．机器设备需要保养者应指定专人负责办理。

c．拨出的消耗品及小工具等未耗竭者不作制品盘点，但得视实际需要核对。

d．半成品、在制品的计价以往昔的单价作为计算的基准，不得任意更改。

e．生产过程中所发生的废品、零料等视下脚品处理。

● 其他

a．业务单位应将未入账的人、出库单或发货单据列册存查。

b．各盘存表以及各种清单、支付凭证等皆须在盘点日期下午五时前送交会计组。

(5) 盘点报告

① 会计组收到盘点表后除根据资产负责表之外，应附决算有关资料呈总经理。

② 上述盘点表如有错误或遗漏之处应随时通知更正或复查。

[实例十] J公司仓储管理办法

1. 凡本公司生产的成品、半成品入库、出库及保管手续，除另有规定外，均依本办法办理。

2. 成品、半成品的收发应依据有关人员签章的凭证始得办理。

3. 成品、半成品的收发管理与记账工作，应指定专人负责办理。

4. 仓储管理单位管理人员应与会计单位及生管单位、生产单位随时取得联系，对于账册登记的实际收发数量，必须随时核对。

5. 仓储管理单位，必须确实拟具最高及最低库存量标准，送厂长核定实施，每半年应重新审查，酌情调整。

6. 仓储管理人员如发现库存已达最低库存量时，应立即通知生管单位办理生产事宜。

7. 管理办法

(1) 入库

① 各制造单位每日生产完成的成品、半成品，应逐框贴上卷标，注明品名、规格、数量，并通知品管单位检验，盖上"合格"签章后，填写"半成品、成品入库单"转送仓储单位管理人员办理入库。

② "成品、半成品入库单"一式四联，一联存制造单位，一联送品管单位，一联由仓库列账，另一联送生管单位作为营业交货安排的参考资料。

③ 凡入库的成品、半成品，如夹有不合格者，除该不合格品是无法再生但仍具有商品价值外，仓储管理人员均拒绝入库。

④ 仓储管理人员在成品、半成品缴库时，应依据缴库单点收，如发现数量或规格等与实际不符时，应予拒绝入库，并依实际数量请制造单位重开入库单。

⑤ 成品、半成品入库单应经下列人员签章

- 制造单位主管及经办人员；

- 产品检查单位主管及经办人员；
- 仓库单位检收人员。

⑥ 入库的成品、半成品应由仓储单位人员依照仓储指定处所安放整齐。

(2) 出库

① 仓储管理人员非依据交货清单、领料单或报经上级核准者外，不得将成品、半成品运出仓库或指定的储存处所。

② 出货单位应于中午前填写交货清单，交由仓储管理人员将交运的成品认真准备，并应于当日下午以前办理。

③ 各制造单位所需的半成品应填写领料单，经有关主管核定签章后向仓储单位办理领料。

④ 领料单一式三联，一联存领用单位，一联仓储单位存查，另一联登账存查。

⑤ 各级人员不得领用其职务以外的料件。

⑥ 非经有关人员签认的领料单，仓储人员不得核发。

⑦ 仓储人员如发现领料单不符规定，应拒绝发料，并应通知有关单位查究，如有误发事件，仓储人员应予负责。

⑧ 未经入库的产品不得交运，但特殊情形并经单位主管核准者不在此限。

⑨ 出货单位应将交货清单或出货单直接交给仓储管理单位，不得交由经运人员提交仓储管理单位，以防责任不清。

(3) 保管

① 成品、半成品应依其种类分别安放于适当场所，并应保持整齐，在各成品、半成品的储存处所应悬挂成品、半成品动态记录卡，逐日记载其动态。

② 成品、半成品应时常保持清洁避免发生因有生锈而导致失去价值的状况。

③ 领取自用成品、半成品未按规定手续办理者，应当拒绝发放。

④ 仓库内不得携入任何易引火的危险物品及违禁品。

⑤ 仓库内外应备消防设备。

⑥ 非仓库有关人员不得任意进入仓库。

⑦ 成品、半成品仓库应设置“库存卡”及“存货账簿”记载实际的出入库情形，并将核定的最高最低存量记载于存货簿上，以便随时注意补充或作适当处理。

⑧ 成品、半成品于保管期内或交运时遇有损失者，应按其情节轻重分别依下列规定办理

- 由于经办或仓储人员私舞弊所产生问题者，应依法送司法机关处理；
- 由于经办或仓储人员过失所产生问题者，应按其情节轻重予以议处或责令赔偿。
- 由于通常的损耗所产生问题者，应呈报上级核准，以盘存亏损处理。
- 由于火灾盗难或其他意外事故等不可抗因素，呈报总经理核准，以非常损失处理。

⑨ 仓储管理人员应注意成品、半成品的妥善保管，如有损坏，除呈报核准者外，应由仓储人员共同负责赔偿。

(4) 稽查盘点

① 会计单位、守卫或总经理指定的专责人员认为必要时，可命装妥而未出厂的全部货品卸车检查或作部分抽查。

② 凡因稽查发现数量与出货清单不符情况时，禁止出厂，并呈报上级处理。

③ 凡装运数量与出货单不符，如果是因为管理人员的疏忽，则依公司有关规定处理，其情节重大者依法处理。

④ 仓库主管单位应实施盘存，其原则如下

- 每月月终、每半年、每年年终作在库盘点，核对账簿与实物；
- 抽查由总经理指派专人或抽查小组视情形临时决定全部盘存或部分抽点；
- 盘存应从储存处所一端开始，按顺序进行至另一端，以免混乱，以求正确；
- 盘存期间原则上应以停止出入库；
- 盘存应随时逐一记录、核对，并汇编“盘存报告表”送仓储主管核章后呈报总经理，并送生管单位及会计单位；
- 盘存结果账簿与实物不符时，追查不符原因并将追究结果附记账上。

⑤ 盘存后如发现有巨额盘亏，应即追究责任，必要时责令仓储管理人员负责赔偿。

(5) 记账

① 仓储管理单位应设置存货账簿及库存卡，登记成品、半成品进出及盘盈亏等实际情形，并将核定的最高最低存量登载于存货账簿，以便随时注意补充或作适当的处理。

② 存货账簿、库存卡上所记载的数量，应随时核对实物，如有差异，应立即查明原因。

③ 仓储管理单位应于每周一上午9:00前上报“成品库存周报表”及“半成品库存周报表”，经主管签核后，呈报厂长并送生管单位，作为生产及交货安排的参考资料。

④ 仓储管理单位应于每日上午9:00前上报“出入库日报表”一式三联，一联仓储单位存查，一联生管单位存查，一联外包单位存查，作为交货安排的参考资料。

8．本办法呈总经理核准后实施，修正时亦同。

第九篇　仓储管理计算机化

一、仓储管理计算机化的含义

二、仓储管理计算机化的目的

三、仓储管理计算机化的推动

四、仓储作业与管理系统规划及推动实例

电脑化是仓储管理合理化、制度化作业的重要手段

合理化作业与制度化管理是提高企业生产力与竞争力的有效手段之一，提高作业绩效及降低管理成本更是企业追求的目标之一，因此，仓储作业与管理计算机化、信息化影响企业仓储作业与管理的运作已不容置疑，当前大多数企业已将计算机化仓储管理系统的引进与推动规划作为重要的管理措施之一。

本篇主要说明仓储管理计算机化的含义、目的，作业架构的规划、推动与实施要点，并以实例介绍仓储管理计算机化与信息化应用的做法，以作为企业规划与推动仓储管理计算机化的参考。

一、仓储管理计算机化的含义

仓储管理的内容涵盖仓储规划与库房管理、仓储作业与管理制度的建立与推动，其中包括仓管人员的有效运用，以及仓储作业效率化。由于验收、领发、库存、盘点等仓储作业资料的异动频繁，如何有效地收集、整理、分类乃至汇编统计仓储运作资料以利仓储管理，已成为企业的重要课题，因此，仓储管理计算机化与信息化应成为企业仓储作业与管理方面的必要方法。

二、仓储管理计算机化的目的

仓储管理信息化及计算机化的目的与效益(图表9－1)有以下几点：

- 降低库存成本。
- 借助信息的迅速获得与判断处理而提升仓储作业绩效。
- 由于信息的共有化，使仓储管理事务效率相对提高。

三、仓储管理计算机化的推动

1. 仓储管理计算机化的实施步骤

导入仓储管理信息系统，必须通过一系列合理化、制度化、计算机化的处理步骤。基本上，仍以仓储管理实务作业方式为前提，经由详细的系统分析与设计后提出系统

图表 9-1 仓储管理计算机化效益分析图

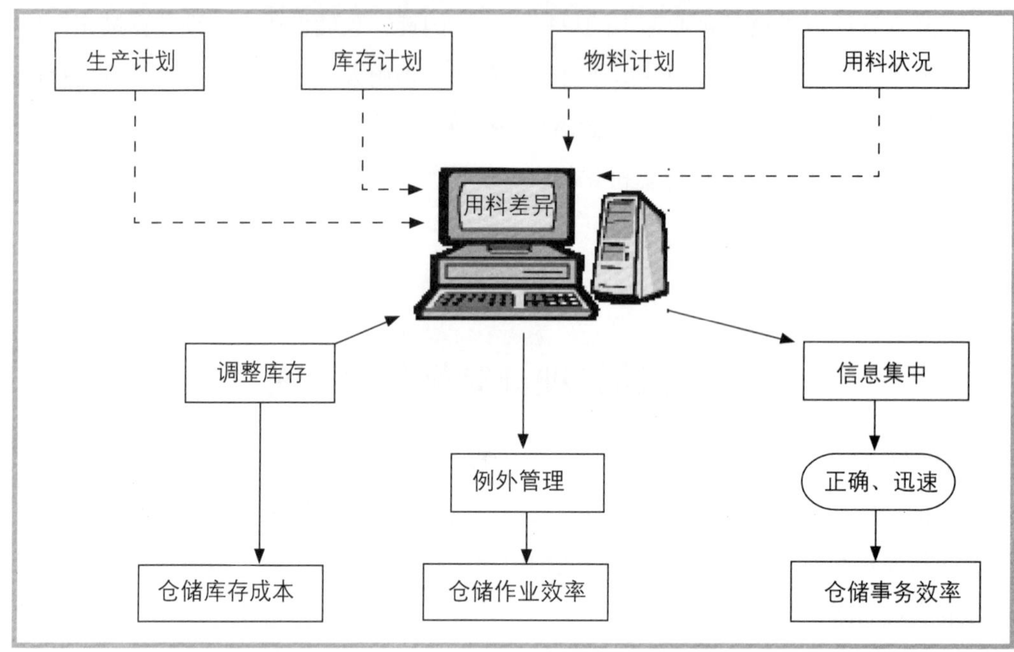

建议，再逐步经由程序编写设计、测试等而实现系统需求的目标。图表 9－2 即为仓储管理信息系统实施的步骤。

为使计算机化效果显著，必须通过整体规划并分段分期实施的手法将仓储管理的制度加以系统分析，在作业合理化的前提下进行计算机化。图表 9－3 即为合理化、制度分析、计算机化的关系，图表 9－4 说明合理化、制度化、计算机化的做法及目的。

2．仓储管理计算机化的系统规划程序

仓储管理计算机化制度规划与系统开发程序如图表9－5所示，其基本步骤与一般管理制度计算机化方式相同，唯仓储管理信息系统较有弹性，故系统分析与设计将是计算机化成功的基石。

3．仓储管理计算机化系统推动实例

原物料仓储管理系统推动程序及方式如图表 9－6 所示。

图表 9-2 仓储管理计算机化的实施步骤

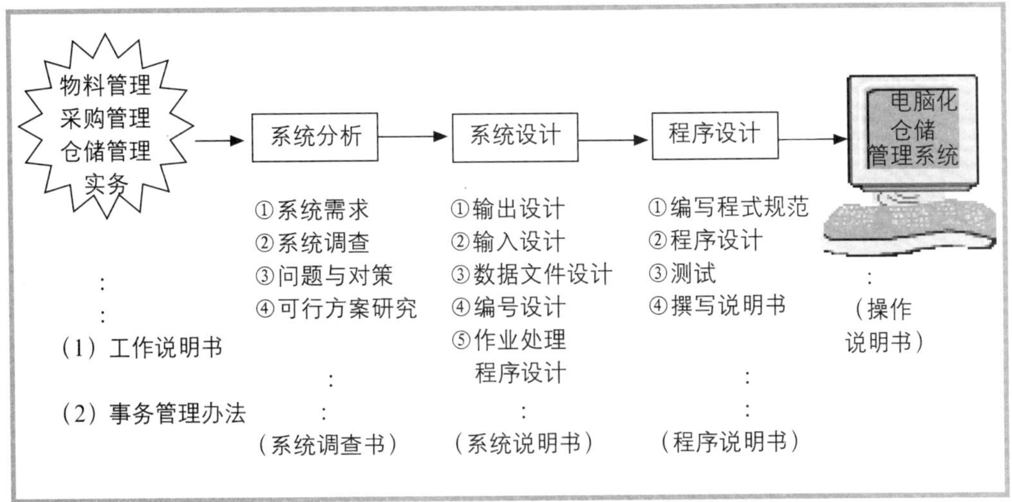

图表 9-3 仓储管理合理化、制度化、计算机化关系图

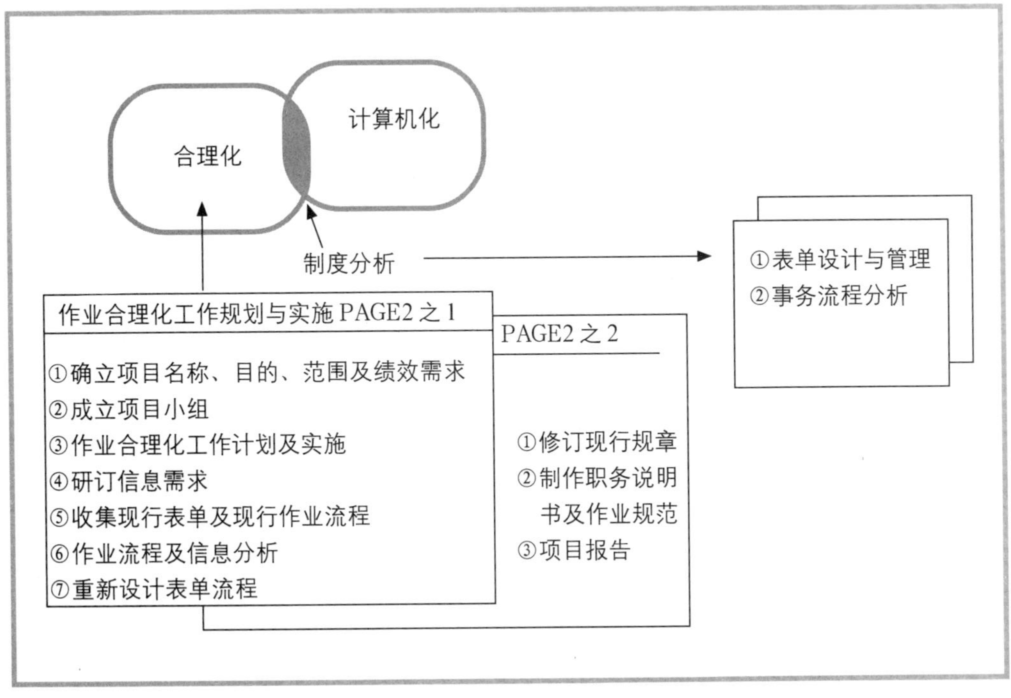

图表 9-4 合理化、制度化、计算机化整合做法

	合理化	制度化	计算机化
做法	①项目小组 ②工作设计 ③改善进度 ④问题分析 ⑤改善建议	表单流程设计与分析	①系统分析、设计 ②程序设计测试 ③试行、评估、维护
目的	①整理制度 ②改善制度 ③研订制度	①制度书面化 ②制度标准化	①确认制度 ②建立人工、计算机接口 ③建立计算机化制度

图表 9-5 仓储管理计算机化制度规划与系统开发程序

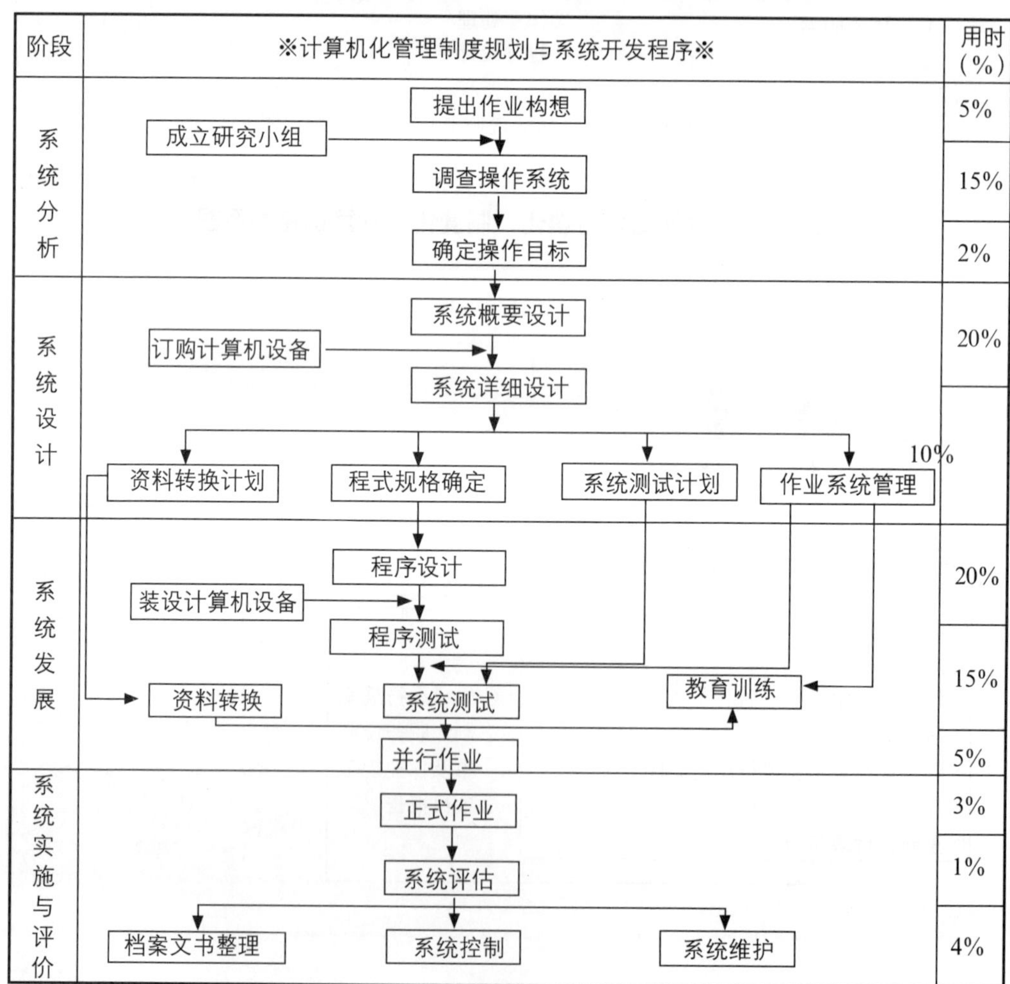

图表 9-6 原物料库存管理系统推动流程图

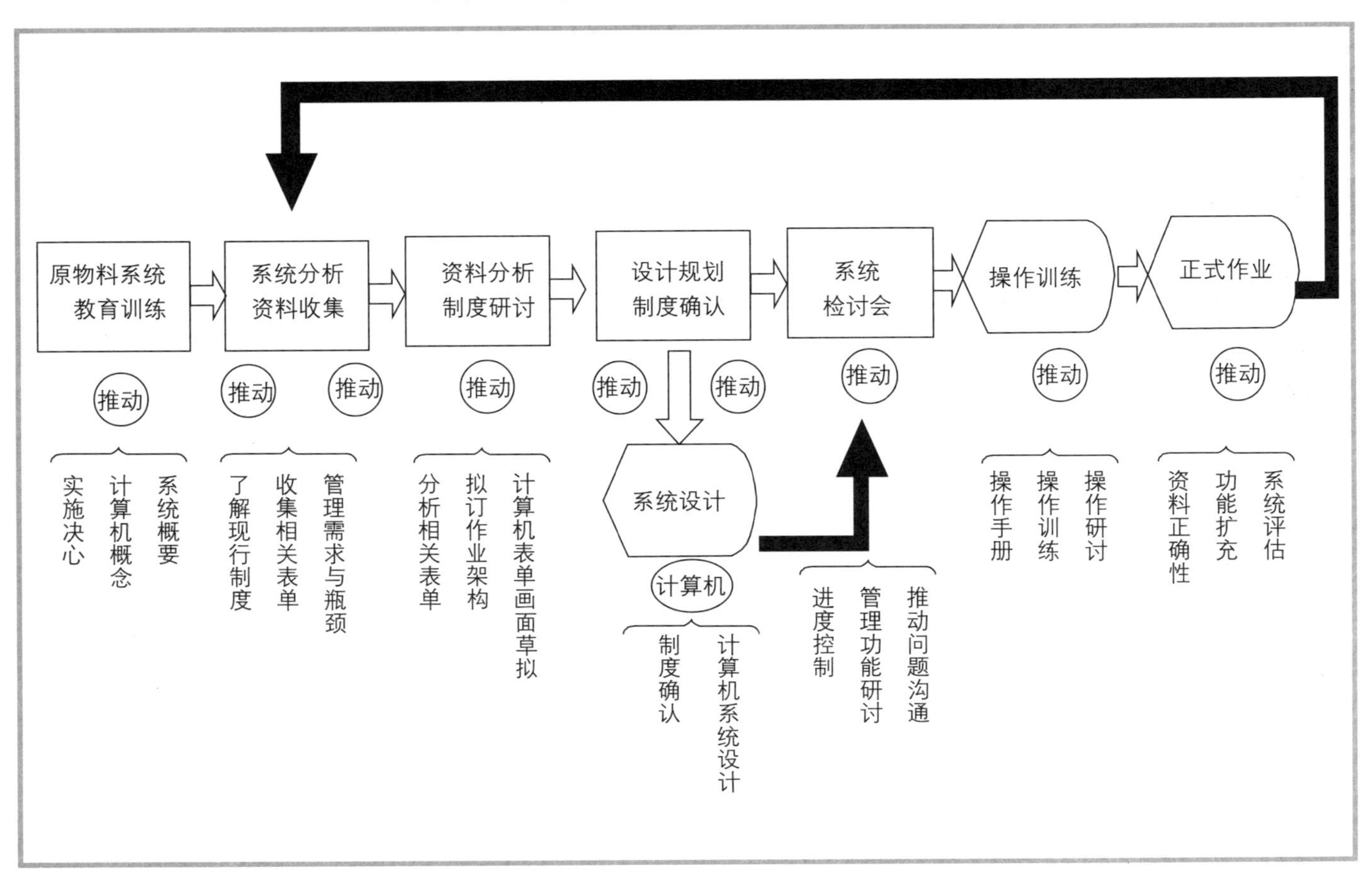

四、仓储作业与管理系统规划及推动实例

[实例一]A公司仓储库存管理系统(图表9－7，图表9－8)

图9-7 库存管理系统架构图

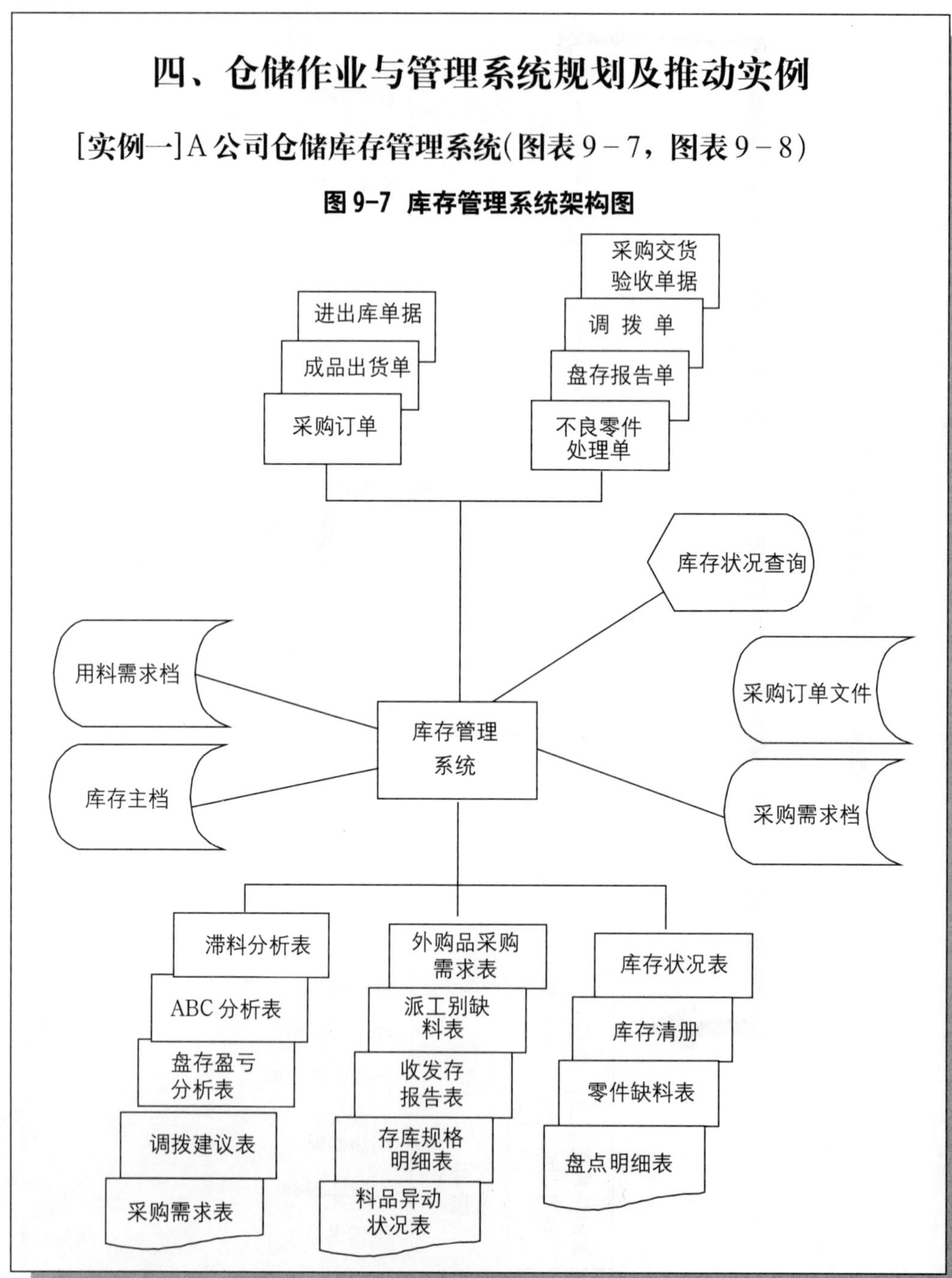

图 9-8 原物料库存管理系统输入关联图

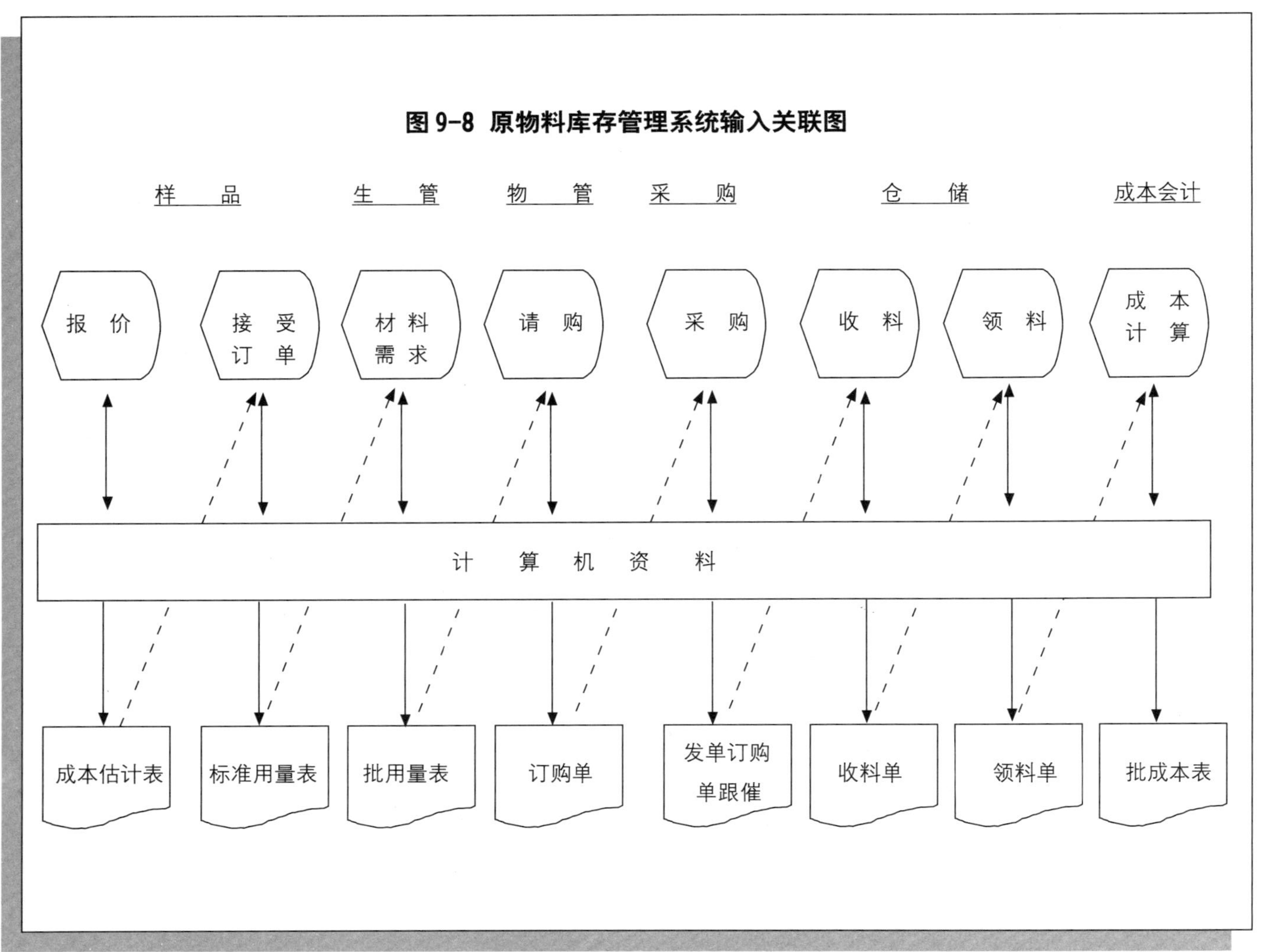

[实例二]B公司资材管理及库存管理系统(图表9－9)

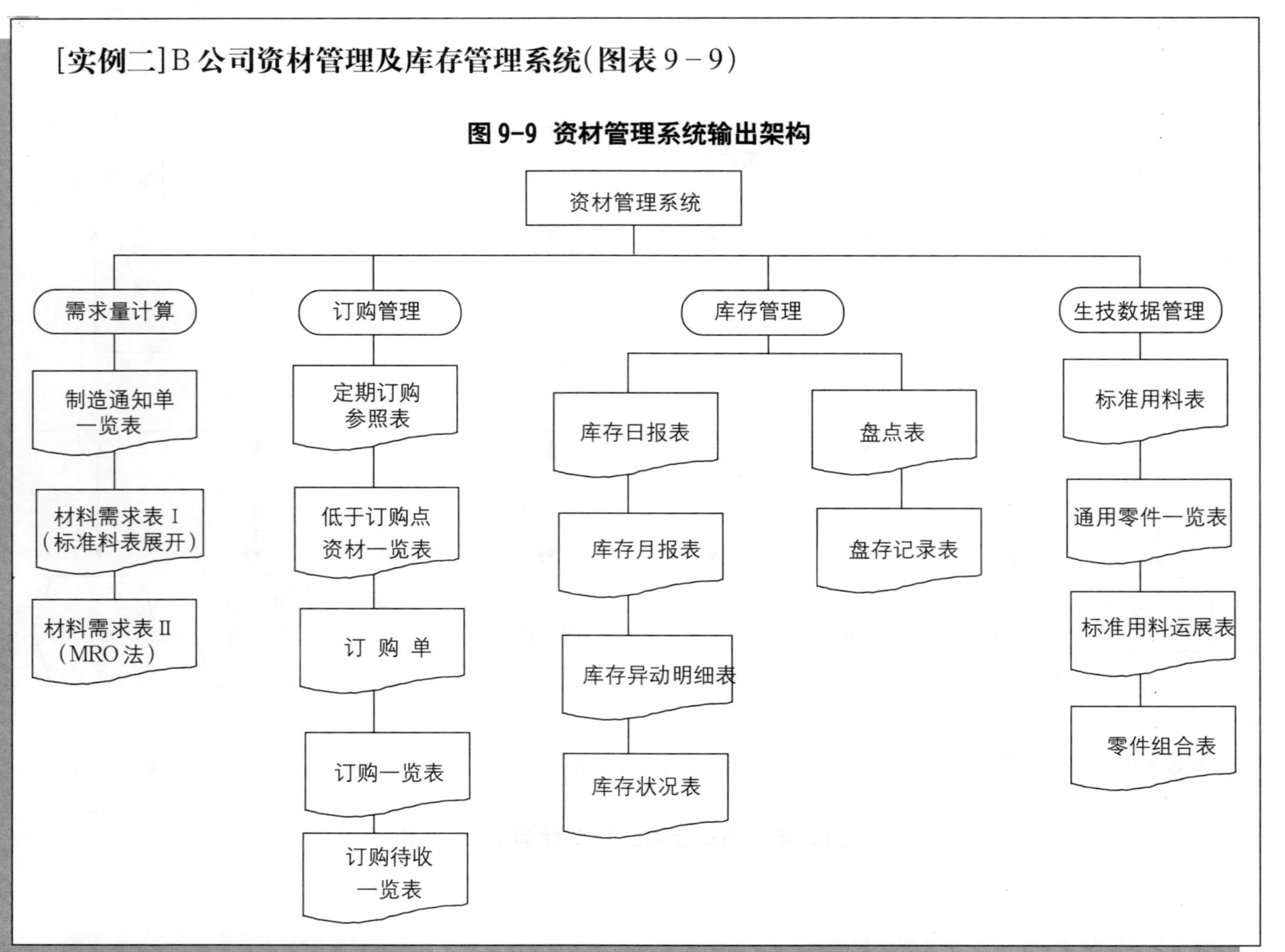

图9-9 资材管理系统输出架构

[实例三]C公司成品库存管理操作系统实例

在成品库存管理系统的推动中，由于成品入出库作业的异动，使成品库存信息不断更新，可作为出货配合及成品库存管制之用。图表9－10说明成品库存管理操作系统架构，图表9－11说明成品库存管理操作系统功能设计要点，图表9－12则说明成品库存管理操作系统流程。

图表9-10 成品库存管理操作系统架构图

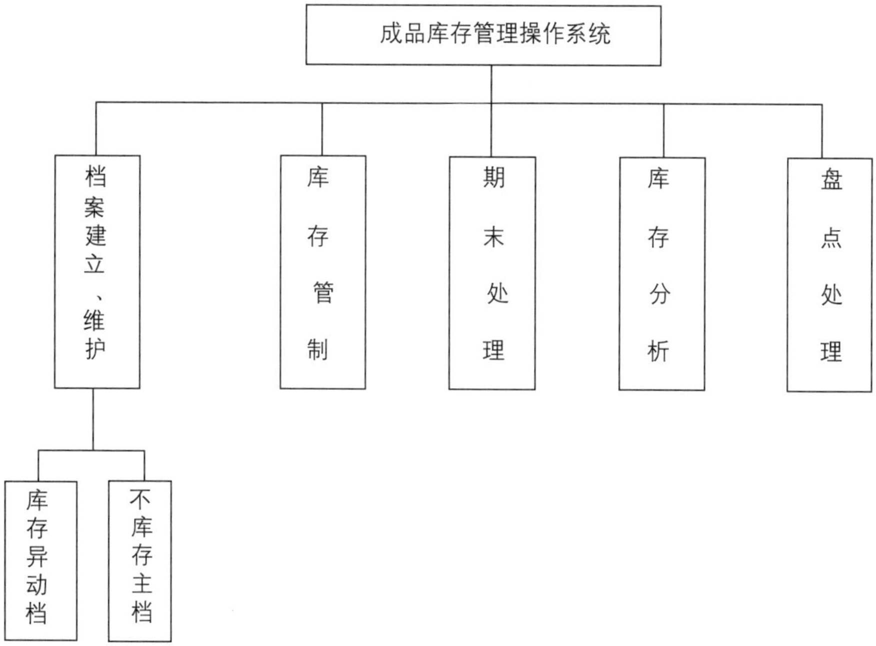

成品库存管理操作系统内容及应用说明如下：

1．提供准确的成品库存信息，以利订货审核参考及配合生产出货要求。

2．提供成品出入库状况，以利掌握实际的生产及出货进度。

3．分析库存信息，据以作为库存成本降低及成品库存管理绩效提高的参考。

4．发挥盘点管理功能，减少呆滞货品的发生及管理浪费。

图表 9-11 成品库存管理操作系统功能设计要点一览表

项目		系统功能设计要点	功能分析	管理报表
1.	成品库存档案的建立维护	成品出入库资料的建立与维护 物料管理作业相关档案的运用	货品别 仓库别 金额别	成品库存表 成品库存报表
2.	库存管制	进货作业 领发货作业 库存增减作业	货品别 仓库别	成品出入报表 成品库异常报表
3.	期末处理	月结 年结 盘点调整	货品别 仓库别	成品库存表
4.	库存分析	ABC 分析作业 库存绩效分析 呆废料分析	货品别 仓库别 金额别	ABC 分析表 呆废料分析表 库存绩效报表 库存值分析表
5.	盘点处理	盘点作业 盘后调整作业	货品别 仓库别	盘点单 盘点表 盘盈亏分析表

图表 9-12 成品库存管理操作系统流程图

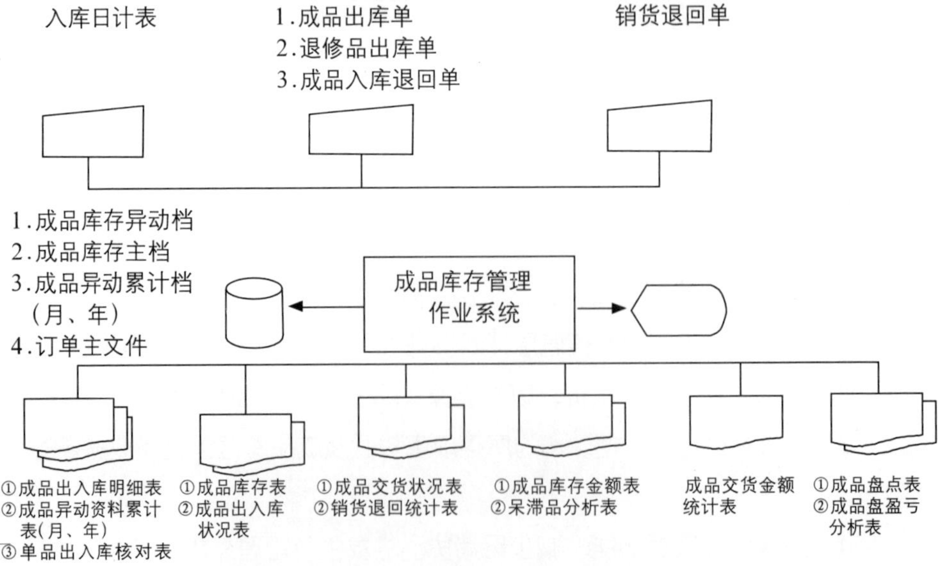

[实例四]D公司仓储作业库存管理系统实例

1．库存管理系统的作业要点

(1) 库存单价的计算方式。

(2) 库存周转率。

(3) 库存日报、库存状况表、库存异动明细表。

(4) 盘点卡、盘存记录表。

2．库存管理报表分析：

(1) 库存日报表(图表9－13)

(2) 库存异动明细表(图表9－14)

图表9-13 库存日报表

日期:　　　　页次:1

材料编号	名称、规格	单位	本日		本月		库存量	库存单价	库存金额	订购待收	计划用量	有效库存	周转率	摘要
			入库	出库	入库	出库								

图表9-14 ___月库存异动明细表

日期:　　　　页次: 1

材料编号	名称、规格	入　库			出　库			库　存			备　注
		数量	单价	金额	数量	单价	金额	数量	单价	金额	

(3) 库存状况表(图表 9－15)

图表 9-15 库存状况表

日期:　　　　　　　　　　　　　　　　　　　　　　　　　　页次:1

材料编号	名称、规格	单位	库存量	单价	金额	周转率	最大库存量	过剩量	最后异动日	库存日数	摘要

有关库存状况的内容说明如下:

① 库存日报表记录对库存有影响的出入库情况，对于库存量不足的资料能够显示警告情报。

② 库存日报表可选择

- 主要的资材。
- 本日有异动的资材。
- 全部的资材。

③ 库存单价的计算方法可选择

- 标准单价固定的设定成主档内的进货单价。

移动平均单价
最后进货单价 } 由系统自动更换单价。

④ 计算方法

有效库存数＝目前库存量＋已订购待收量－计划用量

⑤ 最后异动日期，可检查出长时期未有异动的资材，以便采取下列措施:

- 折旧;
- 请求于新产品设计时加以利用;

- 交服务部门运用；
- 退还给原厂商；
- 转售予其他可能使用的企业。

⑥ 库存周转率的计算

$$周转率=\frac{本月出库累计}{上月库存结存+目前库存}$$

⑦ 库存状况表，可随时查核，库存是否未善加利用或成为呆滞料，以及是过剩还是不足等。

(4) 盘点作业报表分析(图表 9－16，图表 9－17)

① 期末盘点是费时费力的工作，在库存卡中填入零件编号、名称等资料需要花费许多的时间，使用计算机，则可节省人力以更好地做好盘点工作。

② 由库存卡输入盘点值，可迅速算出账面余额与实际库存的差异（数量、金额)，据此作成盘点记录表。

图表 9-16 盘点表

材料编号:______________

品名、规格:______________

盘点日期	实盘数量	盘点人

图表 9-17 盘点记录表

日期: 页次:1

材料编号	品名、规格	账面			实盘			盘盈		盘亏		备注
		数量	单价	金额	数量	单价	金额	数量	金额	数量	金额	

[实例五]E公司库存管理系统实例

为提升仓储管理事务作业的效率，应针对库存作业方式规划库存管理系统，包括建立文件维护、库存异动作业及处理方式、库存管理相关报表打印及查询等。有关库存管理系统功能如图表9－18所示，库存管理系统流程如图表9－19所示，库存管理资料输入与报表输出一览表如图表9－20所示，库存管理系统输出报表如图表9－21至图表9－29所示。

图表 9-18 库存管理系统功能图

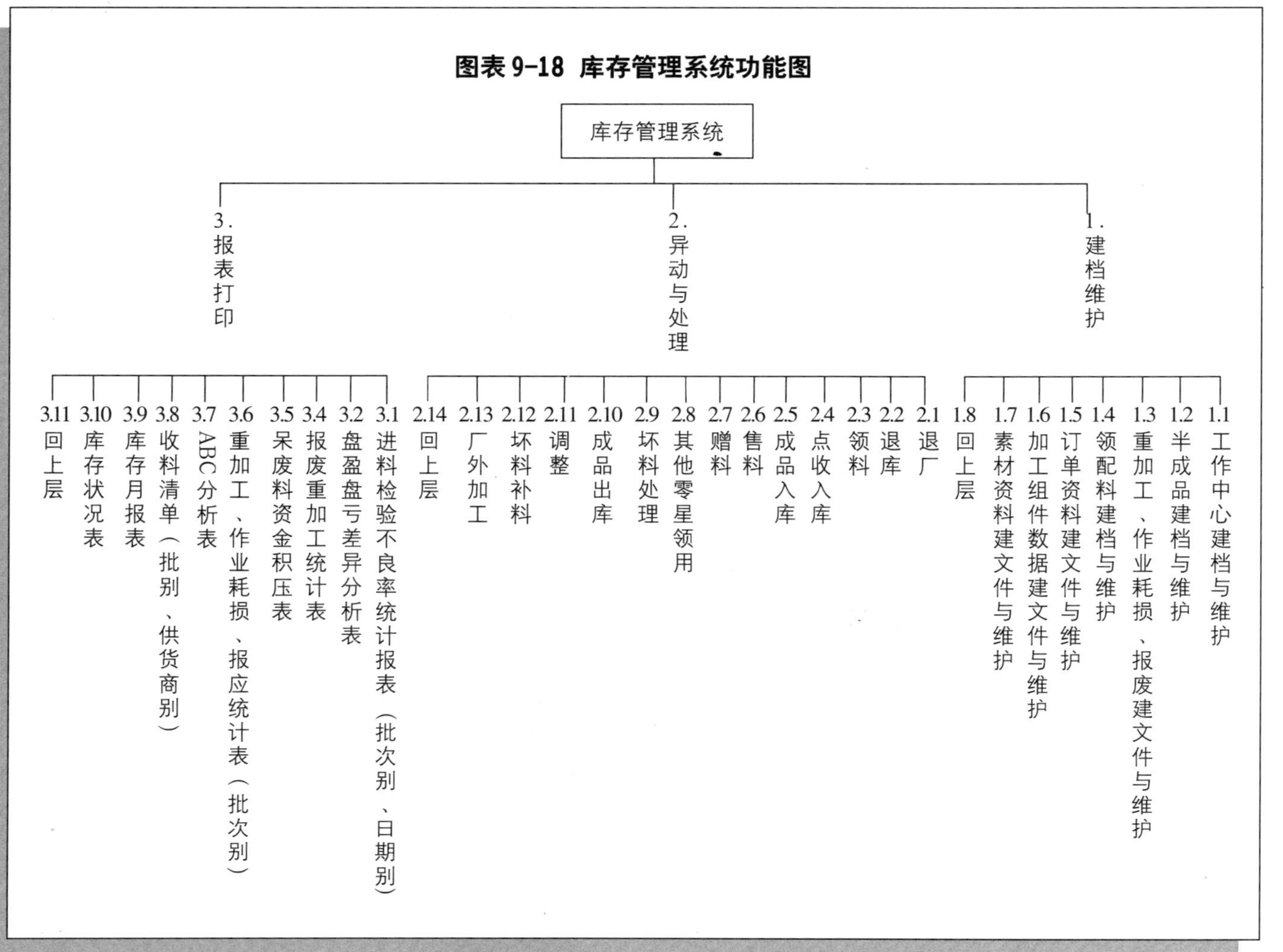

图表 9-19 库存管理系统流程图

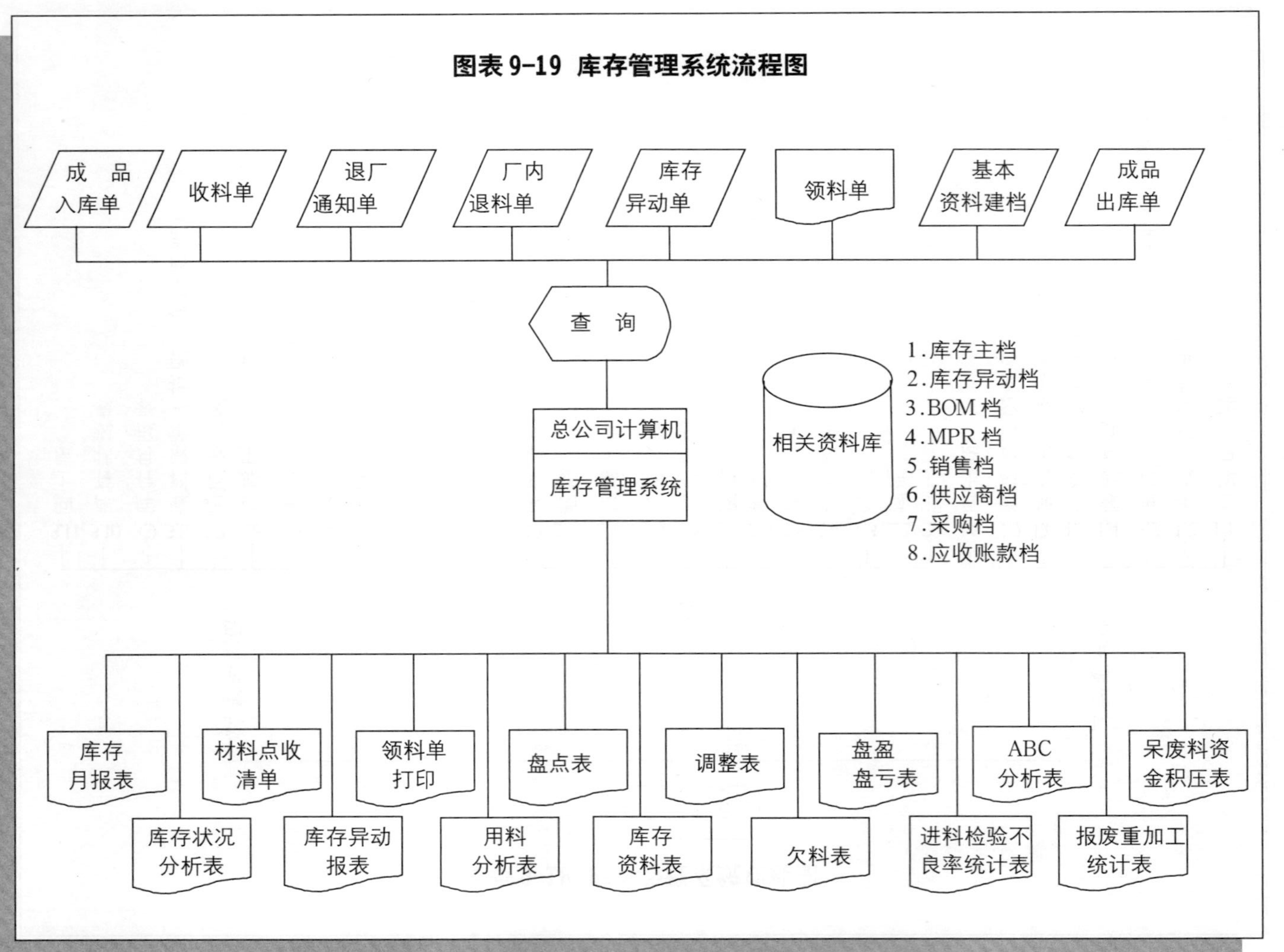

图表 9-20 库存管理资料输入与报表输出一览表

项次	作业项目	输入管制				输出管制				
		资料名称	送计算机室时限		应配合部门	报表名称		应分送部门	送出时限	
			最后时限	结算时限						
1	库存管理	库存主档单据			资材	库存资料表	不定期	副总厂长 资材	会知次日 12 点前	
2		订货明细单	接制造通知单到次日 3 点前	次日 12:00 前	采购	材料点收清单		厂长 / 资材	每日 12 点前	
3		收料单	当日下午 4:30 前	次日 12:00 前	资材品管	进料检验不良率统计表		厂长 / 品管	不定期	
4		退厂通知单	次日 10:00 前	次日 12:00 前	资材	领料单打印	日报	生产 / 资材	次日 12 点前	
5		领料单	当日下午 4: 30 前	次日 12:00 前	资材生产	次料表	日报	采购 / 资材	每日 12 点前	
6		退料单	当日下午 4: 30 前	次日 12:00 前	资材生产	盘点表	不定期	厂长 / 资材	会知次日 12 点前	
7		库存异动单（售料赠料）	当日下午 4: 30 前	次日 12:00 前	资材	盘盈盘亏表	不定期	厂长 / 资材	会知次日 12 点前	
8		库存异动单（零售领用）	当日下午 4: 30 前	次日 12:00 前	各部门	调整表	不定期	副总厂长 资材 / 会计	不定期	
9		库存异动单（坏料处理）	当日下午 4: 30 前	次日 12:00 前	资材	库存月报表	每月	副总厂长 采购 / 资材	每月 2 日 12 点前	
10		库存异动单（坏料补料）	当日下午 4: 30 前	次日 12:00 前	资材生产	ABC 分析表	每月	副总厂长 资材 / 会计	不定期	
11		库存异动单（厂外加工）	当日下午 4: 30 前	次日 12:00 前	资材	用料表	周报	副总厂长 资材 / 会计	周一 12 点前	
12		调整表	当日下午 4: 30 前	次日 12:00 前	资材	资金积压表	周报	副总厂长 资材 / 会计	不定期	
13		成品入库单	当日下午 4: 30 前	次日 12:00 前	资材生产	材料帐	不定期	副总 / 会计	会知次日 12 点前	
14		成品出库单	当日下午 4: 30 前	次日 12:00 前	资材	用料支用汇总表	月报	副总厂长 会计	每日 1 日 12 点前	
15		报废单	当日下午 4: 30 前	次日 12:00 前	资材	报废重加工统计表	周报	厂长 / 资材	每批每周一 12 点以前	

1．库存ABC分析用表（图表9－21，图表9－22）

(1) 功用:能随时掌握整个库存状况，以减少资金积压。

(2) 用表人员和单位:副总、厂长、财务部、资材部。

(3) 期间:不定期。

图表9-21 ABC分析表（用量基础）

期限: ××～××　　更次:
日期:××年××月××日

项次	料号	品名规格	年用量	年使用金额	百分比	累计百分比	ABC类别

图表9-22 ABC分析表（金额基础）

期限: ××～××　　更次:
日期:××年××月××日

项次	料号	品名规格	库存量	库存金额	百分比	累计百分比	ABC类别

2. 库存管理报表

(1) 库存月报表(图表9-23)

① 功用:了解此月份库存异动状况。

② 用表人员和单位:副总、厂长、采购部、资材部。

③ 期间:每月2日。

图表9-23 库存月报表

更次:

月份:××年××月　　　　日期:××年××月××日

项次	料 号	品名规格	单位	储 位	料 价	期初库存量	本期进料量	本期领用量	本期库存量	期末库存金额

(2) 库存状况表(图表9-24)

① 功用:了解库存内容。

② 用表人员和单位:副总、厂长、资材部。

③ 期间:不定期

图表9-24 库存状况表

更次:

月份:××年××月　　　　日期:××年××月××日

项次	料号	品名规格	单位	储位	单价	数量	金额	订购方式	前置时间	每日用量	安全存量	ABC类别	年累用量	年累积金额	最后一次购价	盘点周期	盘点日期	批量	最后一次异动日期

3. 盘点管理报表

(1) 循环盘点表（图表 9－25）

① 功用：检查账面数量与实际盘点数量是否相等。

② 用表人员和单位：厂长、资材部。

③ 期间：不定期。

图表 9-25 循环盘点表

页次：
日期：××年××月××日

项 次	仓储储位	料 号	品名规格	单 位	盘点周期	实盘数量

(2) 盘盈盘亏差异分析表（图表 9－26）

① 功用：调整账面盘点与实际盘点的差异。

② 用表人员和单位：副总、厂长、资材部、财务部。

③ 期间：不定期。

图表 9-26 盘盈盘亏差异分析表

更次：
日期：××年××月××日

项次	料 号	品名规格	储 位	单位	单价	账面金额	实盘金额	调整数量	调整金额

4．呆废料资金积压表（图表 9－27）

(1) 功用：了解库存呆料状况，作为处理账龄分析之用。

(2) 用表人员和单位：副总、厂长、财务部、资材部。

(3) 期间：不定期

图表 9-27 呆废料资金积压表

页次：

期限：××年××月　　　　日期：××年××月××日

最后异动日期	料号	品名规格	仓储储位	单位	数量	单价	积压金额					累积金额
							1~3月	3~6月	6~9月	9~12月	12月以上	

5．异动资料统计用表

(1) 日期别进料检验不良统计表（图表 9－28）

① 功用：了解某个期间厂商货品的检验状况。

② 用表人员和单位：厂长、品管部。

③ 期间：不定期。

图表 9-28 进料检验不良统计表（日期别）

期间：××年××月　　　　页次：

厂商：　　　　日期：××年××月××日

验收编号	料号	品名规格	单位	交货量	退回量	实收量	料价	进库金额	收货日期	收货员	厂商名称	发票号码	备注

(2) 批次别重加工/作业耗损/报废统计表(图表 9-29)

① 功用:了解物料重加工、作业不良及报废的状况。

② 用表人员单位:厂长、资材、财务。

③ 期间:每批完成。

图表 9-29 批次别重加工/作业耗损/报废统计表

页次:

批次:××××　　　　日期:××年××月××日

料 号	品名规格	单 位	重加工金额	作业不良金额	报废金额	累计金额

第十篇 仓储绩效管理

一、仓储绩效管理的含义

二、仓储绩效管理的目的

三、仓储绩效管理指标与评估方法

四、仓储管理问题分析与对策

合理的仓储绩效管理有助于激励士气，提升仓储管理效率，开创企业与仓储人员双赢局面

企业为确保仓储管理功能的发挥，借以提升仓储管理绩效，定期或不定期评估仓储管理的绩效，通过绩效的实际状况，据以掌握仓储管理的问题点，并加以改善，促使仓储作业更有效率，应是企业在仓储管理上应有的做法。

本篇主要说明仓储绩效管理的含义、目的、指标与评估方法、实例，分析仓储管理问题与对策，作为企业提升仓储管理绩效的参考。

一、仓储绩效管理的含义

运用规划、执行及评估控制的管理方法在仓储作业的绩效分析上，由绩效分析结果判断绩效，绩效良好的仓储作业应持续执行，绩效不佳的仓储作业应加以改善，即为仓储绩效管理的含义所在。

二、仓储绩效管理的目的

仓储绩效管理的目的在于达成仓储管理的目标及任务，并作为奖惩的依据等。

1．作为仓储管理工作改善的基础

仓储管理绩效评核的结果可使相关部门或仓管人员了解本身工作的优点与缺点。所指出的缺点必须依赖评核者与被评核者之间的充分沟通，以利于仓储管理工作的改善。

2．作为仓储管理部门员工调薪的标准

仓储管理绩效评核的结果，通常可用来作为组织内各部门或员工薪资调整的标准之一。绩效评核与奖惩是一体的，对于仓储管理绩效评核优良、中等、低劣的员工，宜分别给予不同的调薪幅度。

3．作为仓储管理部门主管或员工调迁的依据

仓储管理绩效评核的结果，可提供组织或人力资源管理部门客观的信息，以作为

日后各级主管或员工职务调迁的重要依据。

4. 作为仓储管理人员训练的参考

仓储管理绩效评核的结果，可借员工训练来改进或弥补仓储管理工作的缺点。人力资源管理部门可根据仓储管理绩效，为相关部门或员工安排教育训练。

5. 作为达成仓储管理目标的手段。

三、仓储绩效管理指标与评估方法

1. 仓储绩效管理的指标

(1) 仓储管理绩效分析

仓储管理绩效的评核指针包括:仓储空间利用率、盘盈盘亏率、仓管费用率、账物一致率、账货一致率等项目。

① 仓储空间利用率

是指仓储实际利用空间占最高可利用仓储空间的百分比。仓储空间利用率越高越好。

② 盘盈盘亏率

是指盘盈盘亏金额占物料年使用金额的百分比。盘盈盘亏率越低越好。

③ 仓管费用率

是指年仓管费用占物料年使用金额的百分比，或年仓管费用占年营业额或年生产额而言的百分比。仓管费用率越低越好。

④ 账物一致率或账货的一致率

账物一致率是指进料次数中账物一致次数的百分比。账货一致率是指出货次数中账货一致次数的百分比。账物一致率与账货一致率越高越好。

现将仓储管理绩效的计算公式与受评部门说明如图表 10 - 1。

图表10-1 仓储管理绩效的计算公式

绩效指标	计算公式	受评部门
仓储空间利用率	$\frac{\text{仓储实际利用空间}}{\text{最高可利用仓储空间}}$	仓储部门
盘盈盘亏率	$\frac{\text{仓储盘亏金额}}{\text{物料年使用金额}}$	仓储部门
仓管费用率	$\frac{\text{年仓储费用}}{\text{物料年使用金额}}$ 或 $\frac{\text{年仓储费用}}{\text{物营业额或年生产额}}$	仓储部门
账物一致率	$\frac{\text{账物一致次数}}{\text{进料次数}}$	仓储部门
账货一致率	$\frac{\text{账物一致次数}}{\text{交货次数}}$	仓储部门

(2) 仓储作业绩效分析

仓管组织是生产系统与物流相关作业的主要执行单位，也是库存管制作业的核心单位，因此，衡量仓储管理作业的成效是不可或缺的项目，一套完善的指标则是有效执行仓储管理作业绩效评估的基础。

进行作业绩效评估时需要代表各作业实效的各项量化指标，采用量化指标的目的在于能以客观的衡量结果，取代主观判断所可能造成的偏差此外，采用量化指标更能精确掌握、随时反应各项仓储作业绩效。而量化指标的建立则有赖于基本资料的收集，基本资料是指在一固定期间内，各项资源投入以及作业成果的资料。事实上任何绩效评估模式都需要运用内部的基本作业资料作为绩效衡量的基础，因此，基本资料收集越多、越完整，则作业绩效评估的结果就越详尽、客观、正确。

在仓储作业中物料的保管与保存是主要的功能，可以采用设施空间利用度、存货周转率及呆废料处理等作为评估指标，以掌握仓储作业的成效。

① 储位使用率

作为判断储位规划与储位空间有效利用率的指标，从整体的观点可了解仓储空间的有效利用情况，从个别储位的观点则可作为储位合并的参考。

- 整体储位使用率 $= \frac{\text{已使用储位数}}{\text{可利用储位总收}}$ 或 $= \frac{\text{存货总容积}}{\text{储位总容积}}$
- 个别储位使用率 $= \frac{\text{该储位存货容积}}{\text{该储位最大容积}}$

② 库存周转率

周转率指标的应用相当广，在财务分析上有资产周转率、应收账款周转率；在物料管理上则有成品周转率、原物料周转率等，可作为检讨公司营运绩效，以及衡量现有库存量是否适当的指标。

$$\text{库存周转率} = \frac{\text{年销售金额}}{\text{平均库存金额}} \text{或} = \frac{\text{年销货的物料成本}}{\text{平库存金额}}$$

③ 库存计划绩效

指标设定为实际库存金额与标准库存金额的差异。正差异代表执行库存管制的成效较预期为佳，负差异代表执行库存管制的成效较预期差，需要作进一步的改善。

$$\text{库存计划绩效} = 1 - \frac{\text{实际库存金额}}{\text{标准库存金额}} \times 100\%$$

④ 呆废料率

若物料停滞仓库的时间超过一定倍数的周转时间，则可视为呆料。呆废料率用来测定物料耗损对资金积压状况的严重性。造成呆滞料、废料的原因很多，必要时可以再针对各不同的原因进行分析，如分别对销售预测变更、生产计划变更、设计变更、加工不良等原因所造成的影响进行分析。

2. 仓储绩效管理的评估方法

仓储管理绩效评估方法包括绩效排序法、绩效成长法、绩效目标法等。

(1) 绩效排序法

绩效排序法是指绩效评核人员将参与评核各部门、单位或人员的绩效，从最高者依序排列至最低者。绩效排序法的评核人员可能是直属主管，也可能是若干绩效评核委员，各参与评核部门可相互评核。评核人员必须具备下列三个要件：

- 对所评核内容充分了解；

● 资深且受众望者；

● 态度公正无私者。

(2) 绩效成长法

绩效成长法是指考评各部门评核项目指标是否成长及其成长程度的一种方法。

倘若要评核各部门项目指标有否成长，则只要拿本期评核项目指标值与前期评核项目指标值作比较就可以了。比较方式又有下列两种：

● 年绩效：$\frac{\text{本年指标值}}{\text{去年指标值}}$

● 月绩效：$\frac{\text{本月指标值}}{\text{上月指标值}}$ 或 $\frac{\text{本年本月指标值}}{\text{去年同月指标值}}$

从指标值的成长率高低就可看出其绩效的升降。

(3) 绩效目标法

绩效目标法是指主管与其所管辖的部门主管或部属共同设立可衡量的绩效目标，然后主管与所管辖的部门主管或部属共同检讨目标达成的程度，以进行绩效评核的一种方法。

在推行仓储管理绩效目标法时，主管与其所管辖的部门主管或部属共同设定可衡量的仓储管理的绩效目标，这些绩效目标必须符合下列6项条件：

● 目标应明确地表明达成的程度；

● 目标应具体可行；

● 目标应表示各种活动的优先级；

● 目标能否达成，事先要具体预估出来；

● 目标与公司目标必须一致；

● 目标达成与否，应作为考核、奖惩、调薪或职务升迁的基础。

3．仓储管理绩效评估分析的范例

某公司定期(每月、每季、每年)执行仓储管理绩效评估(图表10－2)，除了解每段时间仓储管理绩效的变化情形外，还要分析绩效差异部分，据以掌握仓储管理及作业上存在的问题，借以提出解决对策作为仓储管理改善之用。

公式：

$$①周转率=\frac{耗用金额}{(期初库存金额+期末库存金额)/2}$$

$$②呆废料处理率=\frac{呆废料实际处理金额}{(期初呆废料金额+期末呆废料金额)/2}$$

图表10-2 XX公司物管绩效报告表

比较项目		标准	实际	差异	对策
1.	物料库存金额				
2.	物料周转率				
3.	呆废料占库存比较				
4.	呆废料处理率				
5.	物料货龄分布的百分比				
6.	盘点正确率				

四、仓储管理问题分析与对策

1. 仓储管理及作业问题分析

制造业在仓储作业上经常遭遇问题而影响到仓储管理绩效，若不能适时采取改善对策，则无法发挥仓储管理的功能。如何针对这些问题加以检讨改进是实务运作顺畅的第一步，仓储作业上常碰到的问题如下：

(1) 仓储规划不佳，造成空间利用的困难；

(2) 仓储作业制度未健全，造成账物不一的现象；

(3) 工作负荷不均，造成人员在调配上的困难；

(4) 未订立各项仓储作业管理办法，在作业上无从遵循，造成执行上的困难；

(5) 受生产计划影响，造成收料、发料的配合问题及仓储料账整理问题；

(6) 呆废料处理功能未发挥；

(7) 不易找到适当的管理人员；

(8) 库存管理计算机化推动不彻底。

2. 仓储管理及作业改善的对策

图表10-3 仓储管理的问题与对策

作业问题		对策
1.	仓库空间不够	①建立仓储管理制度(手续、表单、作业方式等) ②迅速处理呆废料。 ③重新设计储位及料架，争取最大的储存空间 ④应用随机料架法 ⑤整理整顿 ⑥其他
2.	仓储管理人员工作负荷过重	①供料方式及频数的制定 ②尽量减少制程变更 ③生产计划变更最少化 ④物料上架及检料储位由料账人员指定 ⑤使收发存表单分类、编号清晰易读 ⑥适当的人力与工作分配 ⑦使用机械搬运 ⑧其他
3.	料账不一致	①未经核准的人员切勿擅入仓库取物 ②不实施事后补单手续 ③定期校正计量工具、仪器 ④避免混料 ⑤计算机记账 ⑥定期抽点库存 ⑦料账准确性以责任区分 ⑧其他

3. 提升仓储作业绩效的管理重点

(1) 加强进出库管理的做法

① 制定仓库管理办法，适当拟订仓库作业时间规定；

② 分类、整理、保管作业体系化；

③ 注意料账记录的完整性；

④ 选择物料搬运方式，如善用各式搬运车以减少人工操作等；

⑤ 改善点收工作，如重量换算、定容器的运用等；

⑥ 确保物料进出必要表单；

⑦ 善用协力厂商交货的配合，如大型料件卸货至现场指定地等；

⑧ 运用发料制。

(2) 提高物料验收效率的做法

① 事先制定不同类别物料的标准包装及载运方式，以利点收；

② 建立标准验收程序并知会协力厂商严格遵守，包括暂收区的指定、运搬设备的借用、栈板的堆放方式及卸货手续等；

③ 物料尽可能直接送至使用地点；

④ 建立协力厂商的品质等级；

⑤ 运用计算机管理以简化验收文书作业；

⑥ 其他如验收时间的规定、退料的迅速办理等。

(3) 提高补给效率的做法

① 运用 ABC 重点管理，将 C 项物料交由现场人员管制；

② 推行发料制并考虑省略点交手续；

③ 加强发领补料时间的管理；

④ 妥善规划现场物料暂存区并指定送料地点；

⑤ 考虑定容；

⑥ 运用颜色灯示以事前发出欠料信号，提示发料作业；

⑦ 研究与改善发料量，以减少发料次数及现场存量；

⑧ 运用机械设备自动发料，如利用无人搬运车的送料等。

4．订货生产工厂的仓储管理做法

⑴ 配合批次式作业，除将仓储储位区分为批次区、共享零组件区及呆废料区外，加强目视管理的运作亦是仓储管理的重点。

⑵ 加强仓储账务管理计算机化，以提供迅速的库存资料。

⑶ 为配合订货生产及备料，标准零组件的运作及库存管制也非常必要。尽量将不重要或价值低的零组件以基准存量方式管制。

5．仓储作业管理合理化的趋势

⑴ 随着产销业务的增加，仓储工作日趋繁重，仓储管理也应配合改进以达成合理化的目的。

① 仓库业务的集中管理

零星分散的小仓库管理较为不易，应考虑改进，合并为大仓库或分仓库。

② 物料堆置应向高空发展

由于产销业务的增加，仓储量日渐增多而仓库位置又有限，故物料的堆置应考虑向高空发展。

③ 搬运工作机械化

为提高物料运输效率以支持制造部门的生产活动，采用搬运机械已成为必然趋势。

④ 迈向不需要仓库的仓库管理

在管理水准很高的生产企业，制造出来的产品立即送给顾客，生产所需的物料在验收进料后，立即投入生产线加工制造，故仓库中只存放为数甚少的安全存量，这种管理方式称为“不需仓库的仓储管理”。

⑤ 迈向无人仓库的仓储管理

无人仓库是指仓库不必仓储人员看守，收料、领料、退料、发料均以计算机控制，是计算机化仓储管理做法。

⑥ 移动仓库

配合生产需要而能随意移动的小型仓库，称为移动仓库。通常，在工厂内利用手推车搬运物料至生产线即为其中之一。

⑵ 有关仓储管理合理化的方向、做法及实施效果，如图表10－4所示。

图表10-4 仓管合理化做法与效果

方向		做法	效果
1.	集中管理	• 自动仓储 • 无人仓库	• 省人 • 省空省 • 料账准确
2.	往上发展		
3.	随机料架		
4.	自动设备		
5.	自由移动	• 移动仓库	• 空间再利用

第十一篇　仓储管理的发展趋势

一、物流中心与仓储管理

二、自动仓储系统

三、全球运筹管理与仓储管理系统

四、供应链管理与仓储管理系统

五、刚好及时系统与仓储管理

JIT 仓储管理的未来

面临多变的国内外产业环境变动，仓储管理方法也日新月异，因此，企业需有适当的措施以适应仓储管理的发展趋势。

本篇主要说明仓储管理未来的趋势及做法，包括物流中心的发展、自动仓储系统的应用、全球运筹管理、供应链管理、刚好及时系统与仓储管理的配合等，以作为企业界规划及推动仓储管理工作时的参考。

一、物流中心与仓储管理

1. 物流的含义与范畴

⑴ 物流的含义

物流指物的流通，企业有计划地运用仓储、配送及管理能力，有限资源的条件下，有效地处理物料的采购、储存、搬运、包装、加工组合、退货、存货控制、人员与车辆的调度、设施区位的选择与空间配置、配销通路及废弃物处理的相关作业，以适时、适量地将所需对象安全地送至需求处，创造附加价值，满足顾客需求。

物流操作系统是一个庞大且复杂的系统，其组成活动包括：

① 存货；

② 运输；

③ 仓储；

④ 采购；

⑤ 搬运；

⑥ 包装；

⑦ 配销通路；

⑧ 区位选择；

⑨ 订单处理等项。

⑵ 物流的范围参见（图表 11 - 1）

图表11-1 物流系统的范围

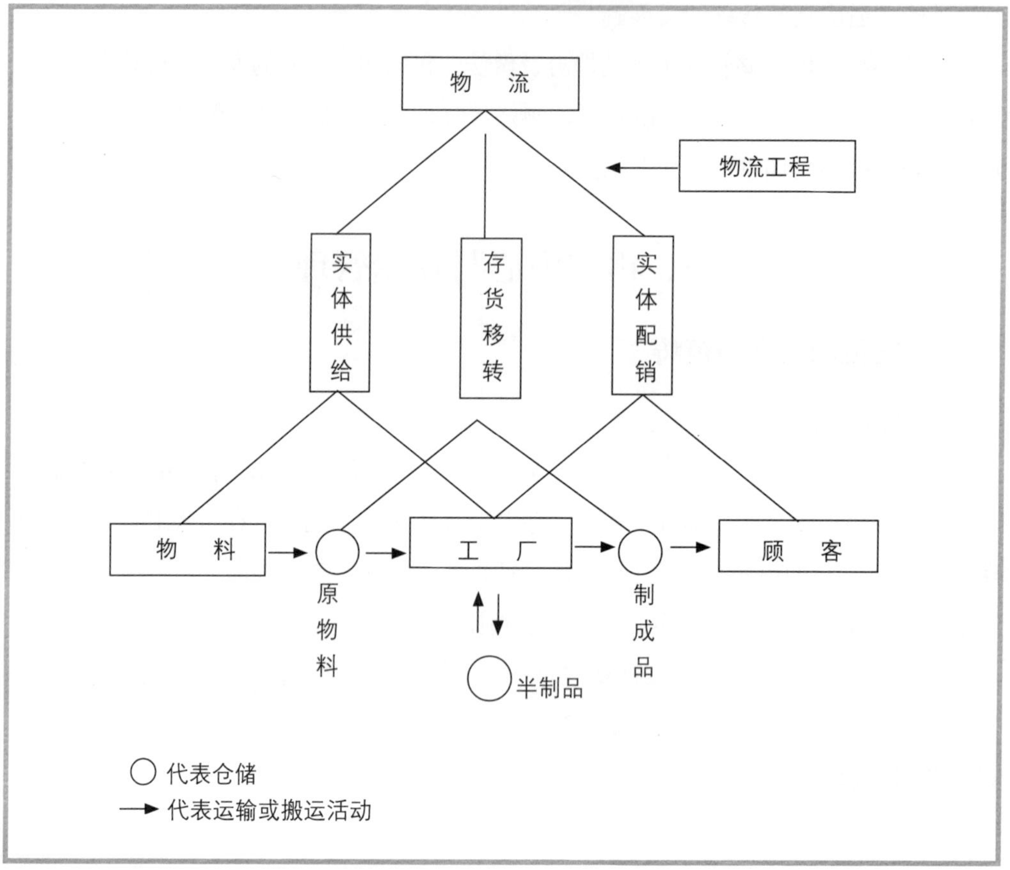

① 实体供给；

② 存货移转；

③ 实体配销；

④ 物流工程。

说明如下：

● 实体供给

实体供给是指针对物料流程(如采购、进货、储存、控制及搬运等作业)，以一种系统化、整体化的方式进行各项规划与管制，用以控制物料的流通，使企业的人力、设备及资源能作最有效的运用，提供适当的服务。

● 存货移转

企业内部的存货移转是指企业在原物料转换成产品的过程中，所须进行的搬运、储存、检验与管理等活动。其主要的课题包括：

a.物料挑选；

b.设施配置；

c.物料搬运；

d.半制品的管理；

e.制成品的流向。

● 实体配销

实体配销又可称为“实体分配”，是指所有产品在某一配销通路内或各个配销通路间的实体移动及移转。

美国实体配销管理委员会将实体配销定义如下：

“适时、适地地将产品由供给点送达消费点的相关活动，均可以广泛地称为配销、分配或流通。在物流组织中，实体配销则包括顾客服务、需求预测、订单处理、存货控制、包装、运输、仓储、通讯与区位选择等要项。”

● 物流工程

物流工程是一种具有辅助性质与协调性质的管理项目，目的在于协调物流组织中各项储运要素与成员的顺畅运作，以确保组织的有限资源能作最有效的运用。

物流工程主要的课题包括：

a.确认组织结构；

b.确认物流系统对组织的重要程度；

c.组织内部各项储运要素的相互损益现象；

d.协调系统的运作。

2. 物流中心与物流系统

(1) 物流中心

物流中心(又称配送中心、配销中心)是指在商品的实体配销过程中扮演着集中分配机能的部门。

物流中心具有下列七项功能:

① 缩短行销通路和阶层，提高商品流通速度，增加商品存货周转率;

② 降低物料搬运、生产加工、储存及运输的成本;

③ 集中处理，提高物流作业效率;

④ 协助市场的开拓与信息搜集，可充分掌握市场与行销通路;

⑤ 形成供货商、采购、生产、仓储、配销各部门整合性的信息系统;

⑥ 可以有效掌握商品流通及库存，达到产销平衡;

⑦ 具有多种多量功能，可以同时满足各种类型顾客的需求。

物流中心扮演着制造商（或进口商）与零售商（或量贩店）之间的中间接口角色(图表11－2)。

图表11-2 物流中心的角色扮演

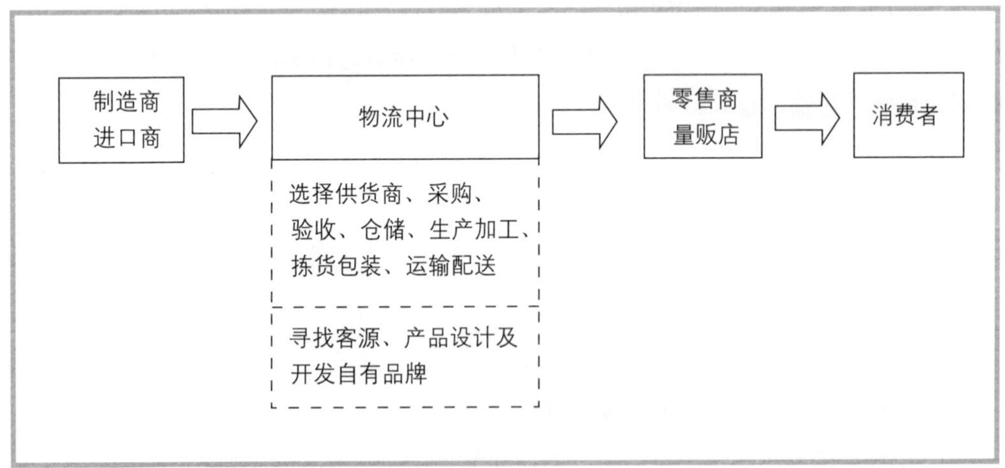

(2) 物流系统

物流中心在物流系统中扮演着仓储与实体配销的角色，而物流系统的形态包括:

① 涵盖制造体系的物流系统(图表11－3)

图表 11-3 涵盖制造体系的物流系统

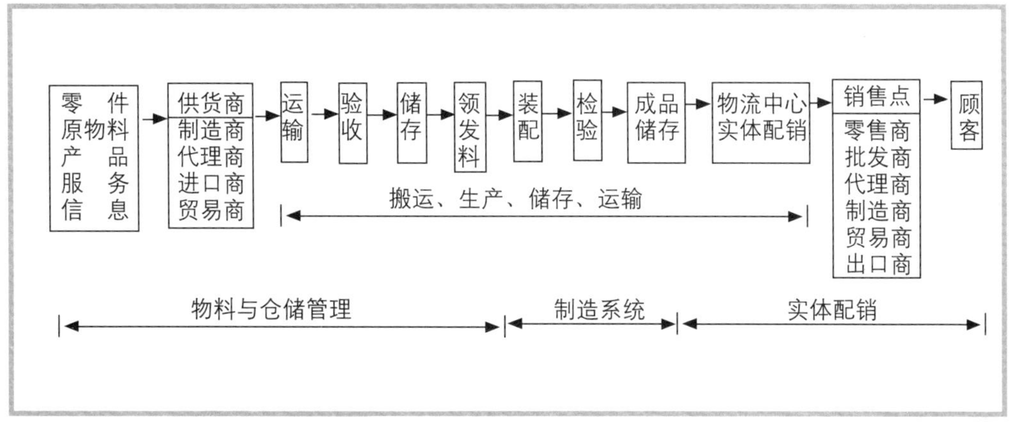

② 未涵盖制造体系的物流系统(图表 11-4)

图表 11-4 未涵盖制造体系的物流系统

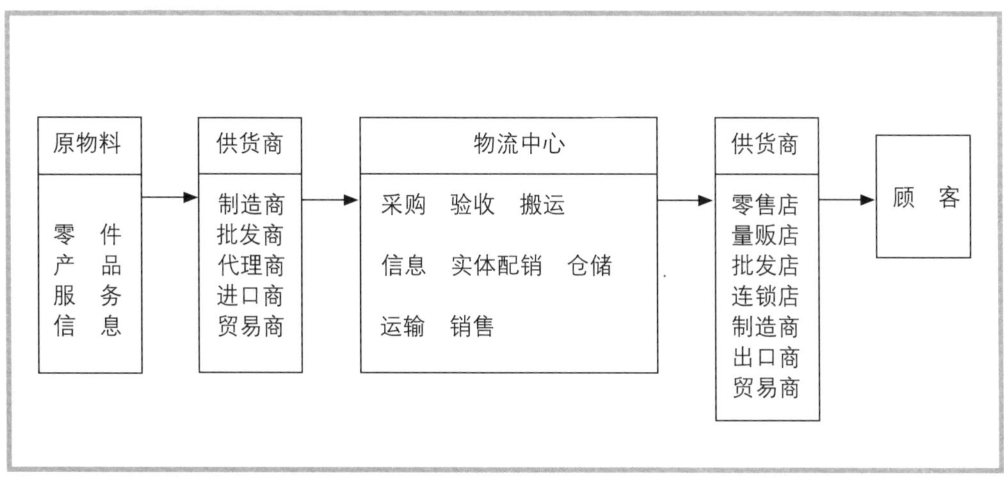

二、自动仓储系统

1. 自动仓储系统的含义

自动仓储系统是物流自动化过程中物品的暂存系统，配合其接口设备，除提供物品的自动收集、分类、输送功能外，由于其库位密集且高架化，因此，可以较小的面积提供大容量的储存功能。其最大优点在于结合计算机查询及可程控器的追踪管制能力，可以建立一个物流结合信息流的实时动态体系。

自动仓库已被广泛运用在物流自动化领域，从原料的订购、收料、贮存中，到半成品的暂存，缓冲各制程间的不平衡流量，并能自动控制衔接，使其制程平衡顺畅，进而连结至生产线末端的自动分类、包装、堆栈系统，完全达到自动缴库、自动出货的成品仓库的含义，构成生产自动化体系。

通过由生产移转至物流中心的配销自动化，自动仓库可发挥其大量储存功能，并通过计算机信息整合，从进货、储存、加工包装、拣货分类，构成一完整的配销中心自动化(图表11－5)。

图表11-5 物流动态管理体系

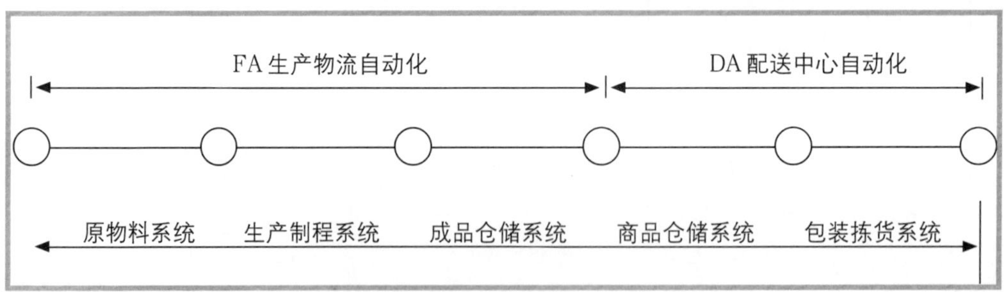

2. 自动仓储系统的特性

(1) 自动仓储系统的功能，除提供物品的自动收集、分类、输送外，还可实现以小的面积达到大容量储存的目标。

(2) 自动仓库若以储存物品的特性分类，可分为常温自动仓储系统、低温自动仓储系统；若依建筑样式区分，可分为自立式钢架仓储系统和一体式钢架仓储系统。

(3) 诱导式无人车又称无轨无人车，其运送路径不会阻隔空间，尤其在连续性的组装线上，以无人车替代输送系统，较具人性化，对工作者不会有作业时间的压迫感。

(4) 自动仓库的系统规划属于专业性，除了要对各项知识、设备有基本的了解外，还需具备良好的管理理念及方法。

(5) 通过由生产移转到物流中心的配销自动化，自动仓库可发挥大量储存的功能，并通过计算机信息整合，从进货、储存、加工包装到拣货，构成一完整的配销中心自动化。

自动仓储系统的规划与传统仓库最大的区别如图表 11－6 及图表 11－7 所示。

图表 11-6 集中出入口的自动仓库提供多个作业站

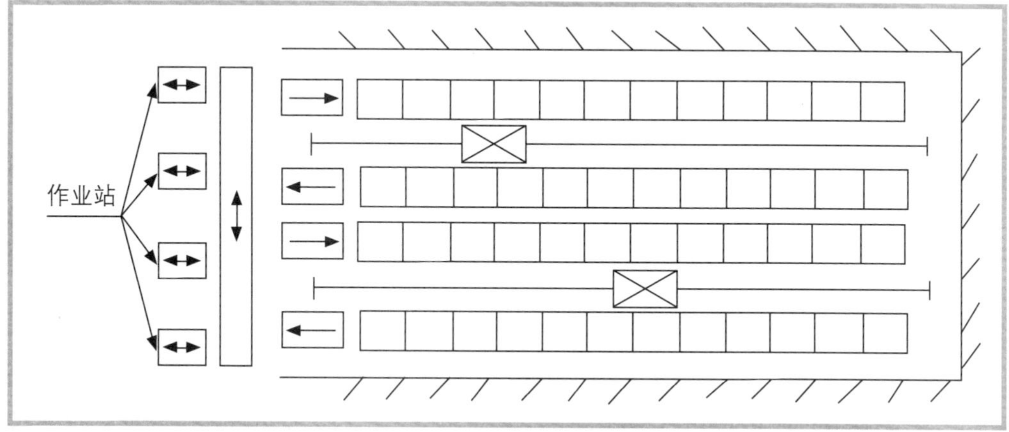

图表 11-7 最短搬运距离的传统仓库提供多处出口

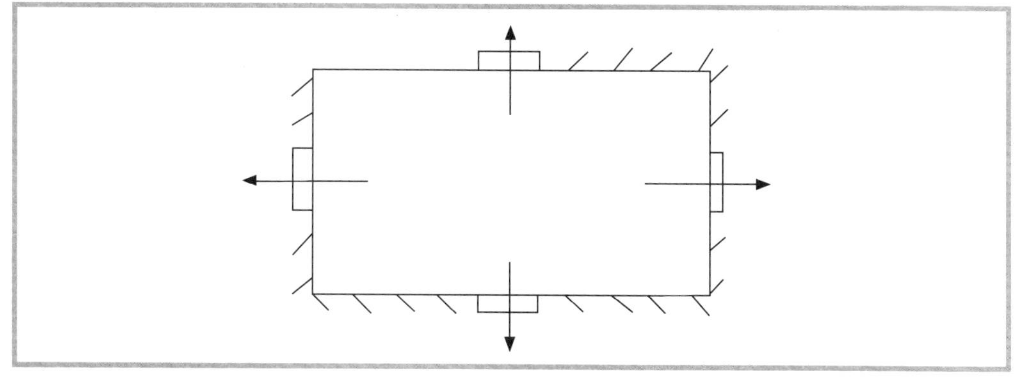

3. 自动仓储系统的规划

自动仓库以其计算机软件的运转，根据相关的生产管制及物流系统，并结合企业的管理理念与作业方式规划出最适切的系统。

(1) 标准化、合理化检讨

① 单位尺寸及单位重量的决定

- 统计分析各项物品，依其尺寸及数量的分布，借由产品及数量的P－Q图分析决定品项、数量分布；
- 依物品的包装及堆栈效率，决定栈板尺寸；
- 考虑运输积载效率及堆高机作业性；
- 选定流通标准栈板及客制化栈板。

② 物流作业的合理化分析、比较

- 物流合理化，在系统规划初期最为重要；
- 利用自动仓库较狭长的特性及高层搬运功能，有效地连结生产或其作业站，减少不必要的输送搬运，制程散布在不同的楼层时，其物流移动线可有效地与自动仓储结合；
- 物流应考虑周延性，如品检作业、理货作业、空栈板的供给回收等作业。

(2) 吞吐能量、暂存量、库位需求的决定

(3) 频率分析及合理的周转量

① 物流各作业站的生产或出货需求，会随时间或作业异动而改变，这些出入频率需求会决定整个系统顺畅与否，在变动的频率中，可依时间关系分最大量及平均量来统计，以求其客观性。

② 由单点作业频率至整体系统频率进行分析，以硬件规格为条件，通过管理手段、计算机软件补助等方式处理。

③ 硬件的作业率以85%为标准，可预留一些生产上不可预知的变量。

④ 物流频率及库位初步决定后，再分析其经济性。以相同的库位者而言，不同高度、不同长度及不同速度的设备，可规划成数个不同的系统。

⑷ 空间选择与利用

自动仓储具有狭长、高层连结各作业区、通道阻隔性及采光遮蔽性等特点，在整体布置搭配上必须考量。

⑸ 处理区规划

自动仓库规划时，常受土地的限制，但又不得不提供较多的库位数，故应慎重进行处理区的面积规划，以免出仓后在处理区形成瓶颈。

⑹ 月台规划

货柜装卸时，堆高机直接驶入货柜中，由于货柜高低不一，且货品或空柜高度亦会变化，故月台上皆有调整器以调态其高低问题。用卡车时不允许堆高机驶上板台，应从侧面装车，故其作业性与货柜不同。月台规划需视实际分配情形而定。

4．自动仓库的效益

⑴ 有形效益

① 以较小的土地面积，获得较大的容积效率，创造空间。

② 用人精简，管理容易。

③ 搬运减少，尤其堆高机搬运路线大量减少。

④ 作业安全性提高，物品损坏率降低，集中管理且高架化，防盗性佳。

⑤ 料架库位随机储存，与传统仓库指定位置且必须预留空位的运作方式不同，两者储存效率差异大。

⑥ 库存资料准确，并可随时精确掌握，便于查询及应用。

⑦ 盘点作业容易、准确，不致因盘点而使生产线停产。

⑧ 入库、出库不用寻找，出库时间快速正确。

⑨ 先进先出管理容易，各级品分类清楚。

⑩ 仓库密封性好，尘埃量减少，长时间存放较不易污损。

⑪ 出入口可集中一处，容易管理（传统仓库必须有多处出入口）。

⑵ 无形效益

自动仓库以计算机系统为运转中心，可提供动态的实时数据。

① 拣货自动化

由于自动仓库的控制系统可以与计算机联机，由营业单位接受的订单，经由计算机处理后，直接传给自动仓库的控制系统，自动控制系统就会指挥高架吊车进行拣货作业，既省去文书作业，也减少拣货错误。

② 商品的采购发料

存量管制与自动仓储结合，更能准确彻底执行，并由计算机自动打印采购需求。

通过网络系统，采购的决购资料，直接送往自动仓库建立待收料档，有利收料人员收料单纯化，并依网络通知请购单位，未品检的物品，由计算机自动冻结管制。

配送时，由计算机输入资材仓库，由管理人员主动拣料配送，不需各单位派人前往领料，减少等待的时间。

③ 营销人员可通过网络查询最新生产的库存，也可直接与客户洽谈，或直接向自动仓库预约出货日期，计算机可自动锁定其货品，不会发生重复售货现象，而仓管人员可直接对计算机指示出货，使作业单纯化。

④ 品质判定

对于连续生产而抽样品检无法实时判定者，若是传统仓库，就必须先缴至待检仓库，依品质判定后，再卷标移仓，其间需经多次搬运；而自动仓库因物品受信息追踪管制，故可先行缴库，再由计算机输入品质判定即可，其物品不必作任何移动。

⑤ 结合流通加工发展弹性系统

制程加工中，可暂存至自动仓库，信息准确，半成品安全，且通过自动仓库可确实掌控商品实际加工进度，使生产成本减至最低。

三、全球运筹管理与仓储管理系统

在全球化、数字化快速发展的产业环境下，网际网络、产业国际化分工等日新月异，使得国际市场竞争变得格外激烈。面对这种情境，全球运筹应势而生，成为企业程序改造与创新的革新性工作。

1. 全球运筹管理

就企业而言，运筹涉及产销过程中与原物料、设备、产品运输有关的活动，包括订单处理、原物料及产品的仓储、存量管制、检验、包装、配销、运输及顾客服务等活动。

运筹管理是指经由计划、实施、考核、行动的管理循环，对订单处理、原物料及产品的仓储、存量管制、检验、包装、配销、运输及顾客服务等作业——运筹，以降低成本，提高顾客满意程度，并增加市场竞争优势。

全球运筹管理是指以国际视野，规划多国之间的企业管理活动，以降低成本，提高顾客满意程度，并增加市场竞争优势。全球运筹管理中存量管制、运输、仓储、配销、信息等均可视为子系统，其中的物流、商流、信息流及资金流是全球运筹管理的核心。

物流是指物料流程而言，物料流程是全球运筹管理的核心之一。在全球运筹管理中，物料及组件的来源视实际商品及其情况而定。物料及组件可能在当地生产，也可能在海外生产，或向国外采购。采购、运输及存量的问题决策视下列因素而定：

(1) 产品特性；

(2) 制造程序；

(3) 市场需求特性；

该决策的目标在于：

① 降低成本；

② 减少存货；

③ 快速反映市场需求变化。

2．仓储管理系统在全球运筹管理中的角色

仓储管理系统在全球运筹管理中扮演者重要的角色，其功能包括仓储、配送、运输、存货调度、物流管理等（详见图表 11－8）。

图表 11-8 生产、行销、仓储与运筹管理的关系

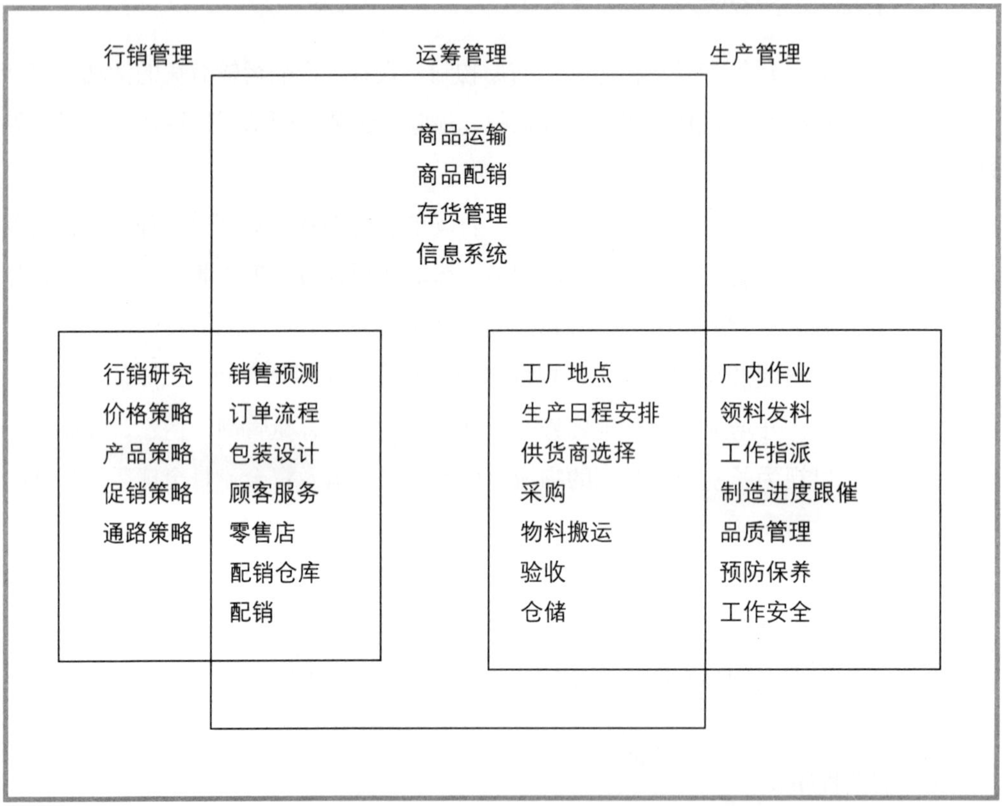

行销管理

运筹管理

生产管理

商品运输
商品配销
存货管理
信息系统

行销研究
价格策略
产品策略
促销策略
通路策略

销售预测
订单流程
包装设计
顾客服务
零售店
配销仓库
配销

工厂地点
生产日程安排
供货商选择
采购
物料搬运
验收
仓储

厂内作业
领料发料
工作指派
制造进度跟催
品质管理
预防保养
工作安全

四、供应链管理与仓储管理系统

1. 供应链管理的含义

供应链是指企业从原物料供货商处采购物料到产品销售至最终顾客手中的一连串活动，包括原物料采购、验收、搬运、储存、制造加工、销售配送、信息处理及零售商(图表11－9)等一系列部门及其活动。在供应链系统中通常有两项移动:一为物的实体移动，从原物料的采购移至配送中心、顾客的手中，而达到供应链末端;另一为信息流的移动，沿着供应链作反向移动。

供应链管理是指通过电子资料交换或电子商务的工具，将企业的物料采购、储存、制造加工、储运、配销、信息及财务等有效地整合起来，以建立企业上游供货商及下游客户的策略联盟而形成伙伴关系。目的在于创造上下游整合的附加价值，降低产销成本，以提升顾客服务水准及市场竞争优势。

图表11-9 供应链

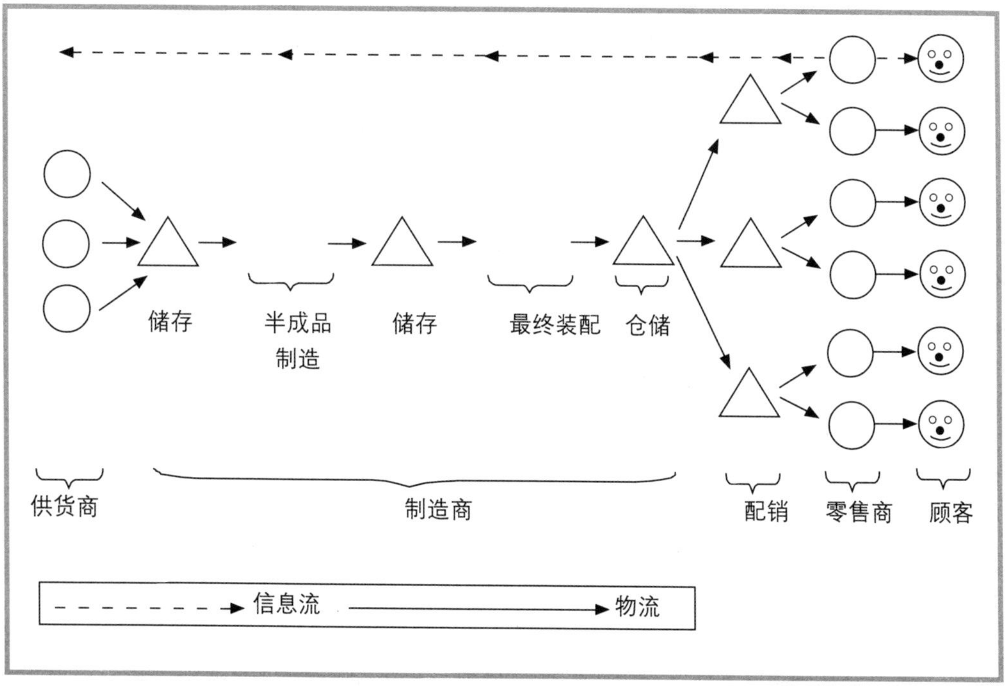

储存 半成品制造 储存 最终装配 仓储

供货商 制造商 配销 零售商 顾客

信息流 物流

2．供应链管理的特色

⑴ 以顾客需求为导向的后拉式系统

供应链管理是以顾客需求为导向，通过销售时点系统及电子资料交换，先分析最终顾客需要的产品及其品质、地点、数量、时间等相关信息，以后拉式做法循着供应链，将信息快速反应给物流中心、配销业者、制造商或下游供货商，以利上下游整合起来，共同达成提升顾客满意及快速响应的目标。

⑵ 属于全球性整合系统

⑶ 充分运用信息工具

在供应链管理中，倘若能充分运用销售时点系统、电子资料交换系统及网际网络电子商务，则能将各种信息快速响应或传输到各系统而得到最佳的整合，以获取供应链应有的效益。

3．供应链管理的范畴

供应链管理的范畴（图表 11－10）涵盖九个项目，分别列述如下：

图表 11-10 供应链管理的范畴

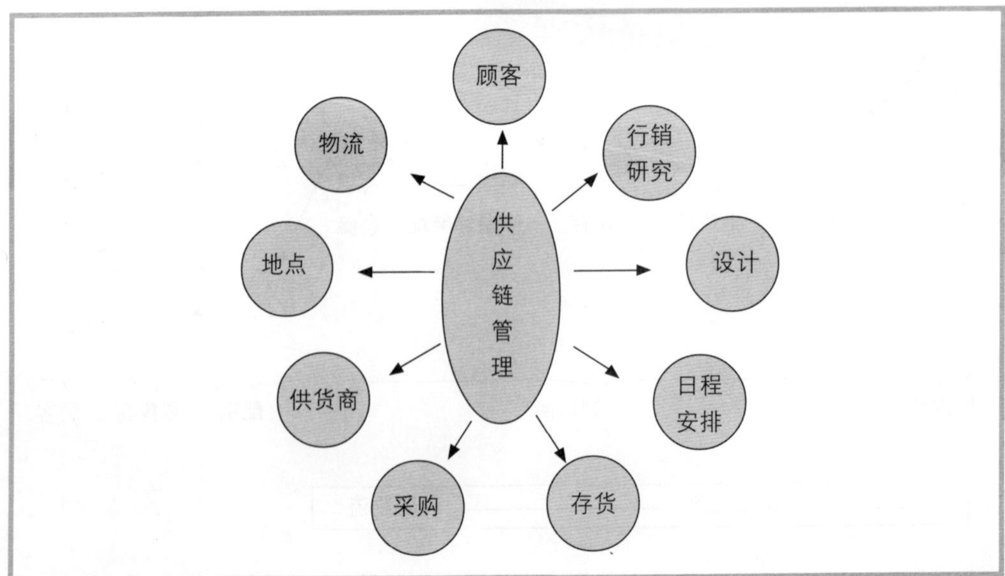

(1) 顾客

顾客是供应链管理首要的范畴。供应链管理的营运应设法在交期、品质、成本、数量、服务等各方面满足顾客需求。

(2) 行销研究

在交期、品质、成本、数量、服务等各方面，通过行销研究来了解顾客的需求，然后再通过供应链的运作来满足顾客需求。

(3) 设计

在整合顾客需求信息后，通过产品设计、生产制程、服务制程的设计，满足顾客的需求。

(4) 日程安排

日程安排涉及制造进度、生产数量与产品品质的控制，可以满足顾客时间与品质的需求。

(5) 存货

存货水准的控制，一方面可以降低存货的成本，另一方面可以防止缺货发生。

(6) 采购

采购使供货商得以与供应链整合在一起。通过采购功能，企业才能获得原物料，才能为顾客加工制造商品。

(7) 供货商

供货商是供应链的开端，在供应链上极为重要。

(8) 地点

不管是供货商或加工设施，其地点都会影响成本与时效，是供应链管理所考量的重要因素之一。

(9) 物流

物流决定物料、商品的最佳移动路线及物料搬运、成品运输的成本。

4．供应链管理的效益

供应链管理的核心价值在于企业信息流的快速反应。企业信息流快速反应下的供应链管理具有九大效益:

⑴ 缩短接单、采购、储存、制造加工、配销物料流程的时间。

⑵ 降低制造商原物料、在制品、成品及零售商商品的存量，以减低存货持有成本及仓储成本。

⑶ 全球化搜集原物料信息，降低原物料成本。

⑷ 通过信息的整合，缩短供应链快速响应的时间。

⑸ 以顾客及市场信息为主的快速响应系统，可提升顾客服务水准，让顾客满意。

⑹ 只生产或配销顾客所需要的产品，以降低滞销品的库存。

⑺ 在快速反应的信息系统下，及早发现供应链瓶颈所在。

⑻ 提升企业对企业、企业对顾客及企业内部的信息处理能力。

⑼ 有效整合企业采购、物料、生产、销售、财务等业务能力，以提升企业竞争力。

五、刚好及时系统与仓储管理

1. 刚好及时的含义

刚好及时(just in time,JIT)系统，是指在作业流程中，需要装配任何产品时，其装配的必要零件可以在每次刚好必要使用时，以刚好需要的数量，到达生产线作业站。换言之，后制程把必要的对象，在必要的时候，按照必要的数量，到前制程去领取，而前制程则只制造被领取的数量。

2. 刚好及时的仓储管理配合项目

(1) 零库存

制成品、在制品、原物料的库存必须达到零或接近于零。

(2) 零不良率

零库存必须有零不良率的配合。倘若无法达到零不良率，则生产线会停工待料，或库存堆积如山。

(3) 零待料时间

倘若让生产线停工待料，则其损失将不可胜计。

(4) 其他

仓储收发存作业的及时方式等。

3. 刚好及时系统与传统存量管理系统比较

刚好及时系统通过快速换模的技术，降低换模成本与换模时间，使每一刚好及时批量几乎成为经济批量。刚好及时系统与传统存量管理系统的异同比较列于图表11－11。

图表 11-11 传统存量管理系统与刚好及时系统的比较

比较项目	传统存量管理系统	JIT 系统
存　　货	存货是一种资产。存货可预防预测错误、机器故障、供货商交货延误及物料短缺，故存货越多越好。	存货是一种负债，故应设法加以消除。
批　　量	经济批量。	以后制程需求的批量为批量，故只有立即补货的需求量。
物料搬运	由前制程向后制程搬运的前推式系统。	以传票由后制程向前制程领取的后推式系统。
供 应 商	供货商可视为厂商的竞争对手，相互间常处于竞争的状态。	供货商可视为厂商的合作伙伴。供货商也会关心顾客的需求，且顾客视供货商为厂商的延伸。
安全存量	依公式计算安全存量。	追求零库存。
前置时间	前置时间越长越好。	前置时间越短越好。
人　　员	采用命令式管理安装新系统。常用数字或量度来测定工作绩效。	采用共识管理。新系统安装前，先取得员工共识。若有冲突，必须先协调化解冲突，建立共识，然后实施。
订 购 点	准时。	依需求日期决定订购点。
交　　期	交期之前。	刚好及时。

福友企业管理顾问有限公司
服务项目简介

公司简介

★ *Since 1994*
★ *辅导、培训各类型企业逾2 500家，人数逾50 000人次。*

福友企业管理顾问有限公司，由台湾知名企管专家林荣瑞先生于1994年创办成立。公司以“提升人的品质”为宗旨，以“和谐、精进”为企业精神，以“追求卓越，创造一流”为经营理念，并向顾客承诺:创造一流的效果。

公司提供的服务主要针对企业内部管理的建立及提升与改善。服务项目包括企业管理诊断、制度规划设计、合理化的导入、员工教育训练（企管研习会、企业内训）、经营管理咨询、顾问辅导，以及企业管理书系、精美海报标语等的企划、发行。

在众多企业界朋友的关心与支持下，公司已在全国各大省市成功地辅导及训练台资、港资、欧美、国有及私营企业逾2 500家50 000人次以上，行业涵盖了电子、机械、化工、医学、房地产、旅游等，其中包括多家新兴的高新技术企业，业绩斐然。

伴随着国内企业的成长，福友团队也在适时不断地对自己提出更高要求的挑战:

◆ **制造业管理经典用书尽在福友！**

《福友现代实用企业管理书系》务实可操作性的风格已成为全中国制造业经典用书！

◆ **制造业管理经典课程尽在福友！**

最早接受福友培训的企业人，现已成长成为企业的中高层管理中坚干部；最早接受福友指导的企业业已更加发展壮大，福友承诺:成功路上与您同行！

◆ **专业团队日益发展壮大！**

福友在企管业界的良好口碑，吸引着愈来愈多的两岸知名企管专家前来助阵。随着专业团队的日益发展壮大，福友能够更好地为广大企业提供更多直接有效的服务！

我们是专家不是学者，本着务实的作风扮演“企业成功路上良师益友”角色，志在为国内的企业管理水平之提升贡献一份心力。

福友承诺：

好东西与好朋友分享，矢志成为您管理路上的好帮手！

公司	电话	传真	网址	E-mail
厦门公司	电话:0592-2395581(总机)	传真:0592-2396530 2395580	http://www.foryou.tw.cn	E-mail:xm@foryou.tw.cn
泉州公司	电话:0595-22160010(总机)	传真:0595-22160012	http://www.foryou.tw.cn	E-mail:qz@foryou.tw.cn
苏州公司	电话:0512-68294860(总机)	传真:0512-68294859	http://www.foryou.tw.cn	E-mail:sz@foryou.tw.cn
宁波公司	电话:0574-87856585(总机)	传真:0574-87856586	http://www.foryou.tw.cn	E-mail:nb@foryou.tw.cn
青岛公司	电话:0532-80990086(总机)	传真:0532-80990087	http://www.foryou.tw.cn	E-mail:qd@foryou.tw.cn

福友企管VIP

■ 选择福友VIP的理由

1．口碑最好：造福朋友是福友的一贯宗旨
2．足迹最广泛：福友足迹遍布国内30多个省市，书籍更是远销东南亚、美国、台湾
3．经营最稳健：福友从1994年成立至今已逾十六余年历史
4．课程最多：每年在全国举办各类生产经营管理培训课程
5．阵容最强大：近20位专职两岸专家汇集福友
6．内容最实用："简单、直接、有效"是福友公司的一贯承诺
7．服务项目最多：制造业经典用书、经典课程、训练营、系列内训、专案诊断、辅导享誉国内
8．收费最公道：保证物超所值

■ VIP超值优惠表

<table>
<tr><th rowspan="4">项次</th><th rowspan="4">项　　目</th><th colspan="5">VIP 客 户 类 别</th><th rowspan="4">备　注</th></tr>
<tr><th>福卡贵宾</th><th>A卡贵宾</th><th>B卡贵宾</th><th>C卡贵宾</th><th>D卡贵宾</th></tr>
<tr><th>80000元</th><th>42000元</th><th>35000元</th><th>28000元</th><th>15000元</th></tr>
<tr><th colspan="5">有效期24个月</th></tr>
<tr><td>1</td><td>参加福友公开课程</td><td rowspan="2">5.0折</td><td rowspan="2">5.5折</td><td rowspan="2">6.0折</td><td rowspan="2">6.5折</td><td rowspan="2">6.8折</td><td rowspan="3">此三项消费费用依不同卡别折扣后从会员费中扣除即可</td></tr>
<tr><td>2</td><td>购买福友企管书系／标语</td></tr>
<tr><td>3</td><td>参加福友各阶训练营(限学费)</td><td>6.5折</td><td>7.5折</td><td>8.0折</td><td>8.5折</td><td>9.0折</td></tr>
<tr><td>4</td><td>企业内训</td><td colspan="5">9折</td><td>此消费可从福卡中扣，其它卡另外付</td></tr>
<tr><td>5</td><td>企业辅导、企业诊断、常年顾问</td><td colspan="5">9.5折</td><td>此项消费费用另外给付</td></tr>
<tr><td rowspan="6">6
免费赠送项目</td><td>赠送福友企管书系（等额书籍可任选）</td><td>1000</td><td>500</td><td>500</td><td>300</td><td>300</td><td rowspan="6">完全免费</td></tr>
<tr><td>赠送训练营名额1人次(各阶训练营可任选)(限学费)</td><td>√</td><td>不享受</td><td>不享受</td><td>不享受</td><td>不享受</td></tr>
<tr><td>高级顾问师免费到企业诊断一天，诊断完毕后将提供书面诊断报告给企业(价值6000元以上)</td><td>√</td><td>√</td><td>不享受</td><td>不享受</td><td>不享受</td></tr>
<tr><td>免费参加福友举办年度总经理论坛(各区举办)</td><td>√</td><td>√</td><td>√</td><td>√</td><td>√</td></tr>
<tr><td>赠送《福友顾问》期刊</td><td>√</td><td>√</td><td>√</td><td>√</td><td>√</td></tr>
<tr><td>训练营训后咨询及改善交流会</td><td>√</td><td>√</td><td>√</td><td>√</td><td>√</td></tr>
</table>

企管研习会

■ 定点定期:

※深圳、广州、厦门、泉州、福州、杭州、宁波、台州、温州、苏州、无锡、昆山、常州、青岛、烟台等城市(其他的城市视需求开办)

※每月举办次数不低于10场

■ 名师汇聚:

※两岸众多知名的企管专业讲师

■ 讲座课题:

项目	序号	课程	名称	项目	序号	课程	名称
经营管理	01	企业策略规划的展开与整合	12H	品质管理	01	如何做好现场品质管理	12H
	02	中层主管技能与执行力提升训练	12H		02	QC手法运用	12H
	03	企业运作与管理整合	12H		03	统计制程管制SPC教育训练	12H
	04	中国式管理	12H		04	TQM全面品质管理	12H
	05	中层主管管理提升训练	12H		05	数据与图表的建立与应用	12H
	06	一个领导者的角色认知与管理思维	12H		06	FMEA失效模式与效果分析	12H
人力资源管理	01	如何选人、用人、育人、留人	12H		07	QCC品管圈推动实务	12H
	02	选才与面谈技巧	12H		08	TS16949训练	12H
	03	人力资源主管精修班	12H	采购与物料管理	01	采购管理实务	12H
	04	卓越的团队管理技巧	12H		02	采购成本分析与降低策略	12H
	05	企业内部讲师培训(TTT)	12H		03	采购与供应商的双赢策略	12H
	06	薪酬设计与绩效考核	12H		04	高效的制造业物料与仓储管理	12H
	07	目标管理与绩效考核	12H		05	供应商的评估与采购管理	12H
	08	非人力资源部门的人力资源管理	12H	销售管理	01	如何成为杰出业务主管	12H
生产管理	01	现场管理实务	12H		02	门市、卖场销售技巧	12H
	02	如何成为出色的生产主管	12H		03	市场开发与销售技巧	12H
	03	生产计划与交期管理	12H		04	有效的客户关系管理	12H
	04	5S精益现场管理	12H		05	客诉的应对与有效处理	12H
	05	生产绩效管理	12H		06	销售通路、经销商管理	12H
	06	杰出班组长训练	12H		07	开发潜在客户的技巧	12H
	07	如何降低生产成本	12H		08	销售战术激发与活用	12H
	08	现场一线主管技能训练	12H		09	业务谈判策略与说服顾客之技巧	12H
	09	标准工时制定与工作改善	12H	财务管理	01	经营计划与预算管理	12H
	10	JIT精益生产管理实务	12H		02	内部稽核与内部控制	12H
	11	科学三大工具－IE手法提升效率	12H	其他	01	商务礼仪	12H
	12	TPM全面设备管理	12H		02	高效沟通与团队共赢	12H
	13	如何从技术走向管理之路	12H		03	如何发现、分析、解决问题	12H
					04	时间管理	12H
					05	研发管理研习会	12H

※ 每期课程简章备索

献给站着睡觉的人

企业内训

为什么沟通不良？

因为没有培训，缺乏共识。

为什么绩效不彰？

因为没有培训，方法不好。

一将难求，所有企业都同意“找人才比找客户还要难”，成功的企业也同意“找人才不如自己造人才”。尊敬的总经理，请把培养人才的任务交给**“福友”**，让我们帮您出色完成。

项目	序号	课程名称	课时	项目	序号	课程名称	课时
领导统御	01	卓越的团队领导技巧	7H	生产管理	01	生产计划与交期管理	14H
	02	中层主管技能与执行力提升训练	14H		02	问题意识与工作改善	14H
	03	中基层管理干部管理技能强化训练	14H		03	如何做好生产绩效管理	14H
	04	一个领导者的角色认知与管理思维	7-14H		04	现场管理实务	14H
	05	从技术走向管理之路	7-14H		05	生产问题分析与对策	14H
	06	杰出班组长特训	14H		06	现场一线主管技能训练	14H
	07	MTP 管理训练课程	14-42H		07	如何成为出色的生产主管	14H
	08	TWI 基层干部管理训练	14-42H		08	如何降低生产成本	14H
	09	如何做一名成功主管	14H		09	降低成本与工作改善	14H
	10	沟通技巧与激励技术	14H		10	如何运用 IE 手法提高效率	7-14H
	11	项目管理基础与实践	14H		11	标准工时制定与工作改善	7-14H
	12	时间管理	14H		12	精益生产(JIT)	14H
	13	沟通技巧与团队建设	14H		13	NPS 革新生产方式训练	14H
	14	问题分析与解决技巧	14H		14	TPM（全面设备保全管理）	14H
人力资源管理	01	如何选人、用人、育人、留人	14H		15	价值工程分析(VA/VE)	14H
	02	如何制定薪资与考核制度	14H	物料管理	01	物料管理的问题与对策	14H
	03	选才与面谈技巧	14H		02	物料控制与仓储管理	14H
	04	如何进行绩效考核评估	14H		03	有效的供应商管理	14H
	05	平衡计分卡与绩效展开	14H		04	物料与采购管理作业电脑化(MRP)	14H
	06	目标管理与绩效考核	14H		05	MRP 导向的物料管理实务	14H
	07	企业内部讲师培训	14H		06	采购管理实务	14H
	08	直接主管的人力资源管理	14H		07	采购谈判技巧	14H
行销财务	01	销售主管精修班	14H		08	采购管理与供应商评估	7-14H
	02	销售通路、经销商管理	14H	品质管理	01	如何推行 5S 活动	7H
	03	市场开发与销售技巧	14H		02	数据与图表的建立与运用	7H
	04	有效的客户关系管理	14H		03	如何做好现场品质管理	14H
	05	客户投诉的有效处理			04	现场主管如何做好制程质量管理	14H
	06	业务谈判策略与说服顾客之技巧	14H		05	如何运用 QC 手法提升品质	7H
	07	经营计划与预算管理	14H		06	如何推行 QCC 活动	14H
	08	成本管理与预算控制	14H		07	SPC 统计制程管制	14-42H
	09	内部稽核与内部控制	14H		08	FMEA 失效模式与效应分析	14H
	10	非财务主管的财务管理	14H		09	全面品质管理(TQM)	14H
其他	01	职场礼仪	7-14H		10	研发品质管理	7-14H
	02	福友企管中阶主管系统班课程	132H		11	6 个标准差(6 σ)	14H

企业辅导

1.足迹遍布

成功辅导过的企业东北至哈尔滨，西北至乌鲁木齐，足迹遍布中国大陆。

2.团队专精

所有企业辅导顾问师均为福友专职顾问师，均具有生产型企业十至三十年的中高阶实务管理经验；

经过福友逾十二年的优化过程，福友的顾问老师已大部分是各专业领域一流的专家;

最强大的辅导团队，采用团队专案小组辅导，为企业提供最佳解决方案。

■ 辅导项目：

① 经营管理系统

- 组织绩效诊断与提升：8个月
- 企业经营管理分析与整合：8个月
- 业务流程改进(BPI)：8个月
- 目标管理(MBO)：6个月
- SCM供应链管理系统：8个月
- 市场营销系统规划与训练：4个月

② 组织人事系统

- 组织规划设计：4个月
- 薪资与绩效考核体系：4个月
- 企业教育训练规划：3个月
- 组织人事系统：6个月

③ 生产管理系统

- 5S活动专案：4个月
- 生产管理系统：6个月
- IE工作改善：6个月
- TPM(全面设备保全管理)：4个月
- 生产绩效管理：6个月
- (丰田生产方式)TPS：6~12个月
- 精益生产方式(JIT)：6~12个月

④ 物料管理系统

- 仓储管理系统：4个月
- 物料管理系统：6个月
- 供应商管理系统：4个月
- 物料需求规划MRP导入：6个月

⑤ 品质管理系统

- 品质检验制度设计与运用：4个月
- QC手法运用：4个月
- FMEA失效模式与效应分析：6个月
- SPC统计技术运用：6个月
- 如何推行QCC活动：4个月
- 品质管理系统：8个月

⑥ 研发管理系统

- 研发管理系统(研发管理工具运用)：6个月

■ 企业辅导流程：

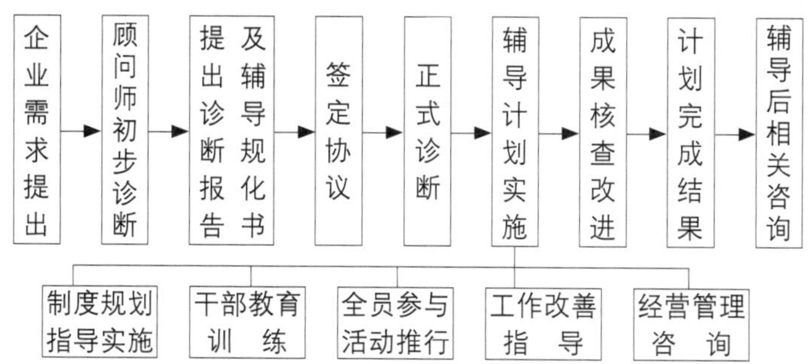

中阶主管系统训练营

制造业中阶主管系统管理训练营（虎啸营）

21世纪，“中国制造”无疑将影响整个世界！

21世纪，中国制造业必将面临惨烈的竞争，优存劣汰！

21世纪，中国制造业最缺的是什么？优秀的中阶主管！

缺工日益严重，成本节节升高，这是每家企业必须面临的考验。企业生存与发展之道，唯有提升管理，应用科学管理工具来降低成本、提升品级，确保企业的健康发展。

中阶主管（厂长、经理）在企业中扮演著承上启下的角色，中阶主管的管理素质标志著企业执行力的高低。

尊敬的总经理，“找人才不如自己造人才”，请把培养企业大将的任务交给“福友”，让我们帮您出色的完成，为企业打天下！

课程单元

单元	课　　程	单元	课　　程
1	中层主管的人力资源管理	9	5S与目视化管理
2	目标管理	10	生产计划与交期管理
3	日常管理标准化	11	IE手法的运用
4	工厂检验制度设计及运用	12	精益生产
5	QC手法及其运用实务	13	研发管理
6	SPC在生产中的实际运用	14	高效沟通技巧与激励技术
7	物料控制与仓储管理	15	观摩企业 + 主题讨论
8	高效采购及供应管理	16	合计:15单元

※ **服务电话**:0592－2395581**转**241、208

■ 制造业基层主管系统管理训练营（小虎营）

中国制造业面临日益严重的缺工缺干，相当多的企业困境已现，企业要脱困，势必要**“下定决心”**进行管理变革！

商机要争取时间，管理变革当然也要走在竞争者前面，路途远，时间长，很忙……只要您**“下定决心”**，福友可以早一点帮您脱离困境。

本训练的使命：

- ◆ 为中小型企业强化现任厂长、经理人才
- ◆ 为中大型企业储备准备晋升厂长、经理人才

■ 课程单元

单元	课　　程	课　时
1	管理的基础	3.5H
2	管理者的角色认知	3.5H
3	如何对部属进行工作教导	7H
4	如何推行5S	7H
5	生产管理的问题与对策	7H
6	现场品质管理的问题与对策	7H
7	沟通技巧与激励技术	7H

※ **服务电话**:0592-2396973　0592-2299953

IE专修班

■ 全面打造卓越的IE工程师

工业工程(Industrial Engineer)简称IE，是专门为**提高生产效率和经济效益**，把技术与管理有机结合起来的学科。工业工程（IE）在工业发达国家、地区（如美国、德国、日本、台湾等）已有几十年的历史，并得到普遍的应用。是制造业公认**省人化、省时化、最有效**的科学管理工具。

当前大陆劳动力**日益短缺，劳动成本节节攀升**，急需将以往**"人海战术"**的**赶量**文化，转型为**精简**劳动力的**效率**文化，IE工业工程的导入及IE人才的培养，对国内的企业来说管理的转型、升级，无疑是最为迫切的事。

福友企管秉持企业的宗旨一造福朋友，除了已发行两本IE的专著(《IE的运用》、《标准工时制定与工作改善》)，为了协助解决国内企业IE人才的稀缺，筹备近两年的《IE专修班》，于2008年7月正式开办，全程6日，**目的就是为国内的企业打造优秀的IE专业人才，并为建立IE部门打下基础。**

■ 课程内容

单元	课　　程	课 时
1	IE概论与标准工时制定	7H
2	标准工时制定	7H
3	IE－7大手法（上）	7H
4	IE－7大手法（下）	7H
5	PAC 生产绩效分析管理	7H
6	企业观摩与诊断	7H

※ **服务电话**:0592-2395581

福友现代实用企管书系

㊿制造业生产成本削减实战

祖林　怀海涛　著

本书深入浅出地阐述了如何降低直接材料成本、辅助材料成本、能源成本、修缮成本、人工成本和质量成本等。从实际出发，就事论事，把问题说清楚，将方法讲到位，所选取的案例，均来自生产一线，真正做到了拿来就可以用，用了就有效，可操作性非常强。

定价：￥56 元

第一篇　成本控制概论
第二篇　价值工程基础
第三篇　降低成本活动的开展
第四篇　降低直接材料成本
第五篇　降低辅助材料成本
第六篇　降低能源成本
第七篇　降低修缮成本
第八篇　降低人工成本
第九篇　质量成本控制
第十篇　支持系统成本削减

㊾IE 与单元生产

孙亚彬　著

精益生产的理念是消灭浪费，可是只有理念是不够的，具体如何实现呢？本书提供了IE、单元生产这两个工具，帮助企业缩短生产周期、提高品质、降低成本，从根本上解决紧急订单、计划变更、交货延迟等问题，提升核心竞争力。

定价：￥58 元

第一篇　精益生产概述
第二篇　生产绩效原理
第三篇　精益生产三原理
第四篇　标准工时
第五篇　动作研究
第六篇　生产布局与搬运分析
第七篇　快速切换
第八篇　产能平衡
第九篇　单元生产原理
第十篇　如何设计单元生产线
第十一篇　现场改善实施
第十二篇　培养多能工，实现少人化
第十三篇　单元生产运作方法要点

㊽生产效率的改善实务

陈进华　著

“工欲善其事，必先利其器”。本书以“效率”为中心，并以实际案例来阐述各种效率提升技法的操作步骤，帮助现场管理人员和制造工程师系统掌握现场效率分析与改善工具，全面提升生产效率！

定价：￥52 元

第一篇　企业获利方式剖析
第二篇　生产效率计算方法及影响因素分析
第三篇　生产效率改善基础
第四篇　标准工时制定
第五篇　如何通过Layout 提高生产效率
第六篇　如何通过生产线平衡提高生产效率
第七篇　如何通过人机配合改善提高生产效率
第八篇　如何通过动作改善提高生产效率
第九篇　如何通过设备管理提高生产效率
第十篇　如何通过切换改善提高生产效率
第十一篇　如何实现持续改善

㊼班组现场精细化管理

祖林　陈汉波　著

本书结合国内制造业现场改善面临的问题及需求，全面梳理并剖析了精益现场改善的方法、工具及技巧，为班组管理人员提供了许多“拿来即用”的改善方法、工具和技巧，操作性强。

定价：￥52 元

第一篇　精益现场管理概论
第二篇　现场 5S 改善
第三篇　现场环境改善
第四篇　现场质量改善
第五篇　生产效率改善
第六篇　现场安全改善
第七篇　降低成本改善

㊻不会说话别当头

祖林　著

会说话，一靠技巧，二靠个人魅力，两者都是可以通过训练获得的。本书具体地讲述了提高说话水平、改善沟通能力的具体方法和实用技巧，带领大家学习“会对话”的方式，领略“会说话”的无价效益。

定价：￥45 元

第一篇　要当头，先会听
第二篇　会说话，好当头
第三篇　“煽”动下属
第四篇　“说”动同级
第五篇　“请”动上级

㊺ 班组管理：从优秀到卓越

祖林　怀海涛　编著

本书由基础管理和管理技巧两大部分组成，系统阐述了班组管理的体系全貌和业务推进要点，提出了班组长应该具备的能力、素质以及班组管理中应该掌握的管理技能。

定价：¥55 元

第一篇　班组长的职责定位
第二篇　班组一日管理
第三篇　高效率的班前会与员工教育
第四篇　班组人员管理
第五篇　班组业绩管理
第六篇　卓越班组建设
第七篇　有效的班组沟通
第八篇　班组人际关系
第九篇　职业化工作方法
第十篇　教导下属与有效激励

㊹ 职场沟通零缺陷

张晓彤　著

本书选取职场中常见的沟通问题，以各种情境故事，有针对性地讲解了沟通中的实战技巧和方法，让你有效揣摩，教你轻松成为沟通达人。

定价：¥45 元

第一篇　“面霸”是这样练成的
第二篇　同事之间的的关系建立
第三篇　向上沟通的技巧
第四篇　机会要欲擒故纵
第五篇　薪酬何时不心愁
第六篇　通过沟通打造所向披靡的团队
第七篇　向下沟通的艺术
第八篇　管理者之间的沟通
第九篇　漫谈沟通误区

㊸ 企业财务管理实务

简泽民（台湾）　编著

随着未来产业环境的急剧变化，企业的经营分析对信息的需求日益迫切，这种需求的满足主要依赖于财会信息。由此可见，掌握必要的财会知识，熟悉财会分析的基本方法是必不可少的。

定价：¥48 元

第一篇　财会知识概论
第二篇　会计财务的处理
第三篇　成本的概念
第四篇　成本的计算
第五篇　成本的核算
第六篇　损益计算
第七篇　财会报表—经营结果的体现
第八篇　成本分析与管控改善

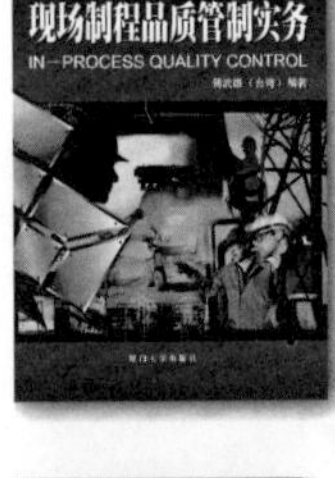

㊷ 现场制程品质管制实务

傅武雄（台湾）　编著

为使企业持续成长，势必以“产品价值”的升级作为突破口。其中主要的影响要素还是在管理，其中制程品质管理又是品质管理的核心。本书直接从工艺面切入，以浅显易懂的品管方法为手段，加上有效的改善技巧，全面介绍现场制程品质管制与改善策略，易懂、易学、易操作。

定价：¥52 元

第一篇　品质管理总论
第二篇　现场质量不良的原因分析与防治策略
第三篇　制程品质改善的基础
第四篇　制程改善的有效技巧
第五篇　现场品管小组活动的运用

㊶ 如何推动目标管理

黄宪仁（台湾）　编著

目标管理的最大好处是，它使管理者能够控制他们自己的成绩。这种自我控制可以成为更强烈的动力，推动他尽最大的力量把工作做好。本书是目标管理的实用工具手册，全面帮助企业目标管理走向规范化轨道。

定价：¥48 元

第一篇　目标管理的理论与概述
第二篇　目标管理制度的规划与推动
第三篇　目标体系图
第四篇　目标的设定
第五篇　目标卡
第六篇　目标的沟通
第七篇　目标的执行
第八篇　目标管理的追踪
第九篇　目标的修正
第十篇　目标管理的绩效评估
第十一篇　目标管理的绩效奖罚

㊵高效的生产绩效管理

王文信（台湾） 编著

在多批小量、短交期、高成本的竞争压力下，如何充分地运用资源，实现生产系统的量佳整体效益是企业当前最关键的课题。本书以企业如何进行生产绩效管理为主线，介绍生产绩效管理的概念、流程，剖析制造业提高生产绩效的实务方法，帮助读者全面掌握生产绩效管理的理念和实施工具。

定价：¥60元

第一篇 生产绩效管理的概述
第二篇 生产绩效管理制度的规划与推动
第三篇 生产绩效指标的制定方法
第四篇 生产绩效的衡量方法
第五篇 生产绩效的改善方法
第六篇 生产绩效项目管理的方法
第七篇 生产资源效率化管理
第八篇 生产目标效能化管理
第九篇 生产绩效管理实例分析
第十篇 生产绩效管理的发展

㊴企业ERP成功之道

简泽民（台湾） 编著

历经数轮管理革新浪潮的冲刷，ERP已经成为企业的商业管理利器。本书是简泽民先生十几年来经验的总结，从管理者的角度，依对ERP系统的管理认知，以精简的理论与实务案例让企业对ERP形成一个正确的认识，提升自身的市场竞争力。

定价：¥58元

第一篇 企业E化的必要性
第二篇 ERP系统的发展历程
第三篇 ERP的定义与特征
第四篇 E化失败的主要原因
第五篇 E化成功的要件
第六篇 E化的前提——合理化管理
第七篇 ERP系统的框架
第八篇 企业E化的步骤
第九篇 E化的专案管理
第十篇 企业E化的基础——系统规划
第十一篇 ERP系统的选用评估
第十二篇 ERP系统的上线施行
第十三篇 ERP系统的成本与效益
附录 ERP系统操作实例

㊳员工应有的观念与态度

梁靓 编著

在这个充满竞争的社会，怎样成为老板需要的员工呢？全书不仅从管理者的角度，同时也站在员工的立场，结合发生在员工身边的案例，逐层分析，提供合理化建议，一定能让你摆脱消极怠慢的工作态度，成为老板需要的员工。

定价：¥45元

第一篇 责任感——员工最基本的职业素养
第二篇 弄虚作假——职场发展的绊脚石
第三篇 忠诚——职场进阶的基石
第四篇 职业道德——职场突破的秘诀
第五篇 团队协作——职场成功的助力
第六篇 让你出类拔萃的工作准则
第七篇 创造财富与成功的八大心态
结 语 行动更重要

㊲新产品研发与销售

黄宪仁（台湾） 编著

对企业来说，新产品上市既代表着新的利润增长点，也存在着一定的风险。如何利用好这把双刃剑呢？本书从管理者的角度，对每个环节中所涉及到的问题进行了全面而详细的阐述，并提出相应的对策。全书条理清晰，深入浅出，定能帮助企业做好新产品研发与销售的工作，提升新产品的竞争能力。

定价：¥48元

第一篇 新产品的成功与失败
第二篇 新产品战略模式
第三篇 新产品的开发组织
第四篇 新产品构思的产生
第五篇 新产品构思的筛选
第六篇 新产品开发的速度
第七篇 新产品开发的预算
第八篇 新产品的销售预测
第九篇 新产品的设计
第十篇 新产品的试制
第十一篇 新产品试销
第十二篇 新产品的上市时机
第十三篇 新产品的行销上市
第十四篇 新产品的上市计划

㊱QC手法运用实务

周冰 编著

QC七大手法是制造型企业应用最广泛的利器。本书周冰先生十余年的经验及对品管工作的体悟。全书以案例诠释的方式讲解QC七大手法的基本概念、运用时机及QC手法的综合运用QCC活动等，逻辑清晰、语言通俗、案例丰富且贴合企业，为一本不可多得的QC七大手法实用书籍。

定价：¥40元

第一篇 品质管制入门
第二篇 QC手法概论
第三篇 查检表——QC的基本功
第四篇 柏拉图——把握重点的利器
第五篇 拨开迷雾见本质——层别法
第六篇 寻找原因的捷径——特性要因图
第七篇 查看数据分布的工具——散布图
第八篇 品质稳定性的分析工具——直方图
第九篇 及时发现问题的工具——管制图
第十篇 QC手法的综合运用——QCC活动
第十一篇 QCC活动案例

㉟采购与供应管理

王忠宗（台湾） 编著

王忠宗教授是亚洲采购界公认的权威专家。本书即是凝练王教授多年来采购实战经验的心血之作。

全书用理论为架构，以实务案例为主体，全方位介绍如何将采购理论转化成有用的采购技能，使采购人员在整个采购流程中能以最有效率的方式完成任务，定能提升采购人员的专业知识水平和工作执行能力！

定价：￥68 元

第一篇 采购的定义及方式
第二篇 采购手册的编制
第三篇 采购手册的适用范围
第四篇 采购政策
第五篇 采购制度
第六篇 采购授权
第七篇 作业流程
第八篇 采购表单
第九篇 采购部门的归属
……
第二十六篇 供应商管理
第二十七篇 采购与各部门的协调
第二十八篇 采购稽核

㉞5S 推行问题与对策

曾跃频 编著

5S 容易做，却不易彻底或持久。本书即针对企业的这些"疑难杂症"，对症下药，从行动的5S、标准化的5S、预防的5S三个阶段层层深入，教导企业如何让5S实现由"形式化→行事化→习惯化"的转变，还详细阐述了在转变过程中可能存在的问题和解决对策。

定价：￥60 元

第一篇 行动的5S
——让企业面貌焕然一新
第二篇 标准化的5S
——塑造企业整体的职业素养
第三篇 预防的5S
——赋予企业旺盛的生命力
第四篇 5S 管理的延伸与整合

㉝企业经营分析手册

简泽民（台湾） 编著

"经营分析"对于企业来说，是一项必要的分析资料与正确的管理工具。企业要想降低成本、提高利润，就需要不时地对全盘经营管理绩效加以分析，发觉异常寻求改善，以使各项管理步人正轨。

本书融汇作者在大陆辅导的经验，贴近实际，尤其适用于纺织及服装加工企业，可作为大陆企业经营分析改善的实用工具书。

定价：￥100 元

第一篇 经营分析概述
第二篇 经营分析的基础
第三篇 利润分析
第四篇 成本分析与改善
第五篇 财务分析
第六篇 投资规划分析
第七篇 经营管理评核分析
附录A 经营分析改善实例
附录B 日常经营绩效检讨报告实例

㉜采购管理

王文信（台湾） 编著

采购在企业活动中一直扮演着重要角色，如何运用管理的手段与技巧提升采购作业的效率与效果，降低企业成本、保持甚至提升竞争力，是企业重要课题之一。

本书结合众多大陆企业采购管理实例，介绍采购组织与采购制度的建立，采购计划、谈判与数量、价格管理的关系以及供应厂商的开发与管理等。为企业顺利完成采购工作助力，为培养出色采购人员加分！

定价：￥58 元

第一篇 采购管理的概述
第二篇 采购组织的建立与管理
第三篇 采购制度的规划
第四篇 采购作业与管理方法
第五篇 采购计划与数量管理
第六篇 采购规范与品质管理
第七篇 供应厂商开发与管理
第八篇 采购谈判与价格管理
第九篇 采购跟催与交期管理
第十篇 采购绩效分析与改善
第十一篇 采购管理案例分析
第十二篇 采购策略与未来趋势

㉛QCC 品管圈实务

钟朝嵩（台湾） 编著

QCC 品管圈活动是企业员工自主自发改善工作现场的活动，是提高"人的工作价值"最有效的方法。其导人台湾已有30余年，逐步走向成熟，已成为公认的提升现场品质和效率的有效活动。本书从品管圈活动的导人和运行人手，阐述实用的统计方法，结合成功推行实例，让企业轻松学会推行品管圈活动的方法，利用有限的资源，获取最大的收益！

定价：￥40 元

第一篇 品管圈活动的发展
第二篇 品管圈活动的概念
第三篇 品管圈活动的导人及运行
第四篇 品管圈活动的实施
第五篇 品管圈的基本统计方法
第六篇 历届国际品管圈成果发表会获奖案例分析与点评
第七篇 品管圈活动推行实例
附 录 质量管理小组活动管理办法

㉚有效的选才与面谈技巧

郑瀛川（台湾） 编著

近年来，不论企业经营环境如何变化，"选才"依然是人力资源最重要的任务。这本书便是台湾绩效管理专家郑瀛川博士为人力资源工作者及人事主管而写。

本书深入浅出，将甄选的基础、甄选工具、面谈技巧全面展开，并深入探讨"甄选面谈"的成败关键及长期以来困扰人事主管的问题。帮助企业做好人才甄选的工作，大大提升组织的竞争力。

定价：¥45元

第一篇 甄选的基本概念
第二篇 甄选的基础工程
第三篇 如何使用甄选工具
第四篇 面谈技巧
第五篇 甄选决策与发展
第六篇 附录

㉙IE的运用

福友IE研究会 编著

IE是使生产力向上的工学。IE技法还同时具备了标准化及合理化的功能，推动得好，可降低成本、提高效率、缩短交期。本书简介了古今中外IE理论精华，读者可以循序渐进地学习并掌握好IE技法的相关理论与实务，从而最终在实际工作中获得受益。

定价：¥58元

第一篇 认识IE
第二篇 IE的原点"标准工时"
第三篇 工件样品(WS)的运用
第四篇 工程分析的运用
第五篇 工厂布置(PL)的要领
第六篇 物料搬运(MH)的方法
第七篇 作业研究(OR)的运用
第八篇 成本计算
第九篇 提案改善活动
第十篇 运用价值工程(VA/VE)降低成本
第十一篇 驱动管理的两轮子QC与IE手法
第十二篇 IE的未来

㉘中小企业经营之道

傅和彦（台湾） 编著

在外有大企业压制，内有管理问题牵制的经营环境中，中小企业如何突破现状，大幅提升利润？中小企业如何稳定经营，成功迈向大企业？本书作者集30余年工商企业管理经验编写此书，站在中小企业的立场，阐述如何强化人事、财务和管理制度，加强营销活动，使企业永续经营。每一篇所附"重要提示"，更能让您快速、有效地阅读和学习，帮助中小企业不断迈向繁荣！

定价：¥40元

第一篇 中小企业的本质
第二篇 竞争激烈的企业外部环境
第三篇 危机四伏的内在经营困境
第四篇 知人用人的事管理
第五篇 管理制度的建立与实施
第六篇 增强财务会计与资金调度
第七篇 加强营销活动
第八篇 提高生产活动的效率
第九篇 中小企业迈向大企业的途径
第十篇 有效利用经营管理顾问
第十一篇 中小企业管理研究报告
第十二篇 两岸中小企业未来探讨文粹
附　录中华人民共和国中小企业促进法

㉗TQM全面品质管理

钟朝嵩（台湾） 编著

"品质，企业未来的决战场"，品质不只是来自检验，不只是来自制造，也不只是来自设计，而是来自全员品质文化的保证。TQM强调全员协力合作，不只要做好制品的品质，并且对全公司有关工作的品质、工程、业务、服务的品质都要有效地加以管理。

本书从"TQM本质"、"TQM的部门别管理"、"TQM运营"及"TQM的实施要点"等方面逐层深入，以可操作性的图表和翔实的事例，让读者轻松掌握实施TQM的方法，帮助企业早日突破困境、提高经营绩效。

定价：¥36元

第一篇 TQM的概念
第二篇 TQM的本质
第三篇 TQM的部门别管理
第四篇 TQM运营
第五篇 TQM实施要点
第六篇 TQM专论
第七篇 附录

㉖仓储管理

王文信（台湾） 编著

本书是王文信先生继《生产计划管理实务》之后的又一力作，继承了其一贯重在实务性，可操作性的风格：以大量的案例、图表介绍仓储管理的库房规划、进料验收、领发料、存货、盘点、呆废料管理等全部内容，预测了仓储管理的未来发展趋势，易懂易学易操作；更难得是以专篇案例介绍仓储管理绩效管理、制度规划与设计，令仓储管理者可以按表操作，轻松规范管理，为生产、品质、安全、人力、成本管理加分。

定价：¥55元

第一篇 仓储管理概述
第二篇 仓储规划与库房管理
第三篇 验收管理
第四篇 领发退料管理
第五篇 存货管理
第六篇 盘点管理
第七篇 呆废料管理
第八篇 仓储管理制度规划与推动之实例分析
第九篇 仓储管理电脑化
第十篇 仓储绩效管理
第十一篇 仓储管理的发展趋势

㉕ 绩效评估兵法

郑瀛川（台湾） 编著

本书从绩效评估与经营管理切入，介绍了成功企业常用的“平衡计分卡”、“360° 回馈”、“目标管理制度”等方法，深入介绍绩效评估的规划、执行与应用要领，辅以流程、图表及专篇范例说明，读者能轻松掌握绩效评估的操作技巧，充分发挥绩效管理效能。

定价：¥42 元

第 一 篇　绩效评估与经营管理
第 二 篇　绩效评估与绩效管理
第 三 篇　企业常用的绩效评估方法
第 四 篇　绩效评估的规划与执行
第 五 篇　绩效评估的应用要领
第 六 篇　绩效评估的重要手段
——绩效面谈
第 七 篇　绩效评估的运用范例

㉔ 生产计划与管制

傅和彦（台湾） 编著

本书是一本可操作性强的工厂实务指导用书，“企业所面临的问题”、“经营计划”、“年度计划”、“计划评核术”、“迈向合理化的事务改善”、“工厂的品质管制”等章节都是同类书籍中所未有。书中各种生产报表也相当实用，是非常适合企业作为训练员工及生产计划与管制工作者们的重要参考用书。

定价：¥55 元

第 一 篇　生产与生产管理
第 二 篇　生产组织
第 三 篇　经营计划
第 四 篇　预测
第 五 篇　年度计划
第 六 篇　生产计划
第 七 篇　制造途程的安排
第 八 篇　制造日程的安排
第 九 篇　工作指派与跟催
第 十 篇　大量（存货）生产下的生产管理
第十一篇　订货生产下的生产管理
第十二篇　制造部门与生产管理
第十三篇　交期延误与部门责任
第十四篇　计划评核术
第十五篇　迈向合理化的事务改善
第十六篇　存量管制
第十七篇　价值分析
第十八篇　产品研发
第十九篇　各种生产管理方式的比较

㉓ 实用品质管理

钟朝嵩（台湾） 编著

如何做好品质管理是企业人，尤其是中基层管理干部的难题，钟朝嵩教授继《品质管制大全》之后推出《实用品质管理》一书。本书以数理统计为基础，以统计方法为核心，辅助以大量实用技巧，令读者能够学以致用，对品质管理运用自如，得心应手。定能帮助制造业品管人员全面地、脚踏实地地做好品质管理。

定价：¥35 元

第 一 篇　概论
第 二 篇　统计的技术
第 三 篇　QC 七大手法
第 四 篇　管制图的种类及应用方法
第 五 篇　抽样检验
第 六 篇　新 QC 七大手法
第 七 篇　品质管理实施办法

㉒ 现代物料管理

傅和彦（台湾） 著

物料成本往往占制造业总成本的 50% 以上，其重要性不言而喻。傅和彦先生将所累积的经验知识，融合现代物料管理的技法，编写成《现代物料管理》，内容涵盖物料管理各个层面，更重点介绍如何进行物料管理绩效评核，读者也可结合《制造业物料管理》仔细阅读，定能有助于降低物管成本、使生产作业流程顺畅从而提升生产效率、缩短交期，提高服务质量。

定价：¥52 元

第 一 篇　导论
第 二 篇　物料分类与编号
第 三 篇　物料计划
第 四 篇　存量管制
第 五 篇　存量管制系统
第 六 篇　物料需求计划
第 七 篇　采购管理
第 八 篇　验收管理
第 九 篇　发料、领料、退料与催料管理
第 十 篇　仓储管理
第十一篇　物料盘点
第十二篇　呆料、旧料、废料、残料的预防与处理
第十三篇　物料管理绩效评核
第十四篇　物料管理电脑化
第十五篇　物料管理的发展趋势

㉑ 品质管制大全

钟朝嵩（台湾） 著

世界需要中国制造，中国制造需要中国品质！

本书为钟朝嵩教授毕生实战经验整理而成的呕心沥血之作，自 1974 年台湾初版以来，历经多次改版、增修订，迄今为止已加印 38 次，常年畅销于台湾、新加坡、泰国、菲律宾、马来西亚等地，发行销量逾 40 万册，堪称东南亚地区之“品质管理宝典”。

定价：¥80 元（上下册）

上册
第 一 篇　基本统计方法
第 二 篇　管制图
下册
第 三 篇　抽样检验
第 四 篇　品管实施方法

⑳ 工厂管理

傅和彦（台湾）　编著

工厂即产品制造场所，工厂管理即将各种有效资源导入制造场所，凭借计划、组织、人事、指导控制等活动，达成生产目标的管理工作。作者傅和彦先生有着30余年工商管理经验，本书定位广大制造业工厂管理干部，以理论与实务结合论述，可操作性极强。

定价：¥46元

第一篇　导论
第二篇　工厂组织
第三篇　工厂布置
第四篇　物料搬运
第五篇　产品研究与发展
第六篇　预测
第七篇　生产管理
第八篇　物料管理
第九篇　存量管制
第十篇　工作研究
第十一篇　资料筹集、整理与分析
第十二篇　品质管制
第十三篇　成本分析与控制
第十四篇　人事管理
第十五篇　工业安全概论
第十六篇　工业卫生概论

⑲ 高阶主管经营训练

黎守明（台湾）　编著

国内企业高阶管理者忙忙碌碌，常常大大小小工作一把抓，疲于奔命却绩效不彰。本书即为企业高阶管理者或有志于此的管理者所编，揭示了高阶主管人员必备的Know-how、工作重点及任务所在，以及如何树立及发挥好高阶管理人员的领导魅力等。

定价：¥39元

第一篇　经营者
第二篇　目标篇
第三篇　策略篇
第四篇　自我革新篇
第五篇　影响力篇
第六篇　自我查检篇

⑱ 中阶主管管理训练

黎守明（台湾）　编著

“训练最大的目的在于行动，不在知识。”这就意味着教训训练的实施者必须具备丰富的实务经验，其所持有的教材也应为其常年从事实务管理工作案例的系统累积，如此才能现身说法，授予前来接受培训的企业人所真正想要的实务操作指南。有着丰富实战经验的黎守明先生所编写的本书，可谓设想企业人所想、施教企业人所欲，定能让中阶管理者在实际管理工作中亲身体验到管理发挥的价值，从而对管理工作产生自信，达到训练自我的目的。

定价：¥39元

第一篇　New Management Way
第二篇　完成年度工作计划
第三篇　执行您的计划
第四篇　管制部门的执行活动
第五篇　修正您的计划、标准
第六篇　部门的自我超越
第七篇　经营您自己

⑰ 国际行销

吴景胜（台湾）　编著

全球经济国际化的趋势下，“国际行销”的实战技巧也日趋为企业管理者所重视。

台湾知名国际行销领域研习与实战专家吴景胜老师为大陆广大读者奉上此本案例丰富、适用本土企业、且国际观念角度齐备的《国际行销》，本书的四项特色令其具备了极优的可读性、实战性及操作性。

定价：¥68元

第一篇　导论
第二篇　国际行销策略
第三篇　多国企业与国际行销
第四篇　各国市场与国际行销

⑯ 供应厂商管理

傅和彦（台湾）　编著

制造业工厂正处在生产量迅速扩张的时期，技术日益精进、制品益形复杂，所需的物料、零件若都要在本厂内生产，将产生诸多困扰，因而势必需要借重于供应厂商的力量。如何有效利用供应厂商生产出品质更佳、成本更低、交期更准的制品，直接影响到企业的经营绩效，更影响到企业在激烈残酷的竞争中的市场地位。

定价：¥45元

第一篇　外包与供应厂商
第二篇　供应厂商的功能与外包方针
第三篇　厂内自制与外包判定
第四篇　外包计划
第五篇　供应厂商的选择
第六篇　发包工作管理
第七篇　外包行为的品质要求
第八篇　外包价格的协商
第九篇　外包验收管理
第十篇　供应厂商的考核
第十一篇　供应厂商的辅导与扶持

⑮ 经营计划与预算管理

王忠宗（台湾）　　编著

透过预算产生出许多宝贵的数据资料是企业管理者可以用于提升企业经营绩效的重要参考依据。也即预算的真谛在于对影响企业盈亏的重要收支项目做好事前规划，以利于事后控制，而不在于会计科目的帐务处理及资产负债表或损益表之编制。

定价：￥45元

第一篇　年度经营计划的重要性
第二篇　目标→工作计划→预算
第三篇　预算作业流程与管理
第四篇　预算编制准则与科目说明
第五篇　预算审查、检讨与评估
第六篇　销货收人预算的规划与控制
第七篇　销售费用的规划与控制
第八篇　人事费用的规划与控制
第九篇　采购预算的规划与控制
第十篇　资本支出预算的规划与控制
第十一篇　研发费用的规划与控制
第十二篇　管理及财务费用的规划与控制
第十三篇　结语

⑭ 经营分析与企业诊断

刘平文（台湾）　　编著

现代管理者需要面对企业之环境面、策略面、组织面、意识面、行为面与方法面等不同层面之决策事宜，因而常常需要对自己的企业经营管理之现况进行诊断，提升企业经营管理之系统观。作者刘平文先生多年来一直从事于经营管理、企业辅导服务等实务工作，累积了极其丰富、深厚的实务经验，本书探讨范围与层面涉及甚广，定能帮助管理者对企业有更好的认知与掌握。

定价：￥120元

第一篇　观念篇
第二篇　分析篇
第三篇　诊断篇
第四篇　整合篇

⑬ SPC统计制程管制

官生平（台湾）　　编著

品质，尊严与价值的起点！

“SPC统计制程管制”是品管工作中重要的一项。本书为有着20余年推广应用经验的“SPC”权威、台湾品管协会理事官升平老师的呕心沥血之作，更是极具专业学习参考价值及实务指导意义的好书！

定价：￥160元

第一篇　统计制程管制SPC导入
第二篇　变异的本质
第三篇　基本统计
第四篇　管制图的原理
第五篇　计量值管制图
第六篇　计数值管制图
第七篇　量测系统分析
第八篇　制程能力研究
第九篇　6 σ改善活动
第十篇　简易DOE

⑫ 标准工时制定与工作改善

傅武雄（台湾）　　编著

作者傅武雄先生从事“工作研究与IE改善”的工厂管理及顾问辅导工作达32年之久，本书是专为工厂主管与工艺工程人员撰写的，直接从工艺面切入，以车间工作方法改善手段为例，阐析了标准工时测定与工作改善的多种实务方法。

定价：￥58元

第一篇　标准工时概论与应用
第二篇　运用马表测时法订定标准工时
第三篇　预定动作时间标准法的运用
第四篇　运用综合数据法订定标准工时
第五篇　运用工作抽查法订定标准工时
第六篇　标准工时在管理上的应用关键
第七篇　工作改善的方向与科学化理念
第八篇　运用程序分析与搬运分析进行有效改善
第九篇　作业域内的改善技巧
第十篇　运用工作抽样法进行工作改善

⑪ 生产计划管理实务

王文信（台湾）　　编著

本书以制造业的生产管理活动为叙述重点，从生产管理层面入手，剖析制造业提高生产绩效的实务方法，有系统地介绍生产计划与管理实务，无论是对传统式做法的精华还是对最新生产管理的技法，都有深入浅出的探讨。

定价：￥75元

第一篇　产业剖析与手法导入
第二篇　实务方法与管理运作
第三篇　制度设计与诊断评估
第四篇　生产策略与未来发展

⑩ 制造业物料管理实务

傅武雄（台湾） 编著

企业物料管理制度化、电脑化导入实务宝典！傅武雄先生（台湾）逾二十年的经验与心得融入，以深入浅出的方式将物料管理方法与实务技巧加以阐述，将有助于企业在激烈竞争的环境中赢取竞争优势。

定价：¥75元

第一篇　物料管理总论
第二篇　做好计划层面的物料管理
第三篇　MRP的架构与实务
第四篇　执行层面的物料管理
第五篇　物料管理辅助篇

⑨ 现场管理实务

韩展初　编著

本书以管理的六大目标为主线，将管理者如何充分运用组织的有效资源，达成组织目标的方法、技巧汇集成有系统的资料，将给中基层企业管理干部的实务工作、培训指导提供有益参考。

定价：¥65元

第一篇　管理总论
第二篇　管理的核心——人
第三篇　营造高昂士气的团队
第四篇　如何提高产量、提升效率
第五篇　生产计划与交期管理
第六篇　降低成本与工作改善
第七篇　如何管理品质
第八篇　工业安全管理
第九篇　如何成为出色的现场管理者

⑧ 降低成本新利器

（Tear Down技法）

佐腾嘉彦　编著

Tear Down是以降低成本为宗旨，以分解调查竞争对手为手法的技法。佐腾先生逾25年的操作经验累积的本书定能帮助企管人士提高工作附加价值，衍生新创意，提高产品竞争力，令企业在激烈的市场竞争中立于不败之地。

定价：¥56元

第一篇　Tear Down Method的概念与缘起
第二篇　分解的进行方法
第三篇　主题别分解的实践
第四篇　利用分解之价值评价的进行方法
第五篇　分解的应用技术
总　结　分解的成功要点
附　录　作业表单（Work Sheet）的使用法

⑦ 企业管理制度精选

（共两册）

福友企管书系编委会

本公司顾问师常年在国内辅导、顾问经验大公开！

去芜存菁，结合国内实际情况设计，若企业在管理制度建设方面能参照本书，并根据自身情况适度调整使用，定能大有裨益。

定价：¥580元

第一篇　人事管理
第二篇　行政事务管理
第三篇　财务会计管理
第四篇　营销业务管理
第五篇　生产管理
第六篇　物料管理
第七篇　采购管理
第八篇　品质管理

⑥ 如何选人用人育人留人

林荣瑞　编著

品质是企业的生命，人则是企业最重要的资产。本书针对国内企业人力资源管理薄弱之现状，以作者多年累积的实务经验，深入地进行案例分析探讨，协助您做好人才的培养与发展工作。

定价：¥68元

第一篇　人力资源管理与竞争优势
第二篇　如何甄选人才
第三篇　用人的艺术
第四篇　人才的育成
第五篇　企业如何留才
第六篇　人力资源管理与企业文化
（另售VCD教学光盘）

❺如何推行5S

孙少雄　编著

5S——"医治"工厂疑难杂症之良药。本书以实用的对比图片做诠释，全面系统地论述5S活动，帮助业界朋友在5S专案活动中以最简单的途径，取得最有效的成果。

定价：¥52元

第一篇　引言
第二篇　5S的解析
第三篇　5S推行要领
第四篇　推行步骤
第五篇　配合5S活动之管理技巧
第六篇　推行5S活动成功与失败的注意事项
第七篇　5S的延伸
第八篇　推行5S的好处
第九篇　5S活动宣传案例
第十篇　品质文化

❹企业管理表格精选

福友企管书系编委会

本公司顾问群汇编多年来从事企管、辅导方面所运用的经典成功表格，并对每一表格的流程及使用方法做了详尽说明，易于理解，使用方便。

定价：¥348元

第一篇　人事行政事务管理
第二篇　会计财务管理
第三篇　营销业务管理
第四篇　生产管理
第五篇　物料管理
第六篇　品质管理
第七篇　目视管理
（附CD-ROM光盘）

❸漫画管理禅

叶香　编著

由当今国内外管理高手之管理理念与成功的经验所提炼升华的管理禅语，能使您茅塞顿开。发人深省的故事情节，生动有趣的漫画将使您领悟追求成功的乐趣。

定价：¥36元

第一篇　成功篇
第二篇　领导统御篇
第三篇　人力资源篇
第四篇　沟通与激励篇
第五篇　箴言篇
第六篇　醒世篇

❷品质管理

林荣瑞　编著

"品质"是企业的生命，更是企业未来的决战场。本书使人们在品质的观念与技法上获得了质的突破：不仅谈统计技术，更重实地操作，定能让全厂上下都成为品质高手。

定价：¥56元

第一篇　认识品质管制
第二篇　品管应用手法
第三篇　工厂检验制度设计与应用
第四篇　全员参与 全员改善
第五篇　品质管制教育
第六篇　服务业的品管
第七篇　品质管制制度评鉴

❶管理技术

林荣瑞　编著

此书融合了美国、日本、台湾及大陆的管理精华，一改大陆管理书籍普遍过于强调理论性的缺陷，注重适用性及可操作性。被许多管理人员视为工作的"宝典"。

定价：¥72元

第一篇　企业经营与竞争策略
第二篇　组织原理
第三篇　人事政策与报酬制度
第四篇　工厂布置
第五篇　整理整顿与5S活动
第六篇　机器保养与工业安全
第七篇　企业骨干——管理者
第八篇　管理技术
第九篇　工业工程与现场改善
第十篇　生产计划与进度控制
第十一篇　物料管理与采购作业
第十二篇　事务管理与联系管理

精美海报标语系列

★使您的工作场所更美化、让您的团队更具拼搏力！

★五个系列/套，共28张

定价：250元

安全卫生系列

◆ 一人一份心
安全有信心

◆ 工作为了生活好
安全为了活到老

……

生产力系列

◆ 你思考　我动脑
产量提升难不倒

◆ 想一想
一定还有更好的办法

……

品质系列

◆ 品质意识加强早
明天一定会更好

◆ 品质你我都做好
顾客留住不会跑

……

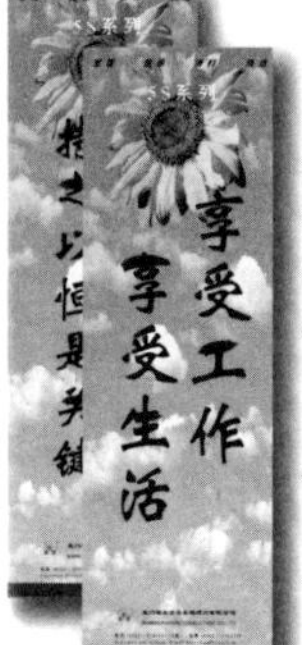

5S 系列

◆ 工作效率想提高
整理　整顿先做好

◆ 5S 效果看得见
持之以恒是关键

……

ISO 系列

◆ 实施成果要展现
持之以恒是关键

◆ 宁可因高目标而脖子硬
也不要为低目标而驼背

……

(实际尺寸：28 cm×87 cm)

福友现代实用商战系列

本丛书荣膺2004年
全国优秀引进版图书奖

❷蓝彻斯特战略　　定价:￥286元/套

矢野新一(日本) 著

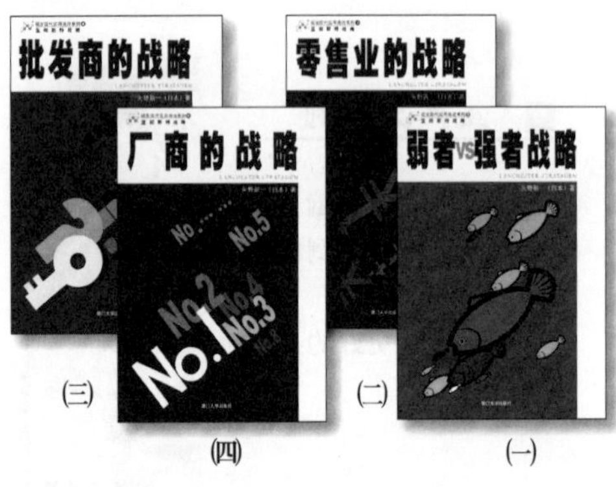

(三)　(四)　(二)　(一)

企业成为No.1的策略!

面对经营环境越来越诡谲多变、越来越激烈残酷,企业不仅要更加注重运用策略战略,更应将自己企业的策略、战略定位在能够使自己成为行业中的"No.1",即"No.1"战略(策略)!

只有赢取绝对"No.1"的竞争优势,才可彻底避免与同业惨烈厮杀、甚至被淘汰的命运,成就霸业并确保基业常青!

为帮助广大企业早日成功,福友有幸引进被誉为"No.1战略"的《蓝彻斯特战略》!之所以被誉为"No.1战略",是因为蓝彻斯特战略体系自始至终贯穿两个精髓:

- ◆ No.1主义!
- ◆ 成为No.1,弱者VS强者的战略!

本套《蓝彻斯特战略丛书》(4个系列/套,共10册)

第一系列:《弱者VS强者的战略》(上、中、下,共3册)
第二系列:《零售业的战略》(上、下,共2册)
第三系列:《批发商的战略》(上、下,共2册)
第四系列:《厂商的战略》(上、中、下,共3册)

❶企业行销顾问　　定价:￥40元

黄宪仁(台湾) 著

"他山之石,可以攻玉!"

商业行销领域的图书虽然是汗牛充栋,但是多为观念性说教或三招两式的片段教学,整体性、系统性、实战性的书系是凤毛麟角。

本书着重于从商业行销通路整体体系来把脉,更是作者任顾问师辅导企业多年,见诸各专业报纸杂志心血之作的汇编,书中案例均为企业界万金难求的丰厚经验,"他山之石,可以攻玉",对企业的经营必有所助益!

第一篇 行销经营策略篇
一 企业的成长策略
二 找出企业成功的关键因素
……
第二篇 行销运作实务篇
一 成功市场规范
二 高效促销手法
……
第三篇 行销部门管理篇
一 要重视"年度经营计划"
二 训练很贵,不训练更贵
……
第四篇 经营管理篇
一 账面有利润,最后却倒闭
二 举债经营发挥财务杠杆效益
……

书友反馈卡

亲爱的读者:

感谢您对福友现代企管、商战书系的支持!

福友企管顾问公司经营理念:简单、直接、有效。福友企管书系也以同样的风格获得全国企业界的肯定,为了让我们一起更进步,请您填好下面的资料,并反馈给我们。您的资料将被妥善保存在福友客户资料库中。

您将会得到:

◆ 新出版物及企管课程信息。

◆ 购买福友书系及参加企管课程享受9折优惠。

1. 姓　名:________ 性　别:☐男　☐女　会员卡号:________

电　话:________ 传　真:________ 邮政编码:________

单位全称:________ 服务部门/职务:________

通讯地址:________

E-mail:________

2. 您阅读这本书的书名是:

☐ 职场沟通零缺陷
☐ 如何推动目标管理
☐ 员工应有的观念与态度
☐ 采购与供应管理
☐ 采购管理
☐ IE的运用
☐ 仓储管理
☐ 实用品质管理
☐ 工厂管理
☐ 国际行销
☐ 经营分析与企业诊断
☐ 标准工时制定与工作改善
☐ 降低成本新利器
☐ 如何推行5S
☐ 品质管理
☐ IE与单元生产
☐ 生产效率改善实务
☐ 不会说话别当头
☐ 企业财务管理实务
☐ 高效的生产绩效管理
☐ 新产品研发与销售
☐ 5S推行问题与对策
☐ QCC品管圈实务
☐ 中小企业经营之道
☐ 绩效评估兵法
☐ 现代物料管理
☐ 高阶主管经营训练
☐ 供应厂商管理
☐ SPC统计制程管制
☐ 生产计划管理实务
☐ 如何选人用人育人留人
☐ 企业管理表格精选
☐ 管理技术
☐ 制造业生产成本削减实战
☐ 班组现场精细化管理
☐ 班组管理:从优秀到卓越
☐ 现场制程品质管制实务
☐ 企业ERP成功之道
☐ QC手法运用实务
☐ 企业经营分析手册
☐ 有效的选才与面谈技巧
☐ TQM全面品质管理
☐ 生产计划与管制
☐ 品质管制大全
☐ 中阶主管管理训练
☐ 经营计划与预算管理
☐ 制造业物料管理实务
☐ 现场管理实务
☐ 企业管理制度精选
☐ 漫画管理禅
☐ 企业行销管理顾问

蓝彻斯特战略系列

☐ 弱者VS强者的战略
☐ 批发商的战略
☐ 零售业的战略
☐ 厂商的战略

3. 您对福友书系的评价:

☐ 丰富实用　☐ 实用　☐ 平淡一般

4. 对我们的建议:

感谢您的填写,填写完毕后请传真或邮寄至福友发行部!

厦门市禾祥西路4号鸿升大厦15层(邮编:361004)
http://www.foryou.tw.cn
电话:0592-2395581(总机)
福友企业管理顾问有限公司
E-mail:xm@foryou.tw.cn
传真:0592-2396530 2395580